U0927618

浙江省文科基地暨國家教學團隊浙江工業大學
古代文學專業科研資助項目

浙江文獻集成

武林靈隱寺志

〔清〕孫 治 撰 〔清〕徐 增 重輯
劉成國 李 梅 點校

浙江大學出版社
ZHEJIANG UNIVERSITY PRESS

圖書在版編目(CIP)數據

武林靈隱寺志 / (清)孫治撰;(清)徐增重輯;劉成國,李梅點校. —杭州:浙江大學出版社,2020.12
ISBN 978-7-308-14249-6

Ⅰ.①武… Ⅱ.①孫…②徐…③劉…④李… Ⅲ.①佛教—寺廟—史料—杭州市 Ⅳ.①B947.255.1

中國版本圖書館 CIP 數據核字(2014)第 294629 號

武林靈隱寺志
〔清〕孫 治 撰 〔清〕徐 增 重輯 劉成國 李 梅 點校

責任編輯 呂倩嵐
責任校對 蔡 帆
封面設計 項夢怡
出版發行 浙江大學出版社
(杭州市天目山路 148 號 郵政編碼 310007)
(網址:http://www.zjupress.com)
排　　版 浙江時代出版服務有限公司
印　　刷 浙江新華數碼印務有限公司
開　　本 710mm×1000mm 1/16
印　　張 22.25
字　　數 300 千
版 印 次 2020 年 12 月第 1 版 2020 年 12 月第 1 次印刷
書　　號 ISBN 978-7-308-14249-6
定　　價 98.00 元

浙江大學出版社市場運營中心聯繫方式:(0571) 88925591;http://zjdxcbs.tmall.com

浙江省文化研究工程指導委員會

浙江文化研究工程成果文庫總序

有人將文化比作一條來自老祖宗而又流向未來的河，這是説文化的傳統，通過縱向傳承和横向傳遞，生生不息地影響和引領着人們的生存與發展；有人説文化是人類的思想、智慧、信仰、情感和生活的載體、方式和方法，這是將文化作爲人們代代相傳的生活方式的整體。我們説，文化爲群體生活提供規範、方式與環境，文化通過傳承爲社會進步發揮基礎作用，文化會促進或制約經濟乃至整個社會的發展。文化的力量，已經深深熔鑄在民族的生命力、創造力和凝聚力之中。

在人類文化演化的進程中，各種文化都在其内部生成衆多的元素、層次與類型，由此決定了文化的多樣性與復雜性。

中國文化的博大精深，來源於其内部生成的多姿多彩；中國文化的歷久彌新，取決於其變遷過程中各種元素、層次、類型在内容和結構上通過碰撞、解構、融合而産生的革故鼎新的强大動力。

中國土地廣袤、疆域遼闊，不同區域間因自然環境、經濟環境、社會環境等諸多方面的差異，建構了不同的區域文化。區域文化如同百川歸海，共同匯聚成中國文化的大傳統，這種大傳統如同春風化雨，滲透於各種區域文化之中。在這個過程中，區域文化如同清溪山泉潺潺不息，在中國文化的共同價值取向下，以自己的獨特個性支撑着、引領着本地經濟社會的發展。

從區域文化入手,對一地文化的歷史與現狀展開全面、系統、扎實、有序的研究,一方面可以借此梳理和弘揚當地的歷史傳統和文化資源,繁榮和豐富當代的先進文化建設活動,規劃和指道未來的文化發展藍圖,增强文化軟實力,爲全面建設小康社會、加快推進社會主義現代化提供思想保證、精神動力、智力支持和輿論力量; 另一方面,這也是深入了解中國文化、研究中國文化、發展中國文化、創新中國文化的重要途徑之一。 如今,區域文化研究日益受到各地重視,成爲我國文化研究走向深入的一個重要標志。 我們今天實施浙江文化研究工程,其目的和意義也在於此。

千百年來,浙江人民積澱和傳承了一個底蘊深厚的文化傳統。 這種文化傳統的獨特性,正在於它令人驚嘆的富於創造力的智慧和力量。 浙江文化中富於創造力的基因,早早地出現在其歷史的源頭。 在浙江新石器時代最爲著名的跨湖橋、河姆渡、馬家浜和良渚的考古文化中,浙江先民們都以不同凡響的作爲,在中華民族的文明之源留下了創造和進步的印記。

浙江人民在與時俱進的歷史軌迹上一路走來,秉承富於創造力的文化傳統,這深深地融會在一代代浙江人民的血液中,體現在浙江人民的行爲上,也在浙江歷史上衆多傑出人物身上得到充分展示。 從大禹的因勢利道、敬業治水,到勾踐的卧薪嘗膽、勵精圖治; 從錢氏的保境安民、納土歸宋,到胡則的爲官一任、造福一方; 從岳飛、于謙的精忠報國、清白一生,到方孝孺、張蒼水的剛正不阿、以身殉國; 從沈括的博學多識、精研深究,到竺可楨的科學救國、求是一生; 無論是陳亮、葉適的經世致用,還是黄宗羲的工商皆本; 無論是王充、王陽明的批判、自覺,還是龔自珍、蔡元培的開明、開放,等等,都展示了浙江深厚的文化底蘊,凝聚了浙江人民求真務實的創造精神。 代代相傳的文化創造的作爲和精神,從觀念、態度、行爲方式和價值取向上,孕育、形成和發展了淵源有自的浙江地域文化傳統和與時俱進的浙江文化精神,她滋育着浙江的生命力、催生着浙江的凝聚力、激發着浙江的創造力、培植着浙江的競争力，激勵着浙江人民永不自滿、永不停息，在各個不同的歷史時期不斷地超越自我、創業奮進。悠久深厚、意藴豐富的浙江文化傳統，是歷史賜予我們的寶貴財富，也是我們開拓未來的豐富資源和不竭動力。黨的十六大以來推進浙江新發展的實踐，使我們越來越深刻地認識到，與國家實施改革開放大政方針相伴隨的浙江經濟社會持續快速健康發展的深層原因，就在於浙江深厚的文化底藴和文化傳統與當今時代精神的有機結合，就在於發展先進生產力與發展先進文化的有機結合。今后一個時期浙江能否在全面建設小康社會、加快社會主義現代化建設進程中繼續走在前列，很大程度上取決於我們對文化力量的深刻認識、對發展先進文化的高度自覺和對加快建設文化大省的工作力度。我們應該看到，文化的力量最終可以轉化爲物質的力量，文化的軟實力最終可以轉化爲經濟的硬實力。文化要素是綜合競争力的核心要素，文化資源是經濟社會發展的重要資源，文化素質是領道者和勞動者的首要素質。因此，研究浙江文化的歷史與現狀，增强文化軟實力，爲浙江的現代化建設服務，是浙江人民的共同事業，也是浙江各級黨委、政府的重要使命和責任。

二〇〇五年七月召開的中共浙江省委十一届八次全會，作出《關於加快建設文化大省的決定》，提出要從增强先進文化凝聚力、解放和發展生產力、增强社會公共服務能力入手，大力實施文明素質工程、文化精品工程、文化研究工程、文化保護工程、文化產業促進工程、文化陣地工程、文化傳播工程、文化人才工程等「八項工程」，實施科教興國和人才强國戰略，加快建設教育、科技、衛生、體育等「四個强省」。作爲文化建設「八項工程」之一的文化研究工程，其任務就是系統研究浙江文化的歷史成就和當代發展，深入挖掘浙江文化底藴、研究浙江現象、總結浙江經驗、指道浙江未來的發展。

浙江文化研究工程將重點研究「今、古、人、文」四個方面，即圍繞浙江當代發展問題研究、浙江歷史文化專題研究、浙江名人研究、浙江歷史文獻整理四大板塊，開展系統研究，出版系列叢書。在研究内容上，深入挖掘浙江文化底藴，系統梳理和分析浙江歷史文化的内部結構、變化規律和地域特色，堅持和發展浙江精神；　研究浙江文化與其他地域文化的異同，釐清浙江文化在中國文化中的地位和相互影響的關系；　圍繞浙江生動的當代實踐，深入解讀浙江現象，總結浙江經驗，指道浙江發展。在研究力量上，通過課題組織、出版資助、重點研究基地建設、加强省内外大院名校合作、整合各地各部門力量等途徑，形成上下聯動、學界互動的整體合力。在成果運用上，注重研究成果的學術價值和應用價值，充分發揮其認識世界、傳承文明、創新理論、咨政育人、服務社會的重要作用。

我們希望通過實施浙江文化研究工程，努力用浙江歷史教育浙江人民、用浙江文化熏陶浙江人民、用浙江精神鼓舞浙江人民、用浙江經驗引領浙江人民，進一步激發浙江人民的無窮智慧和偉大創造能力，推動浙江實現又快又好發展。

今天，我們踏着來自歷史的河流，受着一方百姓的期許，理應負起使命，至誠奉獻，讓我們的文化綿延不絶，讓我們的創造生生不息。

二〇〇六年五月三十日於杭州

目録

武林靈隱寺志

〔清〕孫治 撰 徐增 重輯
劉成國 李梅 點校

點校説明

靈隱寺位於浙江杭州西湖靈隱山，始建於東晋咸和三年，相傳由竺僧慧理所創。隋代以前，此寺興廢莫考，至唐代聲名始著，後毁於會昌滅佛。吴越時永明延壽禪師重爲開拓，殿宇一新。宋真宗景德四年，賜號『景德靈隱禪寺』。宋室南渡後，翠華屢幸，當時號稱禪窟，盛極一時。宋亡後，此寺屢歷兵燹，興廢相尋。清順治年間，由靈隱僧宏禮重建，康熙二十八年，賜名雲林寺。

此寺舊有明萬曆年間白珩所修之誌，但『太略，又用筆近俚，搜討未備』，『雖三易其稿，而帝虎雜出，年祀淆亂』。康熙二年，浙江仁和縣人孫治（字宇台，號祉翁，又號西山樵者）在白《誌》的基礎上加以增補删削，撰成新誌初稿，凡十二卷。於宏禮重建靈隱之功，極力發揮，『獨丁靈隱名勝，開章發刃，辯論太多，紆迴曲折，幾成辯駁山水之書，似乖傳信。』于是，康熙十年，江蘇吴縣徐增（字子能）受靈隱僧戒顯之托，對孫《誌》重新點竄，『舉白誌之俚俗者而雅馴之，孫誌之迂曲者而直捷之』，定爲八卷，共十四門。

此書《四庫全書》列於史部地理類存目，有清康熙十一年刻本，藏於故宫博物院，《四庫全書存目叢書》據以影印。又有清光緒十四年錢唐丁氏嘉惠堂刻《武林掌故叢編》本，《中國佛寺史誌彙刊》、《叢書集成續編》等據以影印。此次點校，以清康熙十一年刻本爲底本，以《武林掌故叢編》本爲校本，同時參校以各類禪史、各家文集等。凡衍者、脱者、訛者及異文，均出校記，不改底本原文。

武林靈隱寺志序

名山多有誌，而作者殊難其人，非作者之難其人，而名山之難誌也。蓋紀事務奇，則怪迂以濫耳；標理猥并，則龐雜以淆目。而徑露寡聞者，畏上古如雷門；好奇弔詭者，視世俗如蒙茸。甚矣！名山之難誌，而益以見作者之難其人也。

予讀樵者誌靈隱十二卷，雅而不誣，贍而有體。其舉賾也，雖幽隱不廢；其述類也，雖猥近不遺。斌斌乎置于古作者之間，又奚疑焉？余生長武林，喜述舊聞，即如葛立之《鶴林玉露》[一]、僧懷顯《錢唐勝蹟》、傅牧《西湖古事》、周益公《平園日記》、牟應隆《隆山樸記》[二]、四水潛夫《武林舊事》、楊瑀《山居新録》、岳珂《桯史》、劉孟熙《霏屑録》、葉子奇《草木子》之類，名不能盡述，而存者或寡。樵者網羅，無所缺失，按部就班，入其中者，如玄圃西山、侯鯖獺髓無以異也。又其逸氣雋句，又如讀先秦以上《檀》、《考》、《公》、《穀》之書，予驚怖其言而無極也。然則具德和尚重興靈隱，功冠八紘，道光千載，而斯誌直空前後，其不朽矣乎！樵者爲誰？予友孫子宇台。孫子之稱西山樵者，蓋其志也。

時[三]康熙二年歲次癸卯秋八月，嚴沆顥亭氏撰。

校勘記

[一] 按，《鶴林玉露》乃南宋羅大經所著，此處蓋沿襲明代田汝成《西湖遊覽誌餘》卷二十一之説，誤爲葛立之。今引其文如下：「一郡典故散於各書，今可考者，僧懷顯《錢唐勝蹟》、傅牧《西湖古事實》……周益公《平園日記》、岳珂《桯史》、葛立之《鶴林玉露》

……泗水潛夫《武林舊事》……牟應隆《隆山雜記》、劉孟熙《霏屑録》、楊瑀《山居新語》……此其班班著者。」

〔二〕『檏』字《武林掌故丛编》本作『雜』，是，田汝成《西湖遊覽誌餘》引此书正作『雜』。『雜』字亦作『襍』，此處誤『衤』爲『木』，故『襍』字訛爲『檏』。

〔三〕『時』字《武林掌故叢編》本無。

序[一]

樵者於樵之外，無所事焉。然武林爲佳山水，而樵者又生長其間，則安得默然而已耶？具德禮和尚，臨濟之大宗匠也，其以衆人之請而來至此也。蓋剪其蓬蒿而居之，越十有三載，而琳宫梵宇，焕然而鼎新焉。樵者樂山林之寵榮，又不可以無志。雖然，靈隱有志前此矣。萬曆三年，昌黎白氏之所修者，吾見之矣。白氏爲志，凡三易稿，而帝虎雜出，年祀淆亂，况以陋劣如樵者哉！雖然，以大師之靈，竭樵之志慮，則於今昔記載，或冀其有當於萬一焉耳。若以比方於楊衒之《洛陽伽藍》，則樵豈敢。

康熙二年癸卯秋七月，西山樵者孫治撰

校勘記

[一] 按，《武林掌故叢編》本將此序置于下面徐序之後。

序

昔大聖人之立教垂世也，皆有時節因緣。蓋不於前，不於後，適當其際，因時制宜之謂也。釋迦老子説法四十九年，三百餘會，始以因緣，次以境智，終以般若解脱，末後拈花，此正法之時節因緣也。既而阿難結集，鳩摩羅什翻譯，乃至康僧會之建塔，梁武帝之懺法，此象法之時節因緣也。是時講席彌天，法師争立，妙論狃于文字，達磨從西天來，直提正令，掃盡見聞，此祖師之時節因緣也。今已在末法中矣，興末法之聖人，豈尚有待歟？蒼生困苦已深，末法之聖人，其心不知若何汲汲，而無如時節因緣之未至也。

震旦自孔子述經後，五六百年，聖教漸遠。司馬遷本太史公，以成《史記》，于是班固從而倣之，輯前漢一代事蹟而爲書。自此而降，代各一書，故有二十一史之稱。《史記》中列八書，《前漢書》乃變而爲十誌，後世人又倣之，于是郡縣有誌，寺亦有誌，此《武林靈隱寺誌》所由來也。《靈隱寺誌》最初者，已不可得見，所得見者，白誌與孫誌耳。白子佩氏爲易菴大師修誌，在明萬曆壬辰；孫宇台氏爲具德和尚修誌，在大清[二]康熙癸卯。九年冬，余過靈隱，時晦山和尚住持，屬余重修之。鄭夾漈嘗有言：『誌者，憲章之所賴，非深于典故者不能。』江文通亦云：『修史之難，莫過于誌。』吾輩不諳法門事，則修寺誌不尤難乎？史遷謂之整齊故事，一似易之，此在子長則然，後漢而下，正以整齊爲難耳。余幼嘗侍教于大君子矣，習其緒論，今余已六十，衰遲自棄，從不敢身預其事。兹既已有人整齊之，而余何必復修之？修之而余不辭者，蓋有故焉。聖歎嘗言之：『適幸作得一篇文字，可惜早間欲作，而爲他事所奪，失却一篇文字。假今不作，明日作，當更另有一篇文字。』此深知時節因緣之道者也。是故在易菴時，有易菴時之靈隱誌書；在具和尚時，有具和尚時之靈隱誌書；在晦和尚時，又有晦和尚時之靈隱誌書。時節因緣，先後固不得相假也。雖然，人各有心，各如其面。用我之手，握我之筆，發抒我之意，以爲我所修之誌，各求其當，遑計修誌之前有其人焉，不敢與之或有異同；又遑計吾誌修之後有其人焉，與我絶不異同也。即我既修之後，屬我重修，我亦不能必其無異同焉，我總聽之于時節因緣而已矣。

康熙十年歲在辛亥夏六月望日，吴門徐增子能氏書于靈隱寺面壁軒。

校勘記

〔一〕『大清』二字《武林掌故叢編》本無。

序

方内名山，祖席琳宫，莫不有誌。一以顯山川名勝，二以表興創功勛。次則人物雄奇，宫殿瑰麗，畋漁舊聞，搜羅怪異，建置沿革之由，再造中興之績，莫不綺縮綉錯，纖毫備載。顧以天下靈山，區中名勝，獨可以無誌乎？又况靈隱以一百餘代禪祖之後，其中或開創，或重興，或建功業幾條，或置殿堂幾帶，功業難泯，莫不表揚。獨先師具德老人，荼痒二十餘年，舉全座靈山尺寸而鼎興之，從外至内，殿閣巍峩，堂寮鱗砌，佛像嚴麗，金碧輝煌，隨一殿一堂、一房一舍、一樓一閣，皆一手擎出，脱體斬新。雖曰重興，實同開創，又可以無誌乎？有誌也，唐宋以來，舊誌有無，不可得考，所見者白珩子佩氏之誌而已。白誌太略，又用筆近俚，蒐討未備，不成佳書。先師重建靈隱之後，又有誌矣，則吾友孫宇台祉翁之筆也。宇台於先師重建功業，極力發揮，已十有六七，獨於靈隱名勝，開章發刃[二]，辯論太多，紆迴曲折，幾[三]成辯駁山水之書，似乖傳信。先師臨上雙徑，手是編親授顯，囑以校讐付刻。戒顯一覽，覺多所未安。適吾吴門故友徐子能氏惠顧冷泉，余乃篤留，館之丈室，初屬塗抹拙集，次舉白、孫二誌，力求典竄。子能乃焚膏繼晷，盡力校讐研磨，秃盡管城，坐穿皋比，閲一載而後成。舉白誌之俚俗者而雅馴之，孫誌之迂曲者而直捷之，然後開門見山，如飛來、冷泉，舉目洞達，先師重興大業，蓋天蓋地，和盤托出矣。有此書也，不惟先師血汗，永耀靈山，并一百餘代禪祖，其崩崖裂石之法語，滄冰嚼雪之高風，及古今鉅公偉人、奇文異藻，囊括殆盡。雖不比二酉屋盭之藏，以此懸之國門名山，豈不共昭垂不朽哉！爰付剞劂，質之大方，靈山一會，從此永遠未散矣。

大清[三]康熙歲次壬子潤七既望，靈隱嗣法繼席門人戒顯百和南撰。

校勘記

[一]『刃』字《武林掌故叢編》本作『軔』。

[二]『幾』字《武林掌故叢編》本作『樂』，誤，此句謂孫誌于山水名勝辯論太多，以致幾乎成爲辯駁山水之書，與寺誌體例有礙。『幾』、『樂』形近而訛。

[三]『大清』二字《武林掌故叢編》本無。

靈隱寺誌總目

六

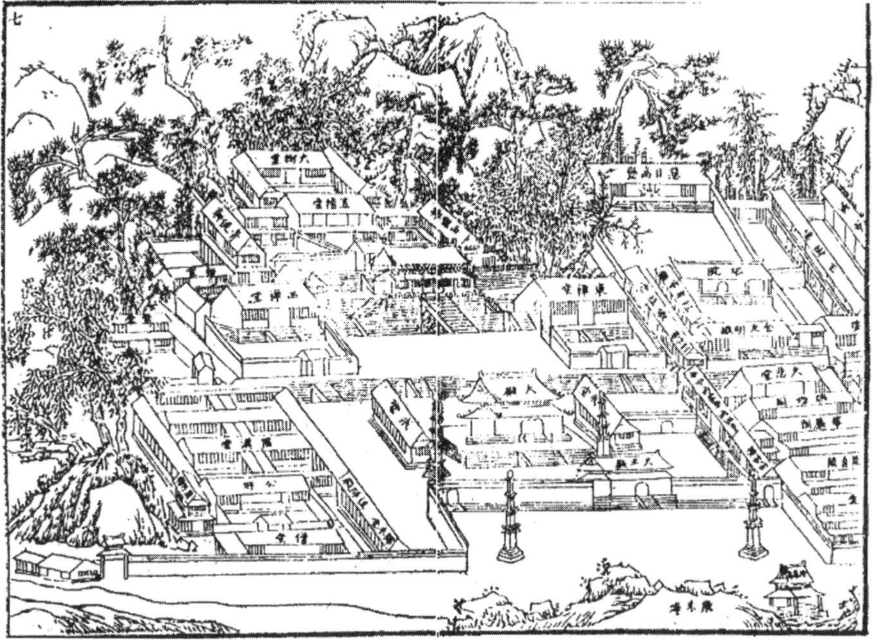
七

八

武林靈隱寺誌卷之一

武林西山樵者孫治宇台初輯，吴門而菴居士徐增子能重修，住靈隱第二代戒顯晦山校訂

開山始迹

原夫西方聖人之教被于震旦也，漢明帝兆金身之夢，白馬馱經；康僧會協舍利之求，赤烏建塔。由是而降，聖教大行彼方。聖賢乘運顯迹，或遥空振錫，或隨處托生，所在之處，建立道場，以保佑君國，利濟民生，其心甚遠，其功甚大。近代天下大刹，在吴越間者，推靈隱寺爲首。然開山實自理公，踵其後者，豈得忘其所始耶？誌開山第一。

靈隱寺，在今杭州武林山，去城十餘里。其山控湖扼江，有龍盤鳳翥之狀，爲仙靈區宅。東晋咸和三年，竺僧慧理游至武林，見飛來峯而嘆曰：『此爲天竺靈鷲峯小嶺，不知何代飛來？』人咸不信，理公曰：『此峯向有黑白二猿在洞修行，必相隨至此。』理公即于洞口呼之，二猿立出。有此因緣，連建五刹。靈鷲、靈山、靈峯等，或廢或更，而靈隱獨存。歷代以來，永爲禪窟，五燈互照，臨濟子孫居多。今重興者爲具德和尚，是法運使然也。

重興緣起

吾于興廢之際，而重有感乎其人也。古來大剎不一。其始也，有善知識以創之，迨其後，至瓜分房屋，各利其生，殿閣荒凉，鞠爲茂草，往往然也。今觀靈隱，金碧莊嚴，冠于諸方，而亦知二十年前衰落之不堪也？嗟乎！不有住持，其何以寺？不有廢者，其何以興？然則靈隱之廢，天之所以開大善知識也。誌重興第二。

昔理公之開山也，固非偶然；今靈隱之重興也，亦多奇兆。明季以來，寺已廢敗，本山二十四房于順治六年己丑，敦請臨濟正宗三十二代具德大和尚住持。和尚乃三峯老人之嫡嗣，天童老人之法孫也。天童一棒，當下直捷；三峯玄要，宏暢綱宗。具和尚兼而行之，道風廣被，十坐道場，位下法從，動以千計。是時，和尚在佛日，先有烏程金姓者寓靈隱，夢寺中鼓吹迎大慧禪師至；又僧數輩，夢明教禪師囑迎和尚。更有異者，佛日忽一日至夜半，四無人聲，聞伽藍殿鬨然，細聆之，則靈隱伽藍與佛日伽藍相爭也。于是本山僧衆，闔郡護法，敦請不已。而和尚于己丑進院，至則慨然曰：『夫所謂道場者，上以莊嚴尊像，敬禮三寶，使人得以瞻仰；下以鍵鎚衲子，傳佛祖慧命；外以接待宰官居士，内以安置諸執事，一應僧衆寮屋，缺一不可。今無歇足處，則鷲嶺飛來之端，理公開建之功，乃至于此！』即率大衆，躬親秉耒，斬棘除壤，凡事先之，不辭勞苦。乃于庚寅冬，集料興工，若法堂、方丈、客舍、僧寮、鐘樓、浴室等，次第而成，焕然一新矣。大殿歲久，方思修葺，而大殿灾，此豈神天佛祖以爲非和尚不能鼎建，而故以是委和尚歟？舊殿高十三丈，度非百萬金錢不可就，功程浩大，揆之世情，人咸難之。和尚立排衆議，乃發誓願曰：『大丈夫出家學佛，身非我有，擔荷重遠，爲末劫津梁，顧造一佛殿而便束手卸肩耶？』于是堅金剛心，奮勇猛力，衆心既齊，人天協助。所最難辦者，無如巨材，乃命工師求諸徽、嚴、常、玉等山，山深水遠，卒不能下。不日，水大發，從空瀉出，咸驚靈異。宰官、護法、檀越施財，貧者用力，役夫助工，其聚如雲，其心如火，不三年而殿成。上梁之日，人來觀者十有餘萬，擁塞如山，咸頌和尚法力，其聲如雷，諸山谷應。説者謂自建造以來，未見若斯之盛者也。其餘寮舍寬敞，足以容衆，四方來參者，歲以萬指計；雲水往來，日以二三千指計。賓客輻輳，無一寧晷，使人虚往實歸，譬如甘露水，咸得滿願。因緣福報，至矣極矣，非真天下大善知識，何以有此？未幾，應徑山之請，乃請法嗣雲居補處，即今之晦山和尚也。和尚具大才，少與吳梅村祭酒同筆研，名籍甚。甲申春，聞李賊破京，慟哭焚書，即以金剛王寶劍斬斷葛藤，于千華老人處受具，于具德老人處傳法印，日夜究心綱宗，與從前祖師如鏡照花，如水和乳。化行江楚，連踞雲居、四祖、疎山、薦福諸大祖席，曾著《鍛鍊禪人説》十三篇，諸方畏仰。每結制一七之期，必有數人省發正法眼藏之利益。學人有如此滹沱絶學，重開生面，以大展具老人未竟之緒，靈隱重興，固不在殿宇鼎新已也。

武林山水

誌靈隱爲寺也，而何以及武林？蓋先有武林山水，而後有寺也。從上[三]聖賢，負佛祖慧命，爲人天眼目者，往往遠城市而居山林，非耽名勝，重道場也。道場爲莊嚴法寶、陶鑄衲子之地，豈擾擾名利之藪可得而混雜者哉？故古刹必在名山，不惟使皈心法道者，得山水清迴之氣，以資其禪定，且使遨游山水者，瞻仰紺宇，以發其道心。然則助道因緣，莫名山若也。乃誌武林山水爲第三

武林山水，其載于邑乘，見於游人記咏，亦既詳且備矣，而茲何以誌之？武林山峯嶺不一，名刹

甚多，而世之稱靈隱者，必曰『武林靈隱』。說者又以北高峯西麓寺之所坐之山爲武林，則安得有六十里之廣？ 要之，武林是合六十里之山而言之也。孫宇台誌云：『武林在錢唐縣，發源于天目，森列錢唐，東至赤山埠，進龍浦，西至古蕩、西溪，北環西湖，南控浙江，週迴六十餘里爲當。』吾于是知靈隱之得以武林稱者。當理公未創寺之前，秪有武林，及理公建寺，武林山亦止稱靈隱，故稱『武林靈隱』。今之三竺諸剎分踞武林者，皆在靈隱既建之後，是以不聞稱『武林三竺』，明乎不得與靈隱抗行也。夫廣六十里之武林山，既爲三竺諸寺所分踞，則誌靈隱寺者，不可得而盡舉。若就所坐之山而誌之，則又非稱『武林靈隱』之義矣。吾今就其西山迤邐一帶，以誌之。

其峯則有：

飛來峯：即靈鷲峯也，爲靈隱寺。案，山以竺僧理公得名，高五十餘丈。此峯中空外奇，玲瓏磊塊，說者謂其如矯龍奔象，伏虎驚猿，墮者將壓，翹者欲飛，是也，然未能盡其形容也。其石有竅有罅，有筋有稜，有如手指攢撮者，有如鐵線疏剔者，有如老松皮者，有如蟲蝕者，有如蟻穴湧起者，有如蜂房相比者，有如波浪衝激者，有如凍雲合遝者。下本淺土，勢若懸浮，橫竪反側，非人思想之所得及。石色非青非紫，帶白帶綠。石隙生樹木，甚老甚瘦，輒有無根藤附之。秋有紅葉，艷若布錦，坐冷泉亭望去，迥出世外。多生藥草，鮮知其名。其從西天飛來無疑，洵武林山之第一峯也。其洞另詳。

蓮華峯：在飛來峯西，高起而聯屬者是也。《水經》謂孤石壁立，大三十圍，高百丈。今從下遥望，下闊上鋭，從頂視下，其石四面敷開，如蓮花瓣狀，故名。

宰相峯：在蓮華峯北下向西，如宰相執笏待漏狀。

月桂峯：在飛來峯西南。唐天寶中，嘗雨桂子，有一子成樹，慈雲懺主居此十二年。宋天聖中丁卯秋七八月兩望夜，殿堂左右，天降若雨，其大若荳，其圓若珠，有黄、白、黑三種色，帶殼，味辛，此月中桂子也。因取播種林下，浹旬而甲拆[三]，彌月盈寸，緑葉可玩。明年春，移植白猿峯下迴軒亭，凡二十有五株。其它桂樹甚多，而今無存者，以花時多得煩惱，不去培植，漸至凋盡。康熙五年，靈隱大殿落成，後八月十三日早起，載堂禪師聞屋上歷落有聲，出而視之，其狀圓而長，大踰萆麻子，殼有文，亦相類，大殿、法堂、方丈前後都有，拈取呈具德和尚，曰：『此月中桂子，吾已見過二次。』載公，秦川人，今爲晦山和尚法嗣，曾住持石門虎嘯寺，曩在具和尚位下，因收貯二合許，將移至秦中種之。時有好事者聞之，咸索觀，輒取四五枚去，纔至揚州而桂子已盡。駱賓王有句云：『桂子月中落，天香雲外飄。』其語不虛，則唐初已落過。然落必有瑞應，具和尚重興靈隱寺，十有七年間，凡三見矣。

白猿峯：　理公嘗畜白猿于此。

稽留峯：　在蓮華峯。峯形正不偏，無別峯，迤邐傾亥[三]突兀之狀，俗訛爲鷄籠山，是也。

北高峯：　武林山左支之最高者。自下至頂，九十二丈，樵蹊陡峻，以曲折爲灣，共三十六灣。登絶頂瞻眺，羣山孫列，湖水鏡涵，江流折爲帶環，海色宿爲莽沆，真大觀也。上有五顯廟塔一座。

烏石峯：　在北高峯西，上有烏石，故名。昔趙清獻判奪法安院歸靈隱，作形勝，又名形勝山。

龍門峯：　在烏石西，上有石對峙如門。

西原峯：　在龍門西南，武林水北澗發源處也。

雙檜峯：　在龍門南，上竺右山也，上有雙檜，望之如蓋。

白雲峯：　上竺坐山，常有白雲覆其上。

中印峯：　在上竺左。昔寶掌開中竺山，掌乃西域五印度之中印人，故名『中印』。

乳竇峯：　山下有乳泉，白色。

獅子峯：　與中印峯左右相夾，爲上竺路也，頂有奇石，狀如獅踞。

香罏峯。

善住峯：與中印相連，因寶掌住世，故名。《悲華經》：摩尼太子成道，號『善住珍寶山王』。

其嶺則有：

駝巘嶺：北峯東盡處，宛如駝肩，今作桃源。

石人嶺：北峯西，高六十二丈，路屈曲如羊腸，通西溪。

東墓嶺：通黄山。

楓木嶺：中印峯路。

白沙嶺：以沙白得名，通梵村。

郎當嶺：又名捫壁嶺，左迫削嶂，右臨深溪，緣木扳蘿，方可舉趾，故稱『郎當』。又上爲天門，東通龍井，南通五雲。

幽淙嶺：深壑泠泠，巉石齒齒，陟此者須前後牽挽。草樹周密，仰天一線，俗名『水出嶺』，與郎當嶺接。

東嶺：下竺東大路。

西嶺：道標和尚結廬于此。

仙芝嶺：月桂峯下，南北二山通衢，俗名『胭脂嶺』。

黄泥嶺：胭脂嶺餘氣。

其塢則有：

於家塢：雷院西，玄本塔基。

水岡塢：在北高峯，水從東下。

巢居塢：泝澗而西達韜光。許由夏則巢居，又云巢父所居，故名。

大桐塢：烏石峯西。

石人塢：石人嶺下。

白沙塢：白沙嶺下。

楓木塢：楓木嶺下，舊有吴寺，通中竺。

騰雲塢：上竺後，通白雲峯。

楊梅塢：廢興福寺，路對上竺。興福舊名彌陀教院，得月輝老宿重興。

永清塢：對中竺，内有菴名『永清』。

神道塢：與下竺對。

慈雲塢：以慈雲建塔得名。

葛塢：葛井處也。

活沙塢：上至天門，諸山下伏。

水竹塢。

珍珠塢。

瑞岡塢。

鷓子塢。

其洞則有：

龍泓洞：前當迴龍橋，後通冷泉澗，峆岈懸霤，挂碧湧金，似真非真。内有通天處，漏天如井，後人題『通天洞』三字。其側有小洞，底地無垠，傳聞昔有採石乳者，入之不已，聞篙櫓風浪之聲，謂度浙江通蕭山者，即此洞也。内有蔣之奇篆書未見，賈似道題名見後卷八，唐丁飛宅於中。

玉乳洞：一名巖石室，一名羅漢洞。吴赤烏二年，葛孝先于此得道，後人就道畔鑿住世羅漢十六尊。其迴旋曲折，小有鑾蝸，涓滴沁凝，大旱不竭，豈上仙蜕白石之繭，而龍鼻爲大陰之户耶？

射旭洞：一名青林巖，即理公巖，有唐楊遵篆書三大字見石隙，乃理公燕寂之處，又名『燕寂巖』。其下四極三門，鰲撑而立，其上豊額險足，龜殼猶存。外視則洞可容百數人，内視則巖可樹百椽屋，藤蘿聯絡，峯石縱横，無愧署書『八面玲瓏』四字者也。内小石有『金光洞』字，側有周伯琦篆書《理公巖記》一碑見文内。山多樠桂木，葉常青，淩冬不凋，故曰『青林』，又曰『香林』。

呼猿洞：在蓮華峯麓，即慧公驗飛來峯處。六朝宋時，有僧智一訪舊蹟，畜猿于此。其洞門甚狹，側身乃容，内廣堂皇，冥如長夜。又一洞，炬火傴行數百武，或高平如砥，或齟齬如牙。又一洞，非螣蚋不入，故人憚而未詳。

金佛洞：飛來峯南，下竺薝蔔堂後。

香林洞：亦名香桂林，黄初菴有詩。

圓公洞：三生石側，爲圓澤會處也。

其巖則[四]：

龍泓巖：在龍泓洞，洞有室，曰『巖』。

青林巖：在青林洞。

理公巖：理公燕寂處也。

玉女巖：飛來峯頂，一名『新婦石』。巖下石罅有水，如玉女潭也。

日月巖：在下竺山，一圓如日，一半灣如月。

虎頭巖：　在蓮華峯下，虎頭禪師以此爲號。

千歲巖：　以寶掌爲名。

天香巖：　在中印峯山半，又名『百歲巖』。

白雲巖：　永清塢新菴。

百丈巖：　雙檜峯後。

烏石巖：　白雲峯後。

其石則有：

石蓮：　即蓮華峯也。

石梁：　在飛來峯頂，長一丈，亘石上如梁。

三生石：　下竺右。

水波石：　下竺後，石上有水波紋，舊時江水至此。

鬬鷄石：　無考。

卧龍石：　慈雲種梅其上，其詩有『梅有和羹實，龍無爲雨時』之句。

一指石：　龍泓洞旁。

石笋：　烏石峯山半，高數仞，周可七八抱，圓峭特立，亦名『卓筆峯』。

石室：　在韜光山後，真觀坐其中得道者，名『頭陀石室』。理公巖下者，名『巖石室』。其一未詳。

獅子石：　韜光山後，高數仞。

石人：　在嶺上。近視如將軍戴鐵笠之狀，遠望又如幼女雙髻也。

棋盤石：　在永清塢中，高數丈，色赤如丹，廣丈許，平如砥。嘗有老僧謂邵山子掃葉林中，得石棋子。

醉石：方廣一尋，在洪有竹園浴蓮池側。主人以其平踞可觴咏也，名曰『水臺盤』。白珩《靈隱記》曰：『至是搜名勝，而此石以小見遺，夜夢人指曰：「何忘醉石也？」』

其棧則有：

伏虎棧：陸羽《二寺記》言靈隱澗中奇石，後爲朱勔取去。

連巖棧：飛來峯頂，石級猶存。白子佩原《誌》謂連雲棧與伏虎棧，皆峯麓奇石，楊連[五]真伽鑿爲佛像。』

其水則有：

南澗一，會支澗七：

南發源于五雲山，水出嶺。

西合上竺兩山支澗，徑靈隱房小橋合流，過五雲山路小廟橋，又合觀音井水，經時橋，匯水陰溝，出金佛橋，在普門内，過天巖房橋。

東合楊梅塢支澗，出琮老橋，僧琮建。東合中竺永清塢支澗，北出中竺寺橋，東合下竺神道塢支澗，北過下竺寺橋，東合月桂峯支澗，三水横出如川，名葛洪水。過慈雲北澗，出飛來峯，至龍迹橋會北澗。

北澗一，會支澗十：

發源于西源峯，南合白沙塢支澗，西合永安支澗，西北合大桐塢支澗，流過吳寺橋，西北合烏石峯水，南會呼猿澗暗水，南合冷泉水源。北合石笋支澗，又北會金沙、銀沙支澗，又北合韜光支澗，東流過曹家橋，渟匯于靈隱石門澗，經瀑雷橋，今廢，迴龍橋，會南澗水于合澗橋下，舊橋三洞，今修，曰靈隱浦，南宋通舟至此。北合水架塢支澗，西流過白樂橋，北合瑞雲塢水，經雷院，名後澗溪，出唐家橋東南，趨西行春橋，逕東行春橋，逕金沙灘裏五橋，滙爲西湖。

其泉則有：

冷泉：相傳在蓮華峯麓，今在寺前，堆藍漾碧，冬夏常盈。池旁有嶔嶔空洞，形家以招提擁北高而面飛來，宜滙此澗，置閘以蓄水。建亭其上者，唐刺史元藇。廣池者，宋僧如璧也。

温泉：在冷泉之上首，今涸。

渦渚泉：《臨安誌》云：『在東嶼。』

臥龍泉：在渦渚側。

醴泉：在渦渚右，大曆六年出，酌之療疾。

蕭公泉：在寺右。

伏犀泉：在飛來峯頂。

瓔珞泉：下竺後巖，元時竭，僧允若祝曰：『吾緣在是泉，當再來。』已而泉出。

蓮華泉、跳珠泉：此二泉，疑在慈雲塔院處，東坡有《和周次元跳珠泉》詩。

上永福：劉宋慧琳禪師開山。明弘治間，洪水堙廢，清順治間，静照法師重興。

金沙泉、銀沙泉：俱在上永福，二方石池現存。

觀音泉：上竺爲大悲泉，在講堂下，流繞殿前，經如意池。池以青石闌之，方丈許，石面鏤如意文。

夢泉：宋崇寧元年，浙西大旱，寺中厨水不給，主僧玉法師夢泉發于西坡，鑿之果得。

薈泉：在雙檜峯。

華光泉：在白雲西院。

凝翠泉：　在獅子峯下。

水月泉：　在中印峯前。

孫公泉：　《上竺誌》謂孫思邈。

玉液泉：　永清塢。

小龍泓泉：　閻妃墓側。

白公茶井泉：　在形勝山麓，舊鐵秀菴處。

龍王泉：　康熙辛亥夏，大旱，韜光道上，澗泉盡涸，忽於龍王祠前迸出一泉，充潤常住，真龍神賜也。

其池則有：

蘸筆池：　在本寺東廊下，丁行者學書處。

茯苓池：　在本寺西，僧堂劚苓成池。

金蓮池：　在韜光。

福泉池：　在下永福寺，福王建亭其上。

雲液池：　在白雲峯。

七星池：　中竺殿前。

金波池：　集慶寺後。

其井則有：

葛翁大井：　普福寺後洪丹井，天下凡十三，而在杭者三。　此與下竺井爲二，其一則在龍井翁家山，有壇在雷院慶化山，所植松在履泰將軍廟。

天澤井：　履泰將軍爲天澤侯，此其井也。

校勘記

[一]『上』字《武林掌故叢編》本作『古』。

[二]『拆』字《武林掌故叢編》本作『坼』，是。『甲坼』謂草木種子發芽時外皮裂開，《易・解》：『天地解而雷雨作，雷雨作而百果草木皆甲坼。』『拆』、『坼』形近而訛。

[三]『亥』字《武林掌故叢編》本作『戻』。

[四]『則』字下《武林掌故叢編》本有『有』字，是。

[五]『連』字《武林掌故叢編》本無。

武林靈隱寺誌卷之二

梵宇

昔佛以正法教天下，而復立像法者，以正法深微幽奧，初心難測，有像法在，使轉輪與聽法者皆于是乎準焉，故必建寺。寺者，聚也，言三寶之所聚也。入門列四天王者，表護世功在前也。中坐慈氏者，表當念即可入一生補處位也。殿中左右列應真諸天者，表真、俗二諦互顯中諦也。三世佛者，表三際代禪，而覺體不動也。向内建韋天者，尊其道肅三洲，向佛而擁護也。觀世音擁于殿後壁者，普門示現也。後有樓閣者，普賢萬行爲諸佛之長子，而因緣果滿也。像法之大義如此。又聞一千年像法，後五百年滅壞，今靈隱在像法滅壞之秋，具和尚獨力鼎新，功勛莫大焉。爲誌梵宇第四。

寺自晋咸和間理公開山，山門榜曰『絶勝覺場』，葛洪所書。正殿曰『覺皇寶殿』，爲宋理宗御書。五季、隋興廢莫考，至唐初，自宋之問咏靈隱詩承聯未就，遶廊行吟，駱賓王時避禍隱于僧，乃續曰：『樓觀滄海日，門聽浙江潮。』之問欣然用之，靈隱之名大著。大曆六年修，會昌廢教，寺毁僧散。後稍興復，規制未宏，至吴越錢忠懿王，國富民殷，命永明延壽禪師重爲開拓，殿宇一新。建石幢二殿，仍覺皇之舊殿，後爲千佛閣，最後爲法堂，以東空建百尺彌勒閣。宋真宗景德四年，賜稱『景德靈隱禪寺』。南渡後，高、孝二宗翠華屢幸，理廟親灑宸翰，增輝山水，當時號稱禪窟，爲五名山之第二山焉。

改法堂爲直指堂，賜直指堂印。元至大元年，殿歲久蠹朽，住持正傳撤故爲新，皇慶元年落成。至正己亥，燬于兵，癸卯，住持輔良始建方丈伽藍堂。明洪武十七年，住持慧明重建覺皇殿。永樂元年，僧善才募施，裝塑大佛諸天及諸供具。宣德五年閏十二月八日，覺皇殿災。九年，住持曇瓚建左右翼門，住持良玠重建正殿，復還舊觀。隆慶三年三月，燬于雷火。萬曆壬午，住持如通開講説法，士庶雲集。五年，鳩工飭材，百廢具舉，以癸未冬十二月始事，越五年落成。殿倣唐式，用柱平頭四十八，石柱十六，易名『大雄寶殿』。越今六十餘年，寺頹廢，存者十無一二，大殿、直指堂、轉輪殿，亦僅存而已。

大清御世，順治己丑春二月，各房僧衆暨外護，合力敦請具德和尚住院。和尚相隨數百僧，戮力締造。庚寅，營造方始，堂室次第鼎新。戊戌三月廿六，大殿災，天將以除舊布新屬和尚也。辛丑七月十七日，大殿與天王殿同日鼎建。十八年間營造，無不高大寬敞，丹碧一新。凡爲殿者七：天王殿、大雄寶殿、藏殿、伽藍殿、羅漢殿、金光明殿、大悲殿。爲堂者十二：祖堂、法堂、直指堂、大樹堂、東禪堂、西禪堂、東戒堂、西戒堂、齋堂、客堂、擇木堂、南鑑堂。爲閣者四：華嚴閣、聯燈閣、梵香閣、青蓮閣。爲軒者三：面壁軒、青猊軒、慧日軒。爲林者一：玉樹林。爲樓者三：響水樓、看月樓、萬竹樓。爲房、爲室、爲公所者十：雙桂室、香積厨、圃室、浴室、各寮房公所，而鐘樓增建爲古百尺彌勒閣。計自斬荊誅棘，以迄落成，辛勤瘏瘁，二十餘年，致殿閣巍峩，堂寮鱗砌，佛像嚴麗，金碧輝煌。從内至外，無一殿一堂、一樓一閣、一房一舍，不脱體斬新者。雖曰重興，實同開創，蓋代功蹟，古今未有也。大殿、天王殿、鐘樓，皆募檀信，其餘都積香信爲之，錢糧鉅萬，一時湊集，真千年香火，萬年常住，臨濟光明，三峯法道，永久不替。晦山和尚補，五載之内，完飛來峯牌坊，建具和尚慧日塔院，置普同塔三座。其他未竟者[二]，容次補入。

開列新建殿堂樓閣寮舍庄院名目：

大雄寶殿： 高十三丈五尺，規制宏敞，丹雘精麗，不減化樂天宮，爲九州名山之冠。順治辛丑年七月十七日建。

天王殿： 高七丈，辛丑年七月十七日，與大殿同日建。

輪藏殿： 順治庚寅春，移建于東首鐘樓南。

伽藍殿： 康熙壬寅秋，建于華嚴閣右，即妙應閣舊址。

羅漢殿： 五十四間，順治戊戌冬，建于西禪堂之下。

金光明殿： 九間，順治乙未秋，建于蘸筆池上。

大悲殿： 六間，順治戊戌春，建在聯燈閣後，蘸筆池前。

祖師殿： 八間，順治乙未冬，建于羅漢殿之下。

法堂： 高七丈二尺，五間，順治戊戌十二月十日建。宋時指心堂。明正統間，僧玹理建，毀。萬曆乙酉，僧如通建。大殿災後，具和尚先建法堂于殿後，是指心堂故址也。

方丈直指堂： 高六丈七尺，癸卯年十一月十日建。

面壁軒樓： 七間，高三丈七尺，順治十三年冬建，在方丈之左。青猊軒樓： 六間，高三丈六尺，順治十四年冬建，在方丈之右。

小方丈樓： 上下一間一路，癸卯年建，在青猊軒之左。

静室： 四間，高一丈二尺，在小方丈樓之右。

東耳樓： 一間一路。

獅子窟： 高一丈八尺，六間，在方丈之前。

大樹堂：　因西栗樹，爲西晋慧理祖手植，巨數十圍，枝幹參天。　置堂其下，高二丈一尺，五間兩廂，乙巳九月二十八日建，在方丈後，即見山亭故址。　初爲茅蓬，今爲瓦屋。

東禪堂：　五間，順治十五年秋建，在法堂之東。

西禪堂：　五間，廂房二間，順治己亥春建，在法堂之西。

慧日塔院：　重興靈隱具老和尚肉身在此，五間，康熙戊申秋，晦山和尚鼎建，即慧日軒故址。

南鑑堂：　六間，康熙壬寅秋建，在聯燈閣之右。

齋堂，今改樓，名香積：　七間，順治壬辰冬建，在山門之左。

聯燈閣：　五間，在華嚴閣後，以二學人同日得悟，故建。

華嚴閣：　五間，在梵香閣之後，康熙壬寅冬建。

華嚴閣廂樓：　九間，壬寅冬建，同日與華嚴閣上梁。

華嚴閣小方丈：　上下一間，壬寅冬建，與華嚴閣同日上梁。

青蓮閣：　即集翠樓，順治辛卯秋建，在華嚴閣之前。

梵香閣：　在齋堂之後，五間，順治丁酉秋建。

嫩桂堂：　十間，順治乙未秋建，在東禪堂東側。

玉樹林：　九間，康熙戊申秋，晦和尚建，爲慧日塔院之左輔。

法壽堂，即經書寮：　七間，康熙戊申秋，晦和尚建，爲塔院之右輔。

官客樓：　五間，康熙壬寅冬建，在伽藍殿下。

官客公所：　五間，廂樓五間，順治乙未秋建。

響水樓：　在香積樓之前。

萬竹樓：在公所西，因竹取名，今爲妙應閣。

鐘樓：順治壬寅夏建，在藏殿之上，古百尺彌勒閣處也。

看月樓：五間，順治辛卯秋建，今爲米庫樓。

直歲樓：兩間，順治辛卯冬建。

厨房樓：四間，順治辛卯冬建。

厨房：七間，順治丁酉秋建。

庫房樓：五間，順治庚寅夏建。

知浴樓：五間，順治丁酉秋建。

浴寮：五間，康熙壬寅秋建。

雜務寮：九間，順治丁酉秋建。

柴房：三間，順治丁酉秋建。

菜園：七間，中奉無著禪師塔，有二廂房。

梅園房：五間，新增建。

擇木堂：在祖師殿之下，五間。

茶房：在南鑑堂之上。

普同塔院：三間，二脇樓三間，廂房四間，康熙丁未夏建，在天聖院之側，具相尚同晦和尚建。

總管殿：三間，遷於東岡之上。

柴寮，集雲菴：在濡砂嶺。樓五間，佛堂五間，厨房、浴室三間，兩廂房四間，順治辛卯春建。

寶勝菴：即放生所，在金沙灘。佛堂五間，厨房四間，生所五間，柴房二間，順治乙未秋建。

松木場，下院大悲菴：　樓房五間，康熙二年置。廂房一帶，晦和尚增建。

江干下院接雲菴：　樓房五間，平屋五間，廂房四間，茶房三間，順治十六年建。

明萬曆癸未易菴建置附載

山門爲『最勝覺場』，左曰『東林會勝』，右曰『西竺分奇』。進爲天王殿，金剛四列，峙中彌勒。又進爲正殿，所謂唐殿式者也。中奉三世尊佛，後爲五百羅漢，湧壁後列十二圓覺菩薩、梵王帝釋、十八尊天。又進即舊鐵塔，建藏輪殿三。又進舊法堂五，僧玹理建，而易菴重修之也。又進上坡爲方丈直指堂，元輔良所重建者，易菴以爲法堂也。其餘伽藍殿之在左，祖師堂之在右，改安遇堂爲蓮峯堂，改千佛閣爲三藏殿，亦約略可得而數焉。

明宣德七年舊誌本山寺基號址附載

維字一號至十號、十一號，舊有山九十八畝三分，民山一十五頃七十八畝八分。

東至集慶寺牆，西至上永福寺路，南至飛來峯頂，北至北高峯，各分水爲界。

本縣本寺官民田共一百九十八頃九十八畝八分九釐一毫。

今昔雖殊，附載于此，以存舊也。

元賜還九里松行路碑附載

長生添氣力裏、大福蔭護助裏皇帝聖旨： 浙江行中書舍人省、行御史臺官人每根底、廉訪轉運司官人每根底、迹賦總管府官人每根底、軍官每根底、軍人每根底、城子裏達魯花赤官人每根底、各枝兒目每根底、衆和尚百姓每根底宣諭的聖旨。

語雖不可句，然亦以見一代典制，且知九里松之屬靈隱，唐宋以來，未之有改也。

宋天聖三年皇太后賜錢買田數附載

一，收買杭州錢唐縣山林田土五頃。

一，鹽官縣思亭鄉水田一千頃。

一，秀州崇德縣積善鄉水田一千頃，并免秋糧夏税。

宋天聖三年中書門下牒附載

杭州靈隱山景德靈隱寺住持僧禪定大師延珊奏： 先奉皇太后聖旨，宣賜庄田，祝延今上皇帝聖壽。今已五年，累設過齋僧粥食四十餘萬，祝兩宫聖壽。 其田土見今供納秋夏二税紬絹叁拾肆疋，赤綿[三]貳拾壹兩貳錢，米共計柒拾叁石柒斗，係屬杭州、秀州兩處鄉縣，乞與放免上件税物，取聖旨。 牒奉敕：宜令逐州子細勘會，如委實是宣賜庄田，據合納夏秋二税，並與放免，即不得將不係宣賜田土税一例放免。牒至准敕，故牒。天聖八年十二月六日牒。工部侍郎、參知政事王曾，給事中、參知政事薛奎，給事中、參知政事陳堯佐，吏部侍郎、平章政事呂夷簡。

其後洪武中，僧淳朋以時代移易，獻還朝，復賜三千畝，先敕見存。後徐華亭相公當國，僧大茂以田被占奏聞，至今本寺管業也。附誌于此，以見累朝恩遇，本寺基産不同于他山者如此。

舊誌靈隱別業附載

種德菴坐落松江府青浦縣師字圩　寶壽寺坐落本府餘杭縣

大遮山菴坐落本縣崇化鄉　永壽院坐落本府富陽縣　桃源寺坐落本府臨安縣

唐宋以來靈隱殿室舊名附載

絶勝覺場　覺皇殿　迴廊　延賓水閣　百尺彌勒閣　一笑軒　交蘆室

妙應閣　安遇堂　千佛殿　蓮峯堂　直指堂　妙莊嚴域　見山亭　面壁軒

其名列此，詳見古蹟。

舊誌諸僧續剏菴房附載

歸雲菴　雙桂菴　淨居菴　天香菴　庫司房

已上寺東。

無垢院　蒙堂　選佛齋　祇園　幻隱菴　普覺菴　涵澤菴　澗西菴

一默菴　慎菴即岣嶁山房

已上寺西。

韜光菴　白雲菴　華光廟　元帥殿　永安塔院

已上方丈後山半至頂。

古塔

西域尚火葬。佛滅度，舍利盈斛，在在處處皆建塔以供養。長干塔，乃赤烏二年康僧會西向頂禮三七日，求而得之者，爲震旦佛塔之祖。中有小塔，藏佛舍利，時放光。四明阿育王塔舍利，隨人根器，色光不一。松江龍華塔，每歲八月望夜，萬塔來朝，于水中見光芒，萬道交映，如蛇如虹，不可形容，此又塔之王也。後世僧歿荼毘，凡有舍利者，皆得建塔。又有肉身建塔院者，自四祖、五祖、六祖來舊矣。靈隱自理公以來，建塔至多。爲誌古塔第五。

晋[三]塔

理公塔：在龍泓洞口，砌高三丈。萬曆丁亥六月，爲霖雨所圮，中獲石刻云：『開寶八年，募衆重建釋迦磚一座，在清遶橋靈山里。』則迴龍橋舊名清遶矣。又有鐵小塔一，鐵盒一，内沉香四片，帛一方，觸手如蝶翅。閱庚寅二月，僧如通重建，開其基，見一孔甚堅，以手探得陶龕之底，遂復封，瘗而藏之。郡人虞考功淳熙爲之銘。

隋塔

神尼舍利塔：　在飛來峯頂。隋仁壽二年，遣僧賫舍利至此，相基啓土，劚得石坎，以舍利函納之，不差尺寸。按，神尼乃同州般若寺尼，名智仙[四]。隋文帝始生，尼知其貴，太祖委尼保育。一日，皇妣來抱，見兒成龍形，驚墜地，尼訝曰：『誰驚吾兒，致令晚得天下。』及帝長即位後，令天下造佛塔，而以尼舍利函，遣僧至靈山建塔焉。

真觀塔：　在東岡嶺，觀法師手所標瘞地也。久圮，宋慈雲募王欽若重修，甓甃甚工。慈雲有詩以識，其序曰：『土[五]門自開，一無遺物，不知全身隨多寶以證經乎？象佛瓏以化往乎？』今塔有石鑿一僧坐其中，像亦甚古。

唐塔

鳥窠禪師塔：　古云在靈隱山，見孤山知圓《白蓮社主碑》。然鳥窠塔今實在鳳林，想移去也。仍舊誌，姑存之。

北高峯塔：　唐天寶中建，高七層，藏古佛舍利。會昌時毁，大中年復建，吴越武肅忠懿復重修之。宋至道二年，燬於雷火。元豐間，圓明大師重建。咸淳七年燬，繼又建。萬曆間存燼餘三層，今於順治壬辰年復圮。

修證了義法師塔：　在廢天台圓覺寺。

吴越塔

無著禪師塔：　舊在石人嶺。天復二年，宣城賊田頵等，縱兵發師塔，肉身不壞，爪髮俱長。武肅王遣裨將邵志，重加封瘞。宋楊沂王毁塔，遷瘞靈隱無垢院。韓侂胄取爲生壙，遂啓陶龕，容色如生，髮垂至肩，指甲纏繞，三日不壞。順治庚寅八月，具德和尚治圃室于寺東，舉钁而陶龕觃破一穴，見有禪師端坐，髮爪圍繞，四大如生，寺中耆宿咸謂是無著禪師。具和尚急命封掩，爲鑿石建塔，覆以塔院五間，置香燈奉事焉。

宋塔

瑞光卧塔：　月桂峯下。慈雲示寂，有大星墮地，因瘞其地。

延珊禪師塔：　在廢天聖寺。

普慈大師塔：　即幻旻也，契嵩爲之銘，在呼猿澗北。

永安禪師塔：　舊爲契嵩之退居，即其地建塔，因荼毘五種不壞，號『五相堅固之塔』。具德和尚重修。

玄本禪師塔：　在瑞雲别院。

白蓮社主塔：　爲圓浄大師，名省常，遠嗣廬山，唱教西湖鳥窠禪師塔側。

南宋塔

瞎堂禪師塔：在廢天聖寺。明初，被某指揮乞葬其地，及發塔，不克，至以火煉其石，石亦不裂。計力已窮，遂於塔後數尺許下葬焉，乃今[六]以塔爲祭石也。

懶菴安禪師塔：在永安院。

松源禪師塔：在北高峯麓。

石鼓禪師塔：永安院側，具和尚重修。

鐵牛禪師塔：在□□處。

妙峯禪師塔：在寺西岡。

元塔

普覺朋禪師塔：即淳朋禪師，普覺房山後。

良用貞禪師塔：在靈隱歸雲菴。

明塔

幻隱禪師塔：在幻隱房。

見心禪師塔：　在天香菴。

忻悟禪師塔：　在東岡。

無文禪師塔：　在雙桂菴。

可淳禪師塔：　在涵澤房。

幻菴修禪師塔：　在永安院側。幻菴，本寺八十五代住持。

慎菴祥禪師塔：　在祇園房，有《廣原行業記》。

曇瓚師塔：　宣德年住持，興建大殿者。

北峯讚塔：　在澗西。

月用禪師塔：　師俗姓江，與弟之浙，俱以文章道義自命，故錢唐有『二江』也。師厭棄塵俗，即時受具出家，参無上義，行脚幾載而示寂。靈隱具和尚即命塔於妙應梅塢，而屬净寺豁公爲之舉火，同時會葬者數十百人。所著有《蝶菴集》行世。

古蹟

從來名山勝地，必多古蹟，此皆前人眼光所射，神情所注之處，即歲久湮没，其名尚存。人至此無不爲之徘徊，思得一見焉，而况名山如武林，大刹如靈隱者乎！或爲仙真棲托，或爲帝王遊幸，或爲仕宦蒞止，或爲大家别業，或爲名人名士登眺品題。其處至今有可得見，有不可得見者，一一備列。爲誌古蹟第六。

山門二石幢：　高十許丈，凡十三層，用鐵熔灌，堅不可動，吴越王大元帥建，周圍列尊勝咒。

丹墀二石塔：　高可五、七丈，九層，上有石扁，書『吴興廣濟普恩真身寶塔』十字，二塔所題皆同，而無年代日月。山中舊物，所存唯此。其塔八方，下刻佛頂首陀羅尼，二塔皆同。按，《契經》：『陀羅尼者，此云總持。』其曰廣曰普者，《顯密圓通經》謂：『陀羅利益有十，如護國、壽民、時和、歲豐、疾疫、刀兵、惡獸、鬼魅、五無間、十惡逆，皆滅，故云廣普也。曰真身者，陀羅尼乃三藏之秘密，佛之真身所在，又凡寶塔中，皆有多寶佛真身也。』又按，佛塔有生身、碎身、全身、真身者，《成論》云：『乘如實道，來成正覺，此真身如來也。』合三説而真身之義得矣。塔上所鐫佛，皆梁像，此或惠理之後，六朝僧所爲耳。其無歲年者，豈以朝梁暮陳故耶？

西部都尉治：　在武林山。

錢唐縣舊治：　《水經》：『靈隱巖有錢唐故縣。西漢有錢唐，東漢無錢唐，於晉復有縣也。』

左軍教場：　宋設，在行春橋北，即部司前軍寨。

飛來峯坊：　笑翁堪闢寺前屠沽之地，爲立闢建坊也。

二寺門：　即天竺、靈隱牌坊，袁居中書，今飛來峯坊稍下，跨大街。白樂天詩云：『兩守原從一寺分。』是也。今址尚存。

袁公松門：　跨路，如一字然，吴説爲書『九里松』三字，今作一字門者，非。

冷泉亭：　唐刺史元藇建，白樂天書『冷泉』二字，東坡續書『亭』字。今董宗伯其昌重書，陳徵君繼儒書對，用王維『泉聲咽危石，日色冷青松』之句，最合。

客兒亭：　客兒，靈運小字。盧元輔詩：『長松晉家樹，絶頂客兒亭。』是也。一稱『夢謝亭』，杜明甫爲靈運建。

袁君亭：　後人思慕袁君建。

見山亭：唐給事盧元輔建，在靈隱寺後山半，羣山奔赴，皆供目睫，故名。一曰『巢雲』。

虚白亭：元和間刺史相里君建，沂溪傍口，林泉豁爽，故名『虚白』也。

觀風亭：裴庶子棠棣建，在虚白亭又西。同上虚白亭，俱在包園。

候仙亭：韓僕射皋建，在觀風亭又西。自見山以下四亭，并冷泉亭，爲五亭也。

紫微亭：紫微舍人唐詢建，在靈隱寺前。

壑雷亭：在石門澗上，宋安撫趙與篙建。

翠微亭：韓世忠忤秦檜，解樞柄，逍遥湖上，最愛此山，故建此亭。邵古菴曰：『紹興十一年冬，岳飛死。十二年三月，韓公即建此亭，謝兵柄，時獨游焉。』按，岳飛有《登池州翠微亭》詩，曰：『經年塵土滿征衣，特地尋芳上翠微。好水好山看未足，馬蹄催趁月明歸。』韓當時憶岳此詩，故以名亭，而亦隱痛之也。亭在飛來峯半。

春淙亭，合澗橋：見貝瓊記。

清繞橋：吴越時名，今稱『迴龍橋』。

東西行春橋：東在麯院，西在九里松也。

合澗橋：南北澗水會于橋下，故爲合澗也。

瀑雷橋：在冷泉亭上。

石橋：亦謂石梁，飛來峯頂，近翻經臺。

杜明甫宅：在飛來峯。

丁翰之宅：在龍泓洞。

顛仙廬：顛仙姓鄭，在呼猿洞口。

紫芝道院：　宋咸淳間，道士陳崇真卜居于此。北高峯東，俗名『慶化山』。

朱墅：　梁隱士朱世卿别業，在九里松。

鄴公菴：　宋守祖無擇建，在石笋峯，稱『鄴公』者，是其封號未可知也。有蘇子瞻、秦少遊、黄魯直留題，文與可畫竹在焉。

香林園：　蘇仲虎尚書園，在九里松。

班衣園：　韓世忠别墅。

書藏：　蘇和藏書之所。

岣嶁山房：　靈隱澗西，李元昭結廬于此。

丹竈堂：　葛洪煉丹之所。

思真堂：　許邁宅。

九師堂：　一曰『隱居堂』，陸偉建。偉談《易》於此，爲淮南九師也。

西嶺草堂：　道標所居。

東嶺草堂：　慈雲懺主之所建也。懺主名遵式，僧伽不載，而獨載此者，何也？僧伽止載靈隱僧，慈雲行雖高，例不得列，若其遺蹟，則所謂『兩寺原從一寺分』，安可以不列也？是故七葉堂、九品觀堂，咸得類見焉。

七葉堂：　白樂天詩有『宜人七葉堂』。

金光明懺堂：　建炎三年，帝狩台州，至金鼇山，寂然空静，惟聞廣殿香清。有白髮老僧禱諸天於佛前，憂時保國，語意誠篤，帝悦而問之，對曰：　『此護國金光明三昧懺也。』是後駐蹕杭州，靈隱諸巨刹咸賜金帛，修金光明懺。今其基在梅園，是高宗所建也。

九品觀堂：　在天聖寺，疑亦慈雲所建。

翻經臺：　謝客兒于杜明甫翻經處。

飯猿臺：　在呼猿洞口，廣丈許，高二尺，僧智一居此蓄猿，好事者每來施猿食，故名[七]臺也。

無量壽閣：　靈鷲山側。

輪藏閣：　本千佛閣，明萬曆時重建，中制轉輪，以奉法寶，計六百三十八函，董公宗伯其昌匾曰『輪藏閣』，故從今名也。

百尺彌勒閣：　寺[八]舊東廊之外。

延賓水閣：　在寺[九]門之東，背山而臨水。

望海閣：　北高峯頂，蘇東坡有詩。

滴翠軒：　在靈鷲寺。

一笑軒：　見孝宗御語。

巖石室：　即理公巖室。

交蘆室：　即遠瞎堂所居。

明真宫：　在九里松旁，宋嘉定中建，寧宗書匾，疑爲道院也。　並駝巘嶺下至靈隱左右，各建置不一。其所流傳者，如興福院、資德廟、萬壽院、靈曜觀、崇壽院、昇僊宫、多福院、人明寺、永清寺、履泰將軍廟，或爲蘭若，或爲道院，或爲香火院，或爲土地祠，略爲疏記，不能盡詳也。

天醫波利多院：　在飛來峯。　宋淳熙間，天醫菩薩顯化之迹也。

鐵舌菴：　靈隱寺内。　惠遠荼毘，舌不化，爲鐵舌。

韜光菴：　以韜光禪師得名，菴有金蓮池、獅子石、烏峯。　吴越王改建，名『廣嚴菴』。　大中祥符間，復改今名，有丞相陳堯佐題。

白雲菴：　在方丈後。僧清覺，孔子後，號本然，居此。

天聖寺：　靈隱寺内。

靈峯院：　水堈塢内，宋時建，今廢。

無垢院：　寺後方丈處。

海峯菴：　亦在本寺。

華光廟：　在北高峯頂，以奉五顯神者。宋嘉定中，范師孟事，頗著奇異，詳見碎録。

元帥殿：　在北高峯山半，以祀潮神。

總管堂：　靈隱寺内。舊時勅封王念二總管，不在十八伽藍之列。

陳明大王祠：　在北高峯麓。王姓陳，名澤，本餘杭令。

東坡祠：　在靈鷲寺。邦人初祀公蘇堤，吕惠卿奏毁之，此又寺僧所建也。

土地過海大王祠：　在月桂峯麓，傳言錢王子有墳在塢内。

輦路：　路砌爲墄者，南宋時爲翠華幸臨也。今制存舊麯院路，趙安撫與籌新堤從麯院以通靈竺也。

椒園：　靈隱種椒處，椒香勝他處。

呼猿洞舊路：　内可通中竺，此出《十三州誌》。今中竺後既填山塍一條，洞後門並不可得，或土石崩沏，未可知也。

靈隱舊小路：　在寺左，乃靈隱上菜園也。宋時屠沽在此地，住持笑翁始闢爲園。

吴寺團：　吴太后香火寺前聚也，靈隱寺對。

吴寺橋。

菜園：　在靈山下，今不存。

上菜園。

下菜園：　理宗爲閻妃香火，建集慶寺，以古蕩田千畝易之。

法安院街：　今名『法安街』也。

舊靈鷲寺：　在飛來峯麓。理祖來武林，先建此寺，宋嘉熙初，改興聖寺，元末毁。今爲張公墓。

校勘記

〔一〕『者』字《武林掌故叢編》本無。

〔二〕『綿』字《武林掌故叢編》本作『綫』。

〔三〕『晋』字《武林掌故叢編》本作『唐』，誤。慧理爲晋僧，故此處應爲晋塔。『晋』字或涉下文『唐』字而訛。

〔四〕『仙』字《武林掌故叢編》本作『他』，形近而訛。本書卷八録《神尼舍利塔》詩，詩題小注即謂智仙。另，篇末『遺事』部分亦作『智仙』，《武林掌故叢編》本同。

〔五〕『土』字《武林掌故叢編》本作『上』。

〔六〕『今』字《武林掌故叢編》本作『令』，形近而訛。

〔七〕『名』字《武林掌故叢編》本作『有』。

〔八〕『寺』字《武林掌故叢編》本作『在』。

〔九〕『寺』字《武林掌故叢編》本作『石』。

武林靈隱寺誌卷之三上

住持禪祖

叢林之有住持，猶國之有君也。國不可一日無君，而叢林可一日無住持乎？住持者，必須善知識，知衆生病，識治病藥，然後弘開法道，濟度生民。火以薪傳，道因人舉，以其行解相應，稱之爲祖，其來久矣。靈隱自東晋咸和，至明萬曆，共一百三十餘代，有爲天子所命者，有爲大臣所請者，五燈互耀，號稱祖窟。易菴而後，寖以衰矣。大清順治間，具德老人暨晦山和尚，父子相繼，三十年來，臨濟一燈，光明獨盛。兹考歷代住持次第，系其行實暨法語，以見大槩焉。爲誌禪祖第七。

開山慧理祖師，西天竺人。東晋咸和初，來武林，見靈鷲峯，識其從天竺飛來，以呼出黑白二猿爲證。建靈鷲、靈隱、靈山、靈峯諸刹，今靈隱獨存，爲開山始祖。常晏坐靈鷲後巖，因號「理公巖」，又名「晏寂巖」。今迴龍橋東首瘞塔存焉。

智一法師，劉宋時居靈隱山半峯。精守戒範，而善長嘯，牽曳其聲，杳入雲際，如吹笳葉，若揭游絲，颼飀凄切，聞者悲凉，謂之「哀松梵」。澗邊養一白猿，有時不還，一乃吮吻張喉，林木振響，則猿至矣，謂之「白猿梵」，稱爲猿父。其後澗邊羣狙聚焉，有好事者往往從而飯之，故今有飯猿臺。

曇超法師，姓張，清河人，形長八尺，每獨宿樹下，虎兕不傷。齊建元末，適錢唐靈苑[三]山，每一入禪，累日不起。一日，忽聞風雷之聲，俄見一人秉笏，稱嚴鎮陳通。須臾，又一人，形甚端偉，羽衛連翩，自稱七里灘弟子，曰：『富陽邑人冬鑿麓山，侵壞龍室，羣龍忿，誓三百日不雨，今已百餘日，井泉枯涸，無論田禾，法師道德通神，欲屈前行，必感甘澤。』超遂達赤亭山，遥爲龍咒願。至夜，羣龍悉人形，詣超所禮拜，因乞三皈。明日，即降大雨，高下皆足。至永明十年卒，宋寧宗嘉定三年，賜號『靈悟大師』。

寶達禪師，不知何許人，晦迹武林山，住刹利院，因名『刹利禪師』。寺中有印沙床、照佛鑑，乃其遺迹。往者浙江驚濤爲害，激射湖上諸山，師憫之，持誦秘咒累日。一夜，江濤中有玄冠朱衣偉人，謂師曰：『弟子，吴行人也，憤心未雪，師慈心爲物，敬聞命矣。』自是潮擊西興，浙之東岸沙漲數里，後罔知所終。

聖達貞觀禪師，姓范，錢唐人，世顯仕。幼奇相，掌有仙人字，舌紫羅紋。居靈隱山石室，戒行精專，受天台禪觀，高譚寂照，金石相宣，時人語曰：『錢唐有貞觀，當天下一半。』隋開皇年，衆建南天竺寺，請師居焉。嘗講《法華》心要，感皋亭神請講，捨祠爲殿。刺史劉景安請講《海龍王經》，驟雨沛然。師能文，有雅操，文帝三徵，秦孝王[三]兩延，皆以疾辭。仁壽中，手標塋地於寺東崗。大業四年，一日聞空中伎樂，遂趺化，壽七十四。

堅道守直律師，姓范，齊信安太守瑝八葉孫，錢唐人也。詣蘇州支硎圓公，受具足律儀，是夜，眼中現光焰，長一丈餘，蓋得戒之驗也。立願誦《華嚴經》，還，夜夢神人施珠一顆，及覺，尚炯炯然如在屋中。唐玄宗開元間，有制舉請正名隸大林寺，後移籍武林靈隱。大曆五年三月，告衆曰：『夫至人乘如而來，乘如而去，應跡如此，而愚夫欲以長繩繫白日，安可得乎？』乃寂。春秋七十一，臘四十五，徒清晝著塔銘。

道標法師，姓秦，富陽人。七歲時，有僧摩其頂，曰：『此子目秀如青蓮，得非釋氏威鳳耶？』遂出家，事靈隱白雲峯海公。肅宗乾元元年[三]，試通經七百紙者得度，師首中選，後習毘尼，有高行。往南天竺，結茆峯西，號『西嶺草堂』。尤善詩，與皎然、靈徹齊名，時人語曰：『霅之晝，能清秀；越之徹，洞冰雪；杭之標，摩雲霄。』杭人尊之，呼『西嶺和尚』，又稱爲『僧中十哲』。李吉甫、韋皋、孟簡皆心交物外，分契塵中。長慶三年示寂，壽八十四，葬本山，塔今無考。

皎然清晝律師，姓謝，長城人，康樂十世孫。受戒於靈隱戒壇，事守直律師，當時號爲『釋門偉器』，文章雋麗。後博訪名山，晚入杼峯獨處，絶去詩咏，孤松片雲，禪坐相對。永貞初年終。

道齊尊師，姓趙，錢唐人。少游庠序，經籍淹博，剃染投靈隱寺，學《華嚴經》義，於天竺寺修習禪定。靈山上有石室，齊於中坐，忽巨蟒唅呀，爲吞噬之狀，怡然不動；復有虎豹近於石室，時時馴擾。又山頂乏水，以錫杖刺地，清泉迸流。貞元二十一年，四方學者請講《華嚴經》，時嚴冬飛雪，忽生花二本，狀若芙蕖，熠爚光發，觀者嗟嘆。後終於石室。

抱玉慧琳禪師，姓戈，新安人，丱齡受業靈隱西峯金和尚。唐大曆中，住下竺，郡守杜陟、裴棠[四]棣、陸則、楊憑、盧元輔、白居易、李幼[五]、崔鄯、路異，先後並禮遇之，比諸簪組上流，辭學高等，或號『毗曇子[六]』，或名『勝力菩薩[七]』，於靈隱講訓生徒二十載。太和六年四月示寂，春秋八十三，法臘六十又四，塔永安院西瑪瑙坡。

鑑空法師，姓齊，名佐，吴郡人。少貧困，元和初，游錢唐，年四十五矣。屬歲荒，求餐於天竺寺，至孤山，餒甚，不能前。俄有梵僧顧之，笑曰：『秀才法師，旅遊滋味足未？』空不省。僧曰：『子不憶講《法華》於同德寺乎？子應爲饑火所燒。』遂探囊出一棗，大如拳許，曰：『食之自知。』空食棗，頃刻悟同德寺如昨日焉，因涕泣，歷問當時雲水五人，唯公得解脱，獨某修法不完，坐於饑凍。僧曰：

『由獅子座廣説異端，使學空之人心生疑惑，戒珠曾缺，羶氣微存，聲渾響清，終不可致，質傴影曲，報應宜然。』乃探囊取一鑑，曰：『要知貴賤修短，佛法興替，宜一鑑焉。』空照久之，了然默記，遂投靈隱出家，受具足戒，後行高節苦。太和元年，過河東柳珵[八]，説其由，又曰：『我生世七十有七，尚九年在世，吾捨世之日，佛法其衰乎？』乃索筆，題數行於經藏北垣，曰：『興恒河沙[九]，衰恒河沙。兔而罝，犬而挈。牛虎相交與角牙，寶檀終不滅其華。』後周游名山，末卜所終。此爲會昌乙丑毀法，武宗厭代事也。

韜光禪師，穆宗時辭師出游，師囑曰：『遇天可前，逢巢則止。』至靈隱山巢居塢，時白樂天守郡，題其堂曰『法安』。白嘗於元旦爲詩招師，師不赴。詩載後。

無著文喜禪師，潙仰宗，姓朱，嘉禾人。參仰山契悟。常往五臺山禮文殊，逢童子曰：『面上無嗔供養具，口裏無嗔吐妙香，心裏無嗔是珍寶，無垢無染是真常。』遂止五臺山爲典座，文殊現形。乾寧四年，住靈山無著院，武肅王表賜紫袈裟，號『無著禪師』。光化三年，告衆曰：『三界心盡，即是涅槃。』跏趺而逝，春秋八十，僧夏六十，終時有白光之祥，竹樹一色，塔本山東塢。

永明延壽禪師，法眼宗，字沖元，賜號『智覺』，姓王，餘杭人。七歲誦《法華經》，五[一〇]行俱下。年二十八，爲華亭鎮將，以官錢放生，坐死，錢文穆王赦之，聽其出家。住天台智者巖習定，有斥[一一]鷃巢於衣裓，禪觀中見觀音以甘露灌其口，遂獲辨才。參韶國師，聞墮薪而有悟。建隆元年，錢忠懿王請重剏靈隱，靈隱之興由此，故後稱住持靈隱者，以爲第一代也。繼遷永明道場，以心爲宗，以悟爲旨，著《宗鏡録》一百卷。每日行一百八善，弟子二千餘人，夜施鬼食，晝放生命，世人號慈氏下生。開寶八年趺逝，火舍利，五色，鱗砌於地，塔大慈山。明神廟中遷於浄慈宗鏡堂後，號『壽寧之塔』。

清聳禪師，法眼宗，福清人。初參浄慧，慧指雨，謂師曰：『滴滴落上座眼裏。』師不喻旨，後閲《華嚴》感悟。節度使錢億執師禮事之，忠懿王命住靈隱，署『了悟禪師』。有僧問：『如何是摩訶般若？』師曰：『雪落茫茫。』僧不領，師示偈曰：『摩訶般若，非取非捨。若人不會，風寒雪下。』師嗣金陵清涼文益。

贊寧律師，德清人，姓高。出家靈隱，習南山律宗，錢武肅王署爲兩浙僧統。宋太祖[二]徵入京，賜號『通慧』，賜紫。淳化三年，兼翰林史館編修。寧博物强記，辯説縱横，著《通論》，有駁董仲舒、難王充、斥顔師古、證蔡邕、非《史通》等説，王禹偁深服之。年七十，入至道九老會，後二年示寂，塔龍井。

處光禪師，法眼宗，天台德韶法嗣。

韶光禪師，法眼宗，天台德韶法嗣。

道端禪師，法眼宗，靈隱清聳法嗣。僧問：『如何是佛？』師曰：『高聲問着。』曰：『莫[三]便是也無？』曰：『没交涉。』

雲知慈覺禪師，雲門宗，泐潭懷澄法嗣。僧問：『一佛出世，各坐一華，和尚出世，有何祥瑞？』師曰：『白雲横谷口。』曰：『光前絶後去也。』師曰：『錯。』曰：『大衆證明，學人禮謝。』師曰：『默。』

正[四]童圓明禪師，雲門宗，雲知法嗣。僧問：『如何是道？』師曰：『夜行莫踏白。』曰：『如何是道中人？』師曰：『胡[五]張三，黑李四。』

文勝禪師，法眼宗，字慈濟，嗣雲居齊公，住靈隱，嗣法弟子二十五人。僧問：『古鑑未磨時如何？』師曰：『古鑑。』『磨後時如何？』師曰：『古鑑。』『未審分不分？』師曰：『更照看。』『如何是和尚家風？』師曰：『莫訝荒疎。』曰：『忽遇客來，作麽？』師曰：『喫茶去。』

慧明延珊禪師，法眼宗，本寺文勝法嗣。僧問：『如何是道？』師曰：『道遠乎哉？』僧問：『如何真正[六]一路？』師曰：『絲髮不通。』曰：『恁麽則依而行之。』師曰：『莫亂走。』天聖二年，章懿太后賜庄田，令祝延仁宗聖壽，至天聖八年，奏免所賜庄田糧税，有勅存寺，賜號『禪定大師』。

德章禪師，臨濟宗，初住汴京大相國寺，嗣石霜圓公。仁宗累詔於延春閣化成殿，與普照大師論道，賜號『明覺』。皇祐二年，乞歸山，御批：『住持靈隱寺也。』

慧中禪師，法眼宗，靈隱僧天童清遂法嗣。

慧照藴聰禪師，法眼宗，天童清遂法嗣。僧問：『如何是和尚家風？』師曰：『索喚即有。』曰：『未審有甾恁麽？』師曰：『天台楖標。』問：『古路重修時如何？』師曰：『平高就下。』

幻旻禪師，法眼宗，姓葉，信陽玉山人。既納戒，來虎林，見慧明禪師於靈隱，即執弟子禮，盡學其法。慶曆八年，住靈隱。嘉祐己亥，感微疾而逝，契嵩爲之碑，賜號『普慈大師』。

校勘記

[一]『苑』字《高僧傳》卷十一作『隱』。

[二]『秦孝王』《武林梵誌》卷十作『秦王』，『孝』字疑衍。『秦王』蓋指隋文帝之子秦王楊俊，《資治通鑒》卷一百七十八謂其『幼仁恕，喜佛教，嘗請爲沙門，不許』。

[三]『乾元元年』，《宋高僧傳》卷十、《武林梵誌》卷九作『至德二年』。

[四]『棠』字《宋高僧傳》卷十六《唐錢塘永福寺慧琳傳》、《武林梵誌》卷十一作『常』。

[五]『李幼』，《宋高僧傳》卷十六《唐錢塘永福寺慧琳傳》、《武林梵誌》卷十一作『李幼公』。

[六]『毗曇子』《宋高僧傳》作『毗曇孔子』。

[七]『勝力菩薩』《宋高僧傳》作『勝力善薩』，誤，『菩』與『善』形近而訛。

[八]『珵』字《武林梵誌》卷九作『埕』。

[九]『恒河沙』《武林梵誌》卷九作『一沙』。

[一〇]『五』字《五燈會元》卷十『天台韶國師法嗣』條、《武林梵誌》卷九作『七』。

［一一］『斥』字《武林掌故叢編》本作『鴟』。

［一二］『太祖』《武林梵誌》卷十『贊寧法師』條作『太宗』，是。王禹偁《小畜集》卷二十《右街僧録通惠大師文集序》謂：『太宗素聞其名，召對滋福殿，延問彌日，別賜紫方袍，尋改師號曰「通惠」。』

［一三］『莫』字下《五燈會元》卷十有『即』字。

［一四］『正』字《武林掌故叢編》本作『王』，誤，《五燈會元》卷十六、《武林梵誌》卷九皆引作『正』。

［一五］『胡』字《五燈會元》、《武林梵誌》作『黄』，是，『黄張三』與『黑李四』相對。

［一六］『真正』《五燈會元》卷十、《武林梵誌》卷九作『正真』。

［一七］『標』字《武林梵誌》卷九引作『標（摽）』。

武林靈隱寺誌卷之三下

住持禪祖

明教契嵩禪師，雲門宗，字仲靈，鐔津李氏子。得法於洞山曉聰，夜則頂戴觀世音像，誦其號，必滿十萬，自是世間經書，不學而能。作《原教論》十餘萬言，明儒、釋之道一貫，以抗排佛之説，讀者畏服。後居靈隱山永安蘭若，著《禪門定祖圖》、《傳法正宗記》、《輔教編》上進，宋仁宗覽之嘉嘆，付傳法院編次入藏，下詔褒寵，賜號『明教大師』，執政韓琦、參政歐陽修皆見而尊禮之。還山，熙寧五年六月四日晨興，示偈曰：『後夜月初明，吾今喜獨行。不學大梅老，貪聞鼯鼠聲。』至中夜而逝，荼毘五種不壞，其頂骨出舍利，紅白晶潔，如大菽者三。師有文集二十卷，目曰《鐔津》，盛行於世。

玄本禪師，法眼宗，支提隆公嗣。僧問：『蚌含未剖時如何？』師曰：『光從何來？』問：『臨濟入門便喝，德山入門便棒，此意如何？』師曰：『天晴不肯走。』師見僧看經，笑曰：『看經不識經，徒勞損眼睛。欲得不損眼，分明識取經。』

雪竇重顯禪師，雲門宗，字隱之，遂寧人，姓李。參北塔祚公，盡其道法，將造錢唐，值曾學士於淮南，以書薦於珊禪師。顯至靈隱寺，浮沉衆中，曾奉使歸，訪師靈隱，無識之者，於浄頭寮舍物色得之。曾問向附書，顯出袖中，納之曰：『公意勤勤，然行脚人書郵也。』珊大奇之。有《爲道日損偈》，曰：

『三分光陰二蚤過，靈臺一點不揩磨。區區遂日貪生去[一]，喚不回頭争奈何。』師嘗應翠峯請，於靈隱陞座，僧問：『寶座先登於此日，請師一句震雷音。』師曰：『徒勞。』側耳進云：『恁麼則一音普遍於沙界，大衆無不盡皆聞。』師云：『忽有一人問，爾作麼生舉？』僧云：『三十年後，敢爲流通。』師云：『賺了也。』師乃云：『天下絶勝之覺場，靈隱導師之廣座，暫借卑僧陞陟，實愧非材，豈敢於五百員衲子前提唱佛祖，抑揚古今，衒耀知見？恥他先作，假饒得天雨四花，地分六震，於曹溪路上，一點使用不著，何以行脚？高士有把定世界、函蓋乾坤底眼，誰敢錯悞絲毫？其知有者，必共相悉。』皇祐四年七月七日示寂，塔雪竇。

本然清覺宗師，白雲菴主，爲孔子五十二世孫。少穎悟，閲《法華經》有省，求出家。元祐八年，至靈隱，後建白雲菴以居，開闡玄化，自立一宗，曰白雲宗。大觀毁教，師著《證宗論》，爲忌者發之，編管廣南思州。後放歸，作偈投太守游公，指日爲别，至期而化。

寂室慧光禪師，雲門宗，錢唐夏侯氏，慧林深公法嗣，住靈隱。僧問：『飛來峯山色，示清浄法身；合澗溪聲，演廣長舌相。正當恁麼時，如何是雲門一曲？』師曰：『芭蕉葉上三更雨，上堂不用求真。何須息見，倒騎牛兮入佛殿。羌笛一聲天地空，不知誰識瞿曇面？』

佛智端裕禪師，臨濟宗，吴越王裔，嗣圓悟勤，累住名山。紹興十八年，被旨補靈隱。慈寧皇太后幸韋王第，召師演法，賜金襴袈裟。上堂曰：『德山入門便棒，多向皮袋裏埋蹤；臨濟入門便喝，總在聲塵中出没。若是英靈衲子，直須足下生風，超越古今途轍。』拈拄杖子，卓一下，喝一喝，云：『祇這箇何似生？若唤作棒喝，磕睡未醒；不唤作棒喝，未識德山臨濟，畢竟如何？』復卓一下，曰：『總不得動著。』紹興庚午十月初，示微疾，至十八日，首座法全請遺訓，師曰：『盡此心意，以道相資。』語絶而逝。火後目、睛、齒、舌不壞，其地發光終夕，得舍利者無計，踰月不絶。黄冠羅肇常平日問道於師，適外歸，獨無所獲，道念勤切。方與客食，咀嚼間若有物，吐哺則舍利也，大如椒，色若琥珀，好事持去。遂再拜於闍維所，聞香匣有聲，亟開，所獲如前，而差紅潤。門人奉遺骨分塔於鄮峯、西峯，謚『大悟禪師』。

慧淳圓智禪師，雲門宗，嗣長蘆和公，住靈隱。上堂云：『吾心似秋月，碧潭清皎潔。』乃喝云：『寒山子話墮了也，諸禪德皎潔無塵，豈中秋之月可比？虛明絶待，非照世之珠可倫。獨露乾坤，光吞萬象，普天帀地，耀古騰今，且道是箇甚麽？』良久曰：『此夜一輪滿，清光何處無。』紹興九年，住張相公本寺。

大慧宗杲禪師，臨濟宗，字妙喜，宣州寧國人，姓奚氏。其母初夢神人衛一僧，黑頰而隆鼻，造於卧室，問其所居，對曰：『嶽北。』覺而有娠，及誕之日，白光透一室，時元祐四年己巳也。紹興二十八年戊寅，師年七十，被旨還住徑山，於二月二十八日，就靈隱寺開堂，拈疏云：『這是釋迦老子四十九年三百六十餘會，説不盡底其中妙義。若敷演得，皇恩、佛恩一時報足，其或未然，却請表白。』拈出宣疏了，指法座云：『毗盧頂顙，人人有志上頭行，問著路頭，十箇有五雙不知去處。諸人要識路頭麽？』良久云：『看。』遂陞座，拈香祝聖罷，又拈香云：『此一瓣香在兜率，則曰仙陀婆；在善變化天，則曰奪意；在阿那婆達多池邊，則曰蓮華藏。且道在徑山手中，唤作甚麽？』良久云：『非但圜悟老人看即有分，便是三世諸佛出來，也不敢正眼覷著。』便燒，乃就座。靈隱和尚白槌云：『法筵龍象衆，當觀第一義。』師云：『若論第一義，五目莫睹，二聽難聞。要得諦，當分明，當須直截自觀。作是觀者，名爲正觀，若他觀者，名爲邪觀。邪正未分，有疑請問。』僧問：『調御出世，三轉法輪於大千；達磨西來，九年面壁於少室。和尚今日爲國開堂，未審超佛越祖一句，作麽生道？』師云：『空裏忙忙書卍字。』進云：『直得四衆瞻仰，萬姓歌謡去也。』師云：『却被上座道着。』進云：『直饒道著，也只得一半，未審向上，和尚還更道得也無？」師云：『八角磨盤空裏走。』進云：『記得肅宗帝問忠國師，「如何是十身調御？」國師云「檀越踏毘盧頂上行」。未審意旨如何？』師云：『今古歷然。』進云：『頂門具眼争謾得，耀古騰今作者知。』師云：『收。』問：『靈山一會，與今日是同是別？』師云：『如是我聞。』進云：『恁麼則靈山親見舉，今日又重聞。』師云：『聞底事作麼生？』進云：『兩頭俱坐斷，八面起清風。』師曰：『咭嘹舌頭三千里。』僧禮拜，復有僧出，師云：『問話且止。縱饒問處如百川競注，答處似巨海吞流，直得維摩結舌，鶖子無言，於本分事上，了無交涉。且道本分事上，合作麼生提持？』乃舉拂子云：『還見麼？』又擊禪牀云：『還聞麼？聞見分明，是箇甚麼？當今聖主，於此得之，以妙明心印，印十方華藏世界海，只在一塵中。於一塵中垂衣治化，演出無量無邊，廣大如虛空，不可思議，殊勝功德利益，法界一切有情。所謂聖量廣大如虛空，不可思議；聖壽廣大如虛空，不可思議；聖學廣大如虛空，不可思議。乃至聖智、聖慧、聖慈、聖聰，皆悉廣大如虛空，不可思議。只者不可思議底，亦不可思議，都盧在一塵中，皆聖心之常分，非有假於他術。滿朝文武諸貴官得之，以妙明心印，向各各當人脚跟下一印印定，更無秋毫以爲透漏。所謂王事民事，一一明了，一一無差，然後卷舒自在，縱奪臨時，皆吾心之常分，非有假於他術。今日一會，若僧若俗，若男若女，若貴若賤，得之各以妙明心印，印之則隨其根性，悉得受用，一明了，一一無差，皆吾心之常分，非有假於他術。且道徑山得之，又作麼生？還相委悉麼？唯憑一滴曹溪水，遍界爲霖報我皇，即將上來，舉揚般若，所有一毫之善，祝延今上皇帝聖壽無疆，恭願堯仁廣被，齊日月之盛明；湯德彌新，並乾坤之久固。皇太后、中宫皇后、大内天眷，伏願同明般若正因，悉獲金剛種智。』復舉：『波斯匿王問佛：「勝義諦中還有世俗諦否？若言其有，智不應一；若言其無，智不應二。一二之義，其義云何？」佛言：「大王，汝於過去龍光佛所，曾聞此義，我今無説，汝亦無聞，無説無聞，是名一義二義。」」師召大衆云：『明明向汝道，尚自不會，豈況蓋覆將來？今日或有人問徑山，勝義諦中還有世俗諦否？若言其有，智不應一；若言其無，智不應二。一二之義，其義云何？只向他道元首明哉，股肱良哉，是名一義，亦名二義。正當恁麽時，還有向上事也無？』良久云：『任大也須從地起，更高争奈有天，何久立？衆慈伏惟珍重。』靈隱和尚再白槌云：『諦觀法王法，法王法如是。』下座。

無菴法全禪師，臨濟宗，姑蘇陳氏子。久依佛智，每入室，知[三]以狗子無佛性話問之，師罔對。一日，聞僧舉五祖頌云『趙州露刃劍』，忽大悟，有偈曰：『鼓吹轟轟袒半肩，龍樓香噴益州船。有時赤脚弄明月，踏破五湖波底天。』佛智住靈隱，師爲第一座。乾道己丑七月二十五日示寂，火後舍利五色。

瞎堂慧遠禪師，臨濟宗，賜號『佛海』，姓彭，眉山金流鎮人。師二手如日月，參圜悟，悟舉龐居士問馬祖不與萬法爲侶因緣，師忽頓悟，仆於衆中良久，曰：『吾夢覺矣。』至夜，悟小參，師出問曰：『浄躶躶，空無一物；赤骨律[三]，貧無一錢。户破家亡，乞師賑濟。』悟曰：『七珍八寶一齊拏。』師曰：『禍不入謹家之門。』悟曰：『機不離位，墮在毒海。』師隨聲便喝，悟以拄杖擊禪牀，云：『喫得棒也未？』師又喝。悟連喝，師便禮拜。自此機鋒峻利，目爲『鐵舌遠』。

乾道六年，勅住靈隱，賜號『佛海』。上堂：『新歲有來由，烹茶上酒樓。一雙爲兩脚，半箇有三頭。突出神難辨，相逢鬼見愁。倒吹無孔笛，促拍舞凉州。』僧問：『文殊是七佛師，如何出女子定不得？』師曰：『擔頭不挂針。』問：『菴内人爲甚麽不知菴外事？』師曰：『拄杖挑蒺藜。』問：『不與萬法爲侶者，是甚麽人？』師曰：『脚踏轆轤。』問僧：『一大藏教是惡口，如何是本身盧舍那？』僧曰：『天台普請，南嶽游山。』師别曰：『阿耨達池，深四十丈，闊四十丈。』乾道七年正月，有旨令靈隱長老引見，暇日，召至選德殿。三月七日，復有旨令靈隱、徑山長老同入選德殿。乾道八年正月二十八日，車駕幸靈隱，至一笑軒、交蘆室，見師畫像，曰：『此是畫的，誰是真的？』師對曰：『春風和暖，恭惟萬福。』淳熙乙未，示衆曰：『淳熙二年閏，季秋九月旦。鬧處莫出頭，冷地著眼看。明暗不相干，彼此分一半。一種作貴人，教誰買柴炭[四]？相喚相呼歸去來，上元定是正月半。』都下喧傳而疑之。明年，果以上元示寂，辭世偈：『拗折秤鎚，掀翻露布。突出機先，鵶飛不度。』留七[五]日，顔色不變，塔全身於寺右烏石峯，壽七十四。著《御書[六]集》，入藏。

覺阿侍者，日本國人，滕氏，通天台教，善書。與法弟金慶奮然航海而來，參瞎堂遠於靈隱，後至長蘆江岸，聞鼓聲大悟，返靈隱，述投機五偈。其一曰：『航海來探教外傳，要離知見脱蹄筌。諸方參遍草鞋破，水在澄潭月在天。』遠稱善，後歸國。

濟顛祖師，名道濟，台州李氏子。初參瞎堂，知非凡器，然飲酒食肉，有若風狂，監寺至不能容，呈之瞎堂，批云：『法門廣大，豈不容一顛僧耶？』人遂不敢言。及遠公既寂，出居净寺。濟累顯神通，奇異多端，具見本傳，不能悉載。

懶菴道樞禪師，臨濟宗，四安人，姓徐，嗣道場慧禪師。隆興初，詔住靈隱。孝宗皇帝召至内殿，問禪道之要，師答以此事在陛下堂堂日用應機處，本無知見起滅之分，凡聖迷悟之别；第護正念，則與道相應，應[七]情却物，則業不能繫。上爲首肯數四。後退居永安蘭若，逍遥自適，有偈題壁曰：『雪裏梅花香[八]信息，池中月色夜精神。來年可是無佳趣，莫把家風舉似人。』淳熙八年丙申八月坐逝，塔於永安。

最菴道印禪師，臨濟宗，漢州人，嗣大慧杲。住持靈隱，上堂云：『大雄山下虎，南山鼈鼻蛇。等閒撞着，抱賞歸家。若也不惜好手，便與拔出重牙。有麽有麽？』上堂云：『五五二十五，擊碎虚空鼓。大地不容針，十方無寸土。春生夏長復云何？甜者甜兮苦者苦。』中秋上堂，舉馬大師與西堂、百丈、南泉翫月公案，師云：『垂絲千尺，意在深潭。西堂振鬣，百丈擺尾。雖則衝波激浪，未免上他鈎線。南泉自謂躍過禹門，誰知依前落在巨網，即今莫有絶羅籠、出窠臼底麽？也好出來露箇消息，貴知華藏門下，不致寂寥。其或未然，此夜一輪滿，清光何處無？』

伊菴有權禪師，臨濟宗，姓祁，昌化人。佛智開法靈隱，師參其會，時無菴爲第一座，室中以『從無住本，建一切法』爲問，權答曰：『暗裏穿針，耳中出氣。』無菴可之，遂密付心印。佛智嘗問：『心包太虛，量廓沙界時如何？』師曰：『大海不宿死屍。』智撫其座曰：『此子他日當據此座，呵佛罵祖。』去後，住常州華藏，嗣道場全公。淳熙庚子秋，示微疾，留偈趺坐而逝，荼毘齒牙不壞，舍利無算。

佛照德光禪師，臨濟宗，姓彭，别號拙菴，臨江軍人，參大慧杲得悟。師頭顱方正，廣顙豐頤，七處平滿，相者稱當爲帝王師。淳熙[九]四年，詔住光孝寺，師渡江而來，上問：『古有浮笠而渡者，可謂神通乎？』光曰：『宗門不貴神通也。』上問：『朕心與佛心，是同是别？』光曰：『直下無第二人。成[一〇]一切性即心，離一切相即佛。』又問：『釋迦六年雪山，所成何事？』光曰：『將謂陛下忘却。』帝大悦，賜號『佛照』，勅住靈隱。嘉泰三年入寂，有《奏對録》行世。

誰菴了演禪師，臨濟宗，福州人。嗣大慧杲，住靈隱，上堂云：『面門拶破，天地懸殊。打透牢關，白雲萬里。饒伊坐斷兩頭，别有轉身三生六十劫，也未夢見在。』喝一喝，下座。

密菴咸杰禪師，臨濟宗，應菴華法嗣，福州鄭氏子，母夢廬山僧而生。謁應菴於衢之明果菴，問：『如何是正法眼？』師曰：『破沙盆。』菴頷之。出世衢之烏巨，嗣天童華禪師，奉詔住靈隱，上堂：『世尊不説説，拗曲作直；迦葉不聞聞，望空啓告。馬祖即心即佛，懸羊頭，賣狗肉；趙州勘菴主，貴買賤賣，分文不直。祇如文殊是七佛之師，因甚出女子定不得？河天月暈魚生子，槲葉風微鹿養茸。』後住天童。示寂，塔太白中峯，爲本寺第一十八代祖。

鐵牛宗印禪師，臨濟宗，姓陳，鹽官人，嗣育王佛照光。寧宗時住持靈隱，上堂，舉：『南泉示衆云：「王老師自小養一頭水牯牛，擬向溪東牧，不免食他國王水草；向溪邊牧，亦不免食他國王水草。如今不如隨分納些些，總不見得。」』頌曰：『不如隨分納些些，喚作平常事已差。緑草溪邊頭角露，一蓑烟雨屬誰家？』

蘊衷禪師，雲門宗，嗣中竺妙公。

松源崇岳禪師，臨濟宗，龍泉人，姓吳。參靈隱密菴杰，指參『不是心，不是佛，不是物』得悟，旋出世吳郡澄照，徙江陰光孝、無爲冶父、鄱陽薦福、四明香山、蘇之虎丘。慶元三年，被旨補靈隱，示衆曰：『明眼衲僧，如何打失鼻孔，有賊無贓？』上堂：『大凡扶豎宗乘，須具頂門正眼，懸肘後靈符。只如寶壽開堂，三聖推出一僧，保壽便打，三聖道：「與麼爲人，瞎却鎮州一城人眼去在？」保壽擲下拄杖，便歸方丈。二尊宿等閒，一挨一拶，便乃發明臨濟心髓，只是不知性命總在這僧手裏，還有檢點得出者麼？昔年覔火和烟得，今日擔泉帶月歸。』嘉泰三年八月四日，偈曰：『來無所來，去無所去。瞥轉玄關，佛祖罔措。』跏趺而寂，壽七十一，坐夏四十，舊誌爲本寺二十三代祖。全身塔北高峯之原，待制陸游放翁銘其塔，有曰：『讀師之語，峻峭嶒[一]崒，下臨雲雨，如五千仞之華山；蹴天駕空，駭心眩目，如錢唐海門之濤；虎豹股栗，屋瓦震墮，如漢軍昆陽之戰[二]。可謂臨濟正宗，應菴、密菴之真子孫也。』放翁其知言者哉！

破菴祖先禪師，嗣密菴杰，族出蜀廣安氏。參密菴，於風幡語大徹。出世卧龍，辭去，遍遊吳中，於靈隱笑菴悟處，分第一座，命說法。

無用浄全禪師，臨濟宗，姓翁，越人，嗣大慧杲。師一至靈隱，衆請上堂，師曰：『靈山正派，達者猶迷，明來暗來，誰當辨的？雙收雙放，孰辨端倪？直饒[三]千聖出來，也秖結舌有分。何以故？人歸大國方爲貴，水到瀟湘始是清。』復曰：『適來松源和尚舉竹篦話，令天童納敗闕，諸人要知，聽取一頌：「黑漆竹篦握起，疾雷不及掩耳；德山臨濟茫然，漕底如何插嘴？」』

敬叟居簡禪師，臨濟宗，潼川龍氏，世業儒。依邑之廣福院圓澄得度，參別峯塗毒於徑山，往育王見佛照，機契，出世台之般若，遷報恩。真西山爲江東部使者，虛東林命之，以疾辭，乃於飛來峯北澗掃一室，居之十年，人不敢以字稱，以『北澗』稱之。趙節齋奏[一四]請補靈隱，師笑曰：『吾日迫矣。』乃舉天童癡絶沖。淳祐丙午春，示疾，三月二十八日，索紙書偈，於紙尾復書『五[一五]月一日珍重』六字。至期昧爽索浴，浴罷，若假寐然，視之已示寂矣。壽八十三，臘六十有二[一六]，有《北澗集》十九卷。張誠子序其集曰：『讀其文，宗密未知其伯仲；誦其詩，合參寥、覺範爲一人。』

涵澤禪師，住靈隱廣嚴道場，問：『如何是廣嚴家風？』師曰：『一塢白雲，三間茅屋。』『如何是佛法大意？』曰：『出澗泉清，高峯月白。』

笑翁妙堪禪師，臨濟宗，毛氏子，四明人。參天童無用全公，室中嘗示以狗了無佛性話。一日，全以竹篦劈口便打，師應聲呈偈云：『大塗[一七]毒鼓，轟天震地。轉腦回頭，横屍萬里。』全頷之。時朝廷奏令僧得買紫衣，堪曰：『如是，則財可主法矣。』抗疏廟堂，其議遂寢。以寺在屠沽之地，闢爲林藪，立飛來峯門，重樹羅公處約碑，皆師事也。春秋七十二。

石鼓希夷禪師，臨濟宗，嗣無用全公，爲本寺二十八代，塔永安別苑，今存。《和梁山遠禪師牧牛十頌》句法與梁山相埒，理趣超卓，反有過焉。一，《尋牛》：『只管區區向別尋，不知脚底已泥深。幾回芳草斜陽裏，一曲新豐空自吟。』二，《見跡》：『枯木嵓前差路多，草窠裏輥甖非麽？脚跟若也隨他去，未免當頭蹉過他。』三，《見牛》：『識得形容認得聲，戴嵩從此妙丹青。徹頭徹尾渾相似，仔細看來未十成。』四，《得牛》：『牢把繩頭莫放渠，幾多毛病未曾除。徐徐驀鼻牽將去，且要回頭識舊居。』五，《放牛》：『甘分山林寄此身，有時亦踏馬蹄塵。不曾犯着人苗稼，來往空勞背上人。』六，《騎牛還家》：『指點前坡即是家，旋吹桐[一八]角出烟霞。忽然變作還家曲，未必知音肯伯牙。』七，《忘牛存人》：『闌内無牛趁出山，烟蓑雨笠亦空閒。行歌行樂無拘繫，贏得一身天地間。』八，《人牛俱忘》：『慚愧衆生界已空，箇中消息若爲通。後無來者前無去，未審憑誰繼此宗？』九，《返本過源》：『靈機不墮有無功，見色聞聲不用聾。昨夜金烏飛入海，曉來依舊一輪紅。』十，《入鄽垂手》：『者漢親從異類來，分明馬頷與驢腮。一揮鐵棒如風疾，萬户千門盡豁開。』

原肇禪師，通州静海潘氏子。受具，參浙翁於徑山，命掌記，由四明育王遷杭之净慈、靈隱。嘗讚達摩偈曰：『踏翻地軸與天關，合國人追不再還。去去一身輕似葉，長江千古浪如山。』

無準師範禪師，蜀之梓潼雍氏。始見破菴於西華，後破菴居靈隱第一座，復往從之，因侍。破菴游石笋菴，菴之道者請益，曰：『胡孫子捉不住，乞師方便。』菴曰：『用捉他作麽？如風吹水，自然成文。』師在傍，平生礙膺之物盡釋。出世，居徑山，爲臨濟正傳。

石田法薰禪師，臨濟宗，眉山彭氏子。參破菴祖先，室中舉世尊拈花、迦葉微笑，師云：『焦磚打着連底凍，赤眼撞着火柴頭。』破菴陰奇之。端平二年，詔靈隱住持，示衆云：『但得本，莫愁末，唤甚麽作本？唤甚麽作末？松柏千年青，不入時人眼[一九]。牧丹一日紅，滿城公子醉。』退院保壽，促辦終焉。師累遷望刹，閱三十有二年，樽節足用，而人咸樂施。見世之爲募者，鷺伺狐探，咨且囁嚅，鄙且賤之，而土木金碧，在處成就焉。嘗建接待寺於西溪，曰『寶壽』。

痴絶道沖禪師，臨濟宗，武信人，姓荀氏。少長，習進士業，棄之，受釋氏於梓州妙音院。聞松源唱道於饒之薦福，徑造其門，以歲饑不受。曹源以雲居首座，出世妙果，師聽其入門語有省。嘉定己卯，由徑山第一座，出世嘉禾光孝。淳祐甲辰，有旨移靈隱，謂是大父密菴、伯父松源弘[二〇]道之地也。

後理宗取下菜園地，建閻妃功德寺，即日退院，躬荷包笠，往遊廬山。遺使留之，不回，乃賜靈隱古蕩千畝圩田若干畝與易，後住徑山。師才學浩瀚，每日以一篋付侍者，有求其語者，投之篋中。鐘定後，侍者進篋秉燭，隨紙多寡俱盡，日以爲嘗。上堂：『有一人一念頓證，墮在佛數；有一人屢劫闡提，不願成佛，且道那箇合受人天供養？』良久云：『蝶穿芳徑雙眉濕，蜂掠殘花兩股肥。』臨示寂，手書龕記并遺書十數，且曰：『無準忌在三月十八日，吾以一十五日即行，不能瓣香修供。』侍僧亟以遺偈請，師謂曰：『末後一句，無可商量。只要箇人，直下承當。』即命筆書辭，衆上堂，語至夜分，起坐移頃而逝，壽八十二，臘六十一，荼毘舍利五色者無數。

妙峯之善禪師，臨濟宗，吴興劉氏子。參佛照光於鄮山，照舉風幡語，師直箭機鋒，蒙印可，贈偈曰：『今日與君通一線，斬釘截鐵起吾宗。』乃遊匡廬，面壁妙高峯下十載，出世慧因、洪福、萬年諸刹。會天童虚席，時鄭清之秉鈞軸，謂非師莫宜居，因勉師行，師答曰：『老僧踰耄矣，尚夜行不休乎？』鄭公高之。僧問：『如何是不入衆流句？』師云：『烏龜鑽破壁。』僧曰：『如何是妙[三]體無私句？』師云：『百疋馬中一頭驢。』僧云：『如何是瞬目揚眉句？』師云：『花雨嵒前石點頭。』僧云：『如何是奇特事？』師曰：『紫薇花下紫薇郎。』僧云：『學人不會。』師云：『三十年後。』晚住靈隱，上堂云：『久參高士，眼空四海，鼻孔遼[三]天。見也見得親，説也説得親，行也行得親，用也用得親，只是未識老僧拄杖子在。何以故？將成九仞之山，不進一簣之土。』師平生善誘，一經指授，輒神融意悟。端平二年九月，示寂，壽八十四，臘七十一，荼毘舍利不可數計，塔靈隱西岡，鄭清之爲銘。法嗣有徑山珍東叟、潁友、雲臺、霜林果、無方安、雪翁立。

高原祖泉禪師，臨濟宗，金山道奇法嗣。上堂，舉九祖伏馱蜜多尊者問八祖佛馱難提尊者父母非我親話，頌曰：『父母分明非我親，祖師肝膽向人傾。直下若然親薦得，優曇花發火中春。』《贈黄漢嶺開接待偈》曰：『路繞懸崖萬仞頭，行人到此一場愁。驀然得箇休歇處，重疊關山信脚遊。』

笑菴了悟禪師，臨濟宗，姑蘇人，天童杰法嗣。上堂，舉：『睦州因僧問「以一重去一重，即不問不以一重去一重時如何？」睦州曰：「昨朝栽茄子，今日種冬瓜。」』師頌曰：『昨朝栽茄子，今日種冬瓜。一聲河滿子，明月落誰家？』

虚舟普度禪師，臨濟宗，揚州人，姓史氏。稍長，絶無處俗意，母識其志，俾依郡之天寧出家。會與畢將軍遇，大奇之，曰：『此兒短小精悍，音吐如鐘，他日法中向上爪牙也。』携歸武林，禮東堂院祖信，奮志參方。初見鐵牛印於靈隱，已而江東西、湖南北悉遍歷焉。時無得唱道饒州薦福，師決志叩請，其遷福，嚴華藏亦與俱。偶入室次，得問：『不與萬法爲侶者，是甚麽人？』師曰：『金香爐下鐵崑崙。』得曰：『將爲這矮子有長處，見解只如此。』師曲躬作禮曰：『謝和尚證明。』景定間，太傅賈魏公奏補中天竺，請旨陞靈隱，上堂，舉：『臨濟和尚道：「有一人論劫在途中，不離家舍；有一人離家舍，不在途中，那箇合受人天供養？」』師曰：『兔馬無角，羊牛有角。寸毫尺厘，天地寥廓。潘閬倒騎驢，攧殺黄幡綽。』師住徑山，值火，志圖復興。將有緒，俄示微恙，索筆大書曰：『二十二年，駕無底船。踏翻歸去，明月一天。』全身塔寺東十里罘罳塢之陽。

東谷光禪師，臨濟宗，嗣明極祚，天童密孫也。

泰禪師，曹洞宗，雪庭裕法嗣，芙蓉楷後也。

退耕寧禪師，臨濟宗，初住嘉興崇聖，次之蘇，居報恩、慧日、承天、萬壽。至靈隱，上堂：『目前無法，意在目前。雨餘山色翠，風暖鳥聲喧。』拍禪牀一下，云：『堪笑老胡無轉智，少室峯前坐九年。』上堂，舉香林因僧問年窮歲暮話，師頌曰：『王老燒錢，言端語端。錦包特石，鐵裏泥團。』上堂：『極目千峯鎖翠，滿空柳絮韭綿。可憐無位真人，一向草宿露眠。啞！三春看又過，何日是歸年？」

大川普濟禪師，臨濟宗，奉化人。元初，住持靈隱，纂修《五燈會元》，嗣徑山如琰。上堂，舉：『睦州因僧問：「如何是祖師西來意？」州云：「一隊衲僧來，一隊衲僧去。」』頌曰：『一隊衲僧來，一隊衲僧去。打破睦州關，大地無寸土。』《題世尊出山相偈》曰：『龍章鳳質出王宮，肘露衣穿下雪峯。志願必空諸有界，不知諸有幾時空？』

虎巖浄伏禪師，臨濟宗，出世潭州石霜，嗣虚舟度禪師。至元二十六年住持，築室虎頭巖、蓮華峯麓，而終焉。

如因禪師，臨濟宗，石田法嗣。

悦堂祖誾禪師，臨濟宗，南康人，周氏子。至杭，見斷橋於浄慈，橋問：『臨濟三遭黄檗痛棒，是否？』師云：『是』。橋云：『因甚大愚肋下築三拳？』師云：『得人一牛，還人一馬。』橋頷之。橋逝，柏山介石來補處，室中舉柏子話，師擬議，石抗聲曰：『何不道黄鶴樓前鸚鵡洲？』師於言下頓悟。元貞初，奉詔赴闕，稱旨，賜璽書，號『通慧』。大德九年，陞住靈隱，嘗勘一僧云：『微塵諸佛，在你舌上；三藏聖教，在你脚下，何不瞥地？』僧罔措，師便喝。訣衆偈曰：『緣會而來，緣散而去。撞倒須彌，虚空獨露。』春秋七十有五，僧臘五十有二。

玉山德珍禪師，臨濟宗，南康人，嗣虚舟度。元初，住靈隱，奉旨入覲，賜號『佛光海印大師』以歸。偈頌脱口，宛如宿成。時有物出目中，瑩潔如珠，皆舍利也。歐陽玄爲塔銘。

正傳禪師，臨濟宗。至大元年，住持靈隱，覺皇殿蠹朽傾頽，師捐資與平章張綈建，慶元[三三]間落成。

元叟行端禪師，臨濟宗，臨海何氏子。文字不由師授，自然能通。少愛靈隱山水清勝，止焉，自稱

『寒拾里人』。嗣徑山藏叟珍，叟示寂，至浄慈，依石林鞏公，虎嵒伏時住徑山，請師居第一座。大德中，住中天竺，皇慶壬子，遷靈隱，尋賜號『佛日普照』，凡三被金襴袈裟之寵。辭歸，養高於良渚之西菴，以呵叱怒駡，爲門弟子慈切之誨；以不近人情，行天下大公之教。師之利物，皆陰爲之，而没齒不言。至正辛巳，訣衆云：『本無生滅，焉有去來？冰河發燄，鐵樹花開。』世壽八十八，僧臘七十六，全身窆於寂照院。弟子住靈隱者，竹泉、浄林、性原、慧明、天鏡、原瀞，其他古鼎銘、夢堂噩、楚石琦，皆諸方之崢嶸者。

獨孤淳朋禪師，賜號『普覺』。常[二四]以定武蘭亭贈趙子昂，欲與重結翰墨緣。住持靈隱，元延祐五年，奉旨斷還九里松集慶古[二五]路，上表謝，其文云『佛慧普覺大禪師杭州路景德靈隱禪寺住持臣僧淳朋言』云云。上堂云：『寺前一片閒田地，曠大劫來無四至。今朝恢復又歸來，坐斷脚頭並脚尾。東也是，西也是，南也北也無不是。畢竟酬恩作麽生？直指堂前香一炷。』

圓通竹田禪師，臨濟宗，常住金陵諸處説法，元至順三年迎歸，住持本寺，《金陵諸山送師疏》見後。

東嶼禪師，臨濟宗，松源之四傳也，見宣政院疏，爲本寺五十二代禪師。

照菴慧炬律師，明天台教，諸暨人，住理公巖，周伯琦爲篆記。與黄溍友善，溍文章名天下，求之者或遭怒駡，惟於師了無所靳。洪武初，海潮衝岸，壞民廬舍，師爲潮神説三皈戒，楊枝灑處，即止不崩，時稱『炬菩薩』。

慧眼可光禪師，靈隱僧，述達摩西來，留二十字，如織錦迴文，翻覆讀之，成四十韻，以接中下之機：『理空忘照寂身智浄明圓始終常妙極真離性清緣。』

竹泉法林禪師，臨濟宗，別號了幻，俗姓黄，台之寧海人。參元叟於中天竺，東嶼在浄慈，招分半座，居浄慈蒙堂，不出户者九年。至元四年，遷靈隱，宗風大振，順帝錫以金襴法衣。時寂照在徑山，父子同時唱道五山，人以爲盛事。上堂：『古杭管内，靈隱名山，肇建於東晋咸和年間，慧理法師爲第一祖。今日上元令節，諸處放燈，知事值歲，各各照[三六]管風燭。』便下座。大龍翔席虚，星吉大夫遣幣聘，辭不赴，使者三往返，師遊於會稽山中。行院知不可强，具疏請師仍往靈隱，又三年，退處了幻菴。至正十五年春，感末疾，二月二日，集衆敘平生本末，且誡之曰：『佛法下衰，無甚於今，宜各努力，吾世緣止於斯矣。』索筆書偈曰：『七十二年，虚空釘橛。末後一句，不説不説。』遂奄然而化。龕留十日，顔色不變，全身窆於松源塔西。塔前古桂，當春吐花，清香滿路，見者歎異。侍講學士黄公晋卿，目見其事，故自書塔銘序之。

見心來復禪師，臨濟宗，以南至生故也，豐城人，參南楚悦於徑山，得其心要。至元七年，住靈隱。洪武三年，以十大高僧徵，虞文靖、黄文獻與結方外交，爲左覺義。與太祖子蜀王甚善，王就國，命作《正心》、《觀道》、《崇本》、《敬賢》四箴。未幾，以詩含諷，被刑。弟子曇鍠編其集，宋學士濂序之，稱其穠麗演迤，整暇森嚴，劍出匣而珠走盤也。

天鏡原瀞禪師，臨濟宗，會稽倪氏子。登華頂，參無見覩，又如玉几，見石室、瑛室。與語，大奇之，曰：『吾法叔徑山元叟和尚具大眼目，今代妙喜也。子欲了己躬事，往見勿後。』師遂參叟於不動軒，入門，叟震威一喝，師不覺汗流浹背。尋游金陵，見笑隱於龍翔，上江西，禮諸祖塔像。至臨川，訪虞文靖公，道話契合，延師度夏，爲作《斷江塔銘》、《樸隱軒銘》。至正丙申，出世邑之長慶，遷天衣。洪武五年，設廣薦法會於锺山，詔天下高名尊宿，輪座説法，師預焉。九年冬，杭諸山請居靈隱，曰：『而祖佛照、妙峯，而父寂照，而兄了幻，皆説法靈隱。於今振墮緒，提宏綱，舍和尚其誰哉？』師幡然而起。上堂：『即心即佛，嘉州牛喫禾；非心非佛，益州馬腹脹。不是心不是佛，天下覓醫人，炙猪左膊上。』良久云：『啼得血淋無用處，不如緘口過殘春。』終時，年六十七，臘五十五。

古鼎祖銘禪師，姓應氏，元叟端在靈隱，往從焉，叩黄龍南在慈明因緣，叟詰之曰：『只如趙州云：「臺山婆子，被我勘破。」慈明笑曰：「是罵耶？」你且道二老漢用處，是同是別？』師云：『一對無孔鐵鎚。』叟曰：『黄龍直下悟去，又且如何？』師云：『也是病眼見空華。』叟曰：『不是，不是。』師擬進語，叟便喝，師當下廓然，即命居記室，自是聲譽頓發。後住徑山，法席甚盛，賜號『慧性宏覺普濟禪師』。

慧明性原禪師，臨濟宗，號『幻隱』，俗台之黄巖項氏子。洪武五年，選舉高僧，師與焉。十一年戊午，師至靈隱，振揚宗風，建本寺大殿，修北峯之塔，皆師事也。室中垂語曰：『蓮華峯被蚍蜉食却半邊，因甚麽不知？』又曰：『冷泉亭吞却壑雷亭，即不問；南高峯與北高峯鬭額，是第幾機？』罕有契之者。以僧誣語被逮，至所司，憩座下端坐，説偈而化，爲洪武十九年六月二十三日，壽六十九。

西菴曇噩禪師，慈溪王氏子。元叟端補靈隱，門風高，非宿學莫敢窺其門，師直往咨叩，了無畏懼。機契，命掌内記，出世天台之國清。洪武三年，詔徵江南有道僧，師居其首。

空叟忻悟禪師，臨濟宗，俗姓鈕，吴人，徑山愚菴嗣。洪武戊辰，住靈隱，居四年，叢林改觀。以前住持逮至京，病卒於行，洪武二十四年夏四月三日也。門人窆骨於靈隱之東岡，爲本寺六十五代，有《三會語録》，宋濂銘塔，今存。

用貞輔良禪師，臨濟宗，范文正公十世孫。參笑隱，一見契之，號『貞悟禪師』，靈隱直指堂乃其建也。舉揚大法，不務緣飾，復以浄土觀門，爲苦海舟航，時兼修之。既示寂，舍利玉潔珠圓，宋濂爲之銘。

無文本裝禪師，臨濟宗，别號『無見』，謝氏子，嗣孤峯德禪師。洪武二十八年，住靈隱，又四年，示寂，偈曰：『吾年七十有五，涅槃生死不墮。虚空背上翻身，靠倒飛來小朵。』闍維[三七]，頂骨不壞，舍利無算，有《和同安察禪師十玄談》最可傳誦，餘詳心泰《塔銘》。爲本寺六十六代。

行中守仁禪師，號『一初』，富春人，靈隱僧。從楊廉夫、張伯雨遊，能詩，善書法，洪武中徵授僧録司右善世。一初有志事業，不偶爲僧，嘗言：『我輩從事文墨，非以廢道，蓋有不得已也。』在京，賦翡翠詩：『見説炎州進翠衣，網羅一日遍東西。羽毛亦足爲身累，那得秋林静處棲？』爲太祖所見，怒而罪之，所著有《夢觀集》。守仁詩與見心俱超絶羣輩，而皆不免於患，亦猶翡翠之爲災也。

可純禪師，臨濟宗，象山胥氏子，參古鼎銘入室。洪武三十八年，授杭郡都掌教，住靈隱。永樂四年，寂於京，荼毘靈骨塔涵澤菴，爲本寺六十七代。

無杰善才禪師，臨濟宗，嗣無文。永樂元年，住靈隱，增塑三世金身，剏雙桂菴以奉師塔。修寺誌，遺文數篇不忘，至今賴之。爲本寺六十八代。

思擴性空禪師，臨濟宗，慈谿人，徐氏子，參無文聚公。永樂十九年，遷住靈隱，奉旨修經，授僧録司左覺義。洪熙元年，寂於京，塔寺在天香菴。爲本寺六十九代。

伐石良玠禪師，宣德九年住持靈隱。先是，寺災，師建蘇州虎丘寺大殿，遂禮師主寺，寺之建豎，師之功也。爲本寺七十四代。

慎菴祥禪師，海昌李氏子，少穎悟，經書過目成誦。受具戒於前住持全菴理公，嗣法壁菴璘公。景泰間，出主顯寧。天順間，主本寺，大開爐鞴，學者景從。方丈間兩廡，是師傾橐所葺也。

前溪德明禪師，黄巖人，姓林。嘉靖間，海寇焚湖墅，山後西溪男婦，踰嶺避亂。寺僧皆以寇必至，議棄寺各竄，惟師立主合衆，結臺於大路，聲勢相援，寇遂不敢至。師又爲粥以濟貧乏，於是人有固志。年八十一，爲本寺一百五代。

按，德明以前，有幻菴修、慎菴祥、敬堂慇、大慈頤、南宗識、天鏡浄、遠菴恭、東山曉、獨芳蓮、大川淮、北峯讃、可泉壐、博菴廣、愛山遷、恕堂忠、竹泉權、西隱方、無言諷、泠泉聲、聽泉禧； 德明以後，横溪亮、見峯輔、靈峯永、冬嶺秀、小山悦、近山良、仰峯奎、南谷寧，皆前後住持也。

易菴如通禪師，臨濟宗，姓杭，母潘氏，夢梵僧借宿而覺，即日娩。十五出家，禮大海和尚爲師，未幾，往雙徑萬松和尚決[二八]擇心要，松問：『如何是白雲不倚青山住？』答：『明月常懸古澗心。』松爲首肯，乃繼臨濟正宗二十七世。嘉靖癸亥，司冦五臺陸公延禮住持南山慧因，前後改觀。萬曆壬午，冢宰元洲張公禮致住持北山靈隱，重建大覺殿，數十年瓦礫，一旦更新，師之功爲不可泯也。

具德弘禮禪師，臨濟宗，爲臨濟三十一世，紹興張氏子。初爲鍛工，已習道家言，後又讀《首楞嚴》而善之，披剃受具，參三峯漢老人於安隱，徹悟宗旨，服勤十七載，遂承囑付。師出世雲門廣孝、維揚天寧[二九]及佛日、顯寧諸處，俱稱千人善知識，而於靈隱破院久住，法席一新，建置甚盛。復應請住徑山，大弘祖道。後至維揚天寧，甫七日，無疾坐化。以靈隱言理公爲祖，延壽爲宗，而師以中興兼剙置，靈隱自來禪德，未之有也，壽六十八，塔全身於靈隱慧日軒。餘俱詳總録。

晦山戒顯禪師，臨濟宗，字願雲，太倉王氏子，弱齡遊泮，稱名儒。甲申國難，作詩文告廟，入金陵華山，禮三昧老人，祝髪受具。遍參天童、雪嶠諸大老，復參靈隱具和尚於臯亭，大悟雲門拄杖話，遂嗣法焉。初隱廬山，次開法雲居，一住十載，嗣住東湖薦福、黄梅四祖、臨臯安國、武昌寒溪、荊州護國、撫州疎山，化行江楚，道望大著。康熙丁未，具老人遷雙徑，命師繼席靈隱。語録、詩文有若干卷，盛行於世。

五嶽濟玹禪師，古越吴氏子也，母周氏，夢日輪昇天而娠，及師生，聞空中音樂。三歲，誦《心經》如宿記，成童，出家石屋。十七歲，即遊方登講肆，甫聽即講，猶如瓶瀉。受具天童密祖，問祖西來大意，祖棒云：『向者裏會取。』師便有入處。歸越沙溪作務，將盥沐，觸翻水盆，得大脱灑，即遍扣。謁具和尚於顯寧，遂契以嗣，凡具和尚倡化諸刹，皆師佐揚。師出世安隱，遇火，重興之，他如鹿城安禪、海昌安國，罔不過化存神，於是聲名洋溢，彼都人士相率敦請。先福善，次夕照，次隆安、津梁、正遠。乃靈隱祖席，非師不可，遂延師歸補處焉，整頹緒，振弘綱。和碩康親王駐浙，慕師義，禮敬請法。師固道高，而王之衛法弘願，亦不少槩見云。

校勘記

〔一〕『區區遂日貪生去』句《禪林僧寶傳》卷十一引作『貪生逐日區區去』，《武林梵誌》卷九引作『貪生逐日滔滔去』。

〔二〕『知』字《武林掌故叢編》本作『智』。

〔三〕『律』字《五燈會元》卷十九作『力』。

〔四〕『炭』字下《五燈會元》有『向你道，不可毁，不可贊，體若虚空没涯岸』句。

〔五〕『七』字《武林梵誌》卷九作『十』。

〔六〕『書』字《武林梵誌》作『語』。

〔七〕『應』字《五燈會元》卷十八『靈隱道樞禪師』條無。

〔八〕『香』字《五燈會元》作『春』。

〔九〕『熙』字《武林梵誌》卷九『德光禪師』條作『祐』，誤。德光于寧宗嘉泰三年（公元一二〇一）入寂，焉能于理宗淳祐四年（一二四四）奉詔？

〔一〇〕『成』字《武林梵誌》作『離』。

〔一一〕『嶒』字陸游《渭南文集》卷四十《松源禪師塔銘》作『峭』。

〔一二〕『戰』字下《渭南文集》有『追思德遠所言，然後知』句。

〔一三〕『饒』字《武林掌故叢編》本作『讓』。

〔一四〕『奏』字《武林掌故叢編》本作『奉』，誤，二字形近而訛，《武林梵誌》卷九正引作『奏』。

〔一五〕「五」字《武林梵誌》作「四」。

〔一六〕「二」字《武林梵誌》作「三」。

〔一七〕「塗」字《武林梵誌》卷九「妙堪禪師」條作「荼」。

〔一八〕「桐」字《武林掌故叢編》本作「銅」。

〔一九〕「眼」字《蜀中廣記》卷八十六「法熏禪師」條引作「意」。

〔二〇〕「弘」字《武林掌故叢編》本作「宏」。

〔二一〕「妙」字《武林梵誌》卷九「妙峯善禪師」條作「舉」。

〔二二〕「遼」字《武林掌故叢編》本作「撩」。

〔二三〕「慶元」《武林掌故叢編》本作「皇慶」。

〔二四〕「常」字疑爲「嘗」。

〔二五〕「古」字《武林掌故叢編》本作「占」。

〔二六〕「照」字《武林梵誌》卷九「竹泉法林禪師」條作「點」。

〔二七〕「闍維」《武林掌故叢編》本作「荼毗」。

〔二八〕「決」字《武林掌故叢編》本作「抉」。

〔二九〕「寧」字《武林掌故叢編》本作「靈」。

武林靈隱寺誌卷之四

法　語

宗門雖云教外別傳，不立文字，而祖師心印，亦藉言宣。故從上古，錐[二]拈椎竪拂，皆有説法機緣，玉句金章，具載傳燈、僧史。具德老和尚性具宗通，不由文字，而一登廣座説法，如河懸缾瀉。晦和尚繼之，父子敲唱，哮吼靈山，真鼓吹祖庭，萬載響震者矣。爲誌法語第八。

具德和尚住靈隱進院上堂法語

師于己丑春二月十三日，住浙江杭州府靈隱寺，闔郡薦紳文學及各山耆宿、合院大衆請陞座，揮拂子云：『豁開宇宙，萬象交參，皎日當空，十方烜赫，還有共相證明者麽？』願雲西堂出問：『靈山古刹，列聖覺場，寶座師登，將何行令？』師云：『人到靈山增意氣，水歸大海長波濤。』進云：『從來萬派皆歸海，今日千山盡仰宗。』師云：『靈山一會，迦葉親聞，世尊拈花，貴須道得。』進云：『今日更添一重光彩。』師云：『七尺烏藤行活計，杖頭八面起清風。』進云：『直得飛來峯頂青龍舞，西子湖邊白鳳飛。』師云：『誰人不仰。』上頭關問：『刹竿高竪，重興遠祖風規法令，當陽號召諸方龍象，作麽生是挽回風化底句？」師云：『金輪現瑞，百鳳齊鳴。』進云：『奇峯巧石開新眼，冷澗回波看主人。』師云：『一句當機，普天帀地。』進云：『龍袖拂開全體現，象王行處絶狐蹤。』師云：『好音在耳人皆聽。』進云：『誰箇不知音？』師云：『禮拜有分。』問：『弘開法席，大闡宗風，滿目英靈，誰是作者？』師竪起拂子，僧便喝，師亦喝，僧又喝，師云：『三十棒。』進云：『放老漢出一頭地。』師便打，乃竪起拂子云：『昔日世尊拈華，今朝靈隱舉拂，會則同彼同此，耀古騰今；不會則乃聖乃凡，隨波逐浪。諸仁者，世尊説法四十九年，談經三百餘會，末後向靈山會上，百萬衆前，拈華囑累，飲光尊者一笑相傳。大法東來，則此山預來震旦，以待没量大人，爰有慧理、永明、延珊、明教、雪竇、大慧、瞎堂諸祖，咸向此山立極開宗。彼時問道，上自帝王，下及大臣，以至名公鉅老，亦在此山，共翼嘉猷，激揚本分。今日現前宰官居士，與諸山名德、本寺耆英、五湖衲子，亦在此山，問似雲興，答如缾瀉。豈非靈山一會，重整頽綱，再笑拈華，知恩有地？』復舉拂子云：『諸仁者，若向箇裏會得，則前佛性命，後佛紀綱，總在者裏。似地擎山，不知山之孤峻；如石含玉，不知玉之無瑕。永絶遮攔[三]，更無向背。其或機留玄解，見逐偏枯，縱使打破牢籠，踢翻窠臼，撒開離坎，擺撥乾坤，是甚麽熱盌鳴聲，繫驢橛子？所以道靈光不昧，萬古徽猷，入此門來，莫存知解。直須不慕諸聖，不重己靈，向威音那邊打叠定當，然後獨步大方，壁立千仞，行不言之令，嚴不罰之威。净躶躶没可把，赤灑灑無回互，自然風行草偃，水到渠成。妙净明心，觸處青霄碧落；正法眼藏，等閒栗棘金圈，八表同符，三才合契。諸仁者，畢竟格外風規，機先權要，佛佛相授，祖祖相傳一句，作麽生道？』擲拂子，震聲喝云：『丹壑羣真吟紫霧，靈山萬衲笑春風。』

開罏鑄萬僧鍋陞座法語

大人具大識見，運大作略，安大罏鞴，啓大模範，成大鼎鑊。此箇大罏鞴、大模範，成就來多少時也？赤縣神州，無處不知；大乘氣象，何人不具！靈隱事不獲已，因行掉臂，遇緣即宗，遂使三世諸佛振動天樞，歷代祖師撼搖地軸。盡法界若聖若凡，若緇若素，靡不瞻之仰之，直得彌盧起舞，香海波騰；文殊普賢，合水和泥；彌勒善財，添銅入炭。山僧横身宇宙，號召當陽知事，喚行者人力，龍驤虎驟。冶師與罏頭火伴，電轉星馳，鼓槖籥於晴空，風摶六合；運金鎚於肘後，響震三千。人人頂門瑞靄，各各脚下光騰。爍迦羅眼，左右圜融；母陀羅臂，前遮後護。火德以之振武，金德以之圜成，造化以之無私，神功以之畢備。然後普天帀地，安静如初，若聖若凡，各歸本位。三世諸佛，放下天樞；歷代祖師，仍還地軸；靈隱箇漢，斂衣就座；現前龍象，參叩如常。秖如一罏，便就覿面，賞勞底事，又作麽生？香積厨開雲出鼎，金牛撫掌笑呵呵。

付授願雲西堂上堂法語

召西堂願雲上座，云：『靈山授受，一笑相親。鷄足分燈，衣傳慈氏。殊不知釋迦不前，彌勒不後，法身不大，此衣不小。』乃捧起伽黎，云：『秖如者重公案，畢竟以何爲驗？』遂展付，云：『以此爲驗。』復説偈云：『鷲嶺一花開五葉，神州紫氣藹三峯。燈燈續焰交光處，虎角新生佛日紅。』堂展具禮拜，師下座。

開藏殿鐘樓基上堂法語

僧問：『雲門道：「如何是自己光明厨庫山門？」今日和尚大啓靈山，更拈出箇甚麽？』師云：『握土成金。』進云：『作麽生著力？』師云：『打鼓普請看。』進云：『只如不施寸草，梵刹圓成，憑箇甚麽，如此奇特？』師卓拄杖，乃云：『靈隱拂子頭，現龍樹大月輪，體性三昧，與太陽紫微，交互争輝，直得全賓讓主，轉三能於東震；全主讓賓，挽五佐于西乾。由是東西合轍，南北通途。據重關，則先機立命；別緇素，則照用同時。衲僧本分，則固是秖如盡無邊華藏莊嚴海，拈來如粟米大，擲向靈隱青龍角上，諸人還見麽？不見，道「打鼓普請看。」』

供祖師上堂法語

見性不留佛，悟道不存師，祖師玄旨，是甚破草鞋？寧可赤脚，不著最好。饒汝學得佛邊事，機不離位；學得法邊事，智向偏枯。兼帶去，亦未免究妙失宗，不見雲居膺禪師云：『如人頭頭上顯，物物上通，秖唤作了事人，唤作尊貴得麽？將知尊貴，一路自別。』又云：『如日出時，光照世間，明朗是一半，那一半唤作甚麽？』又云：『升天底事，須對衆掉卻；十成底事，須對衆去卻。擲地作金聲，不得回頭顧著。雲居恁麽道，只解步步登高，不解從空放下。若是靈隱，別有道處，但頭頭不顯，物物不通，無事可了，説甚尊貴？如日落時，不照世間，晦昧是一半，那一半幾曾欠少？升天底事，古廟香爐去；十成底事，冷湫湫地去。擲地作金聲，一條白練去，且道雲居底是？靈隱底是？靈隱底是，析栴[三]檀片片皆香；　雲居底是，碎拱璧塵塵是玉。毫厘有差，鳳縈金網，趨霄漢以何期？　分文不值。龍門躍鱗，不墮漁人之手。還有不藉功勲，迴途復妙底衲僧麽？　設有，也是雲居羅漢。」

法堂上樑顯寧義姪和尚請上堂法語

僧問：「唤醒江畔魚龍，烹煆大方麟鳳，是和尚尋常作畧。秖如一莖草上，現瓊樓玉殿，明甚麽邊事？」師云：「人天喝彩，佛祖解頤。」進云：「可謂魯班門下。」師云：「既截珊瑚樹，還爲架海梁。」進云：「點。」師云：「明甚麽邊事？」進云：「願白一槌于此地，法王法令永流通。」師云：「欲賞其功，姑驗其智。」乃云：「昔日靈山一會，人天百萬，見世尊于法座拈起一枝花。今日靈山一會，人天百萬，見山僧于法堂上得一枝梁。上梁大家着力，出身白汗，深明下載，清風拈花，大家一笑，因甚傳燈續祖，獨惟迦葉？」卓拄杖云：「盡從者裏出。」

禪堂上梁上堂法語

打鼓普請看，好禪客。前日拽木運石，今朝立柱陞梁，偏刹海是箇禪堂，總諸佛爲箇衲子。可中爾照我用，我呼爾諾，頭角相似，肘臂相連，性命相共，教伊無一箇不從者裏振綱肅紀去，表帥人天去。然後展黄龍佛手，滿把楊岐[四]，庫内金剛，圈栗棘蓬，向雕梁畫棟上，驀頭一撒。五湖衲子，同時下喝，争先拾得，將謂有多少奇特？　放下手來，只是饅頭。

佛殿天王殿同日陞梁上堂法語

師竪拄杖云：『諸人還知各各一毫頭，有一座寶王金殿麽？知則百萬人天、匠作工徒，都在汝四大色身中踐踏。若不知諸人一身具八萬四千毛竅，山僧亦八萬四千毛竅，釋迦老子亦八萬四千毛竅，于一毛端現寶王刹，坐微塵裏，轉大法輪，莫是説了，便當得麽？』卓拄杖一下，云：『古佛來也，世界起也，時節至也，棟梁枋柱，知事人力畢集也。那一柱不現丈六金身，那一梁不具衲僧手眼，那一金身一手眼不顯大檀樂施善信功勛！究竟山僧兩序合院大衆，無思無爲，無作無取，而兩殿巍然，干雲摩漢。且道神通耶？法爾[五]耶？』喝云：『高着眼。』

鐘樓立柱上梁上堂法語

舉：『水潦和尚云：「無量妙義，百千法門，總向一毫頭上，識得根源去。」靈隱道：「無量妙義，百千法門，總向一毫頭上，識得作用去。」諸禪子，若識作用、徹根源，今日鐘樓上梁竪柱，柱柱金身，孔孔法眼，榫榫妙挾，面面正中。然雖如是，因甚水潦？』呵呵大笑，顧左右云：『大家出一隻手。』

佛殿前大寶鼎成郇護法請上堂法語

師竪拂子，云：『見麼？大人緣起，梵王殿上投機，千佛光中現相。何況伊蒲爲供，錦綉爲旛，花插金瓶，燈然寶炬。盡華藏是箇真實人體，盡供養是箇真實作用。轉過那邊，入門便棒，進門便喝。背手摸枕子，當面露吹毛，與衲僧把臂；轉過者邊，雲行雨施，品物流行，如雷如霆，爲照爲用，則父子同條。那邊者邊，無可不可。昔日給孤布金于祇樹，今日郇公鑄鼎于靈山。五湖衲子，忍俊不禁，以須彌爲菓，大地爲盤，爲郇公賀。』良久云：『還會也無？大家佛殿裏燒香。』卜座。

大佛像成李青芝等請上堂法語

僧問：『昔日金師補像，果感傳燈，今朝大佛告成，得何利益？』師云：『法身開掌上。』進云：『妙手迴天，全憑作者功成不處，又作麼生？』師云：『法眼照人間。』進云：『恁麼則大家慶讃有分。』師云：『上座也須看榜樣。』乃舉：『黄檗在裴相國府署，裴一日托一尊佛於檗前，跪云：「請師安名。」檗召曰：「裴休。」休應：「諾。」檗曰：「與汝安名竟。」諸子，黄檗不動一旗一鎗，裴公不施一韜一畧，和主賓于直下，銷鋒鏑于人間，且道在今日，成得甚麼邊事？』高聲召曰：『李處士。』士舉首，師云：『與汝説法竟。』

大樹堂昇梁上堂法語

臨濟一株大樹，蔭覆兒孫；靈隱一株大樹，蔭覆佛祖。蔭覆兒孫，爲兒孫作祖；蔭覆佛祖，與祖佛爲師。喝云：『臨濟大師來也！者老子動徹用大手脚，撼動三有大城，争似靈隱，並不費手脚動，便撼動佛祖大城，且道臨濟、靈隱，阿那箇較親？若明辨得，請向大樹堂中坐第一座；若明辨未得，請向大樹堂前觀樹經行。直得朝觀暮觀，一觀觀透時，如何又蔭着一箇？』

齋堂昇梁上堂法語

山僧年邁，放閒久矣，大衆真精進，真建立；檀護真精進，真供養。山僧隨例過堂，未免受他檀施；不隨例過堂，亦未免受他檀施。不如隨分納些些，一任今日擎天架海，業就功成。山僧隨檀護大衆去也，何故？要且不負來機。

飛來峯牌樓昇梁上堂法語

峯既飛來，玲瓏心印全彰；樓當重建，妙相莊嚴具足。寬展處，佛祖横身；挨拶處，人天攘臂。文殊普賢，左右安排；釋迦老子，不敢正坐。且大開門户一句，又作麽生？喝云：『從者裏入。』

晦山和尚進院上堂法語

師在黄梅，四祖徑山老和尚命繼席靈隱，以丁未四月十二日進院，當山護法、闔郡紳士暨本寺耆宿、兩序大衆，請上堂。拈香，祝聖畢，次拈云：『此一瓣香，從苗辨地，飲水知源，德重丘山，恩逾溟渤，奉爲重興靈隱現住徑山，即此堂上本師上具下德老和尚，用酬法乳。』遂斂衣就座。南寺和尚白：『椎竟。』師云：『潑天門户，海納山容，果是知音，請出敲唱。』僧問：『雲從龍，直得冷泉發燄；風從虎，會見鷲嶺增輝，即今大座當軒，請施一機。』師云：『一棒敲開靈鷲日，普天帀地盡光輝。』進云：『一一應時擊節，頭頭轉地回天，是甚麽人境界？』師云：『大家在這裏。』進云：『但得皇風成一片，不知何處是封疆。』師云：『且得領話。』問：『荷[六]如來擔，人天輻凑；振祖佛機，衲子揚眉，如何是紹隆一句？』師云：『青萍搖海岳，白棒驗龍蛇。』進云：『可謂光含[七]東浙兒孫裔，氣吸西江父子宗。』師云：『脚跟下一句，作麽生道？』進云：『脚跟下一句且置，秖如臨機有眼句裏無私增萬指，稠林添三玄甲胄，畢竟憑何施設？』師云：『腦後著眼。』進云：『昔年半院曾遺讖，今日重將此話圓。』師云：『切莫當頭錯過。』問：『仙梵徹雲霄，萬里山川增秀；雨花飛滿岫，大千草木生輝，是何祥瑞？』師云：『拈出靈山一片石，萬年何日不青青！』進云：『恁麽則冷泉勢接滹沱派，青嶂遥隨雙徑來。』師云：『不妨好彩。』問：『向上宗乘，學人不問，入門一句，試爲展演。』師云：『請上階來。』問：『天得一以清，地得一以寧，衲僧得一時如何？』師云：『如龍得水，似虎靠山。』進云：『恁麽則拍掌鼓乾坤，一輪光透去也。』師云：『月落後作麽生透？』進云：『高開殿閣洪音振，一句無私亘古今。』師云：『重言不當喫。』問：『高提祖印，未審如何作用？』師云：『三十棒。』進云：

『棒教誰喫？』師云：『不知痛癢漢。』進云：『和尚還知麽？』師云：『矢上加尖。』問：『一切言句即不問，直指當陽事，若何？』師一喝。進云：『眼見是色，耳聞是聲，不見不聞，是甚麽？』師云：『山僧退身有分。』僧一喝，師拈棒，僧便走，師云：『走卻草賊。』乃云：『佛祖關棙，西天令嚴，向上提持，誰容顧鑒？要津把斷，從來鐵壁無門；棧道鑿開，除是金鎚影動。傾湫倒嶽，止在鋮鋒；跨海擎天，不資餘力。釋迦老子於靈山會上，拈花示衆，更加一道真言。吾有正法眼藏，涅槃妙心，實相無相，微妙法門，一機纔動，東擲西抛，毒氣流傳，填溝塞壑。既靈鷲寶峯飛來至此，摩竭正令作麽生行？』卓拄杖，云：『從上百四十代古錐，將這箇開大覺場，雷驚電拂。本師徑山老人，亦將這箇重興祖窟，霧擁雲騰。山僧以二十年前舊緣，今日歸來就父，也將這箇權衡佛祖，龜鑑宗乘，截斷天下人舌頭。進一步，則乾坤陡變，横拈七事鈎錐；退一步，則海晏河清，卸盡三玄戈甲。不進不退，又作麽生？』横按拄杖，云：『龍歸大海波濤壯，虎到深山氣象雄。』復拈椎，云：『諦觀法王法，法王法如是。』下座。

圓成飛來峯牌樓江南佟方伯大護法請上堂法語

僧問：『一笠蓋如來，果感人王位。今日莊嚴佛國，輸金飯僧，如何論量？』師云：『天垂寶蓋，地湧金蓮。』進云：『靈山授記[六]，未到如此。』師云：『一朝圓好事，萬古壯靈山。』乃云：『靈山秀異，萬古雄觀，奇特因緣，花攢錦簇，當門秀石，從靈鷲以飛來；證據無訛，呼猿洞而現在，此是第一重奇特。廣大靈山，氣吞海岳，先師老人二十餘年手拈莖草，劈出天宫，移來華藏，功高再造，動地驚天，此是第二重奇特。留下飛來峯牌樓，雖然建就，未遂圓成，幸江南甸宣佟大護法，乘菩薩願力，成就不思議大功德海； 又峕令弟孚六大護法，光賁山門，肇啓華壇，經開龍藏，飯炊香積，樂奏鈞天，新題妙額，重標鷲嶺飛來； 巨榜高懸，指出現前佛國，此是奇特中奇特。 昔世尊直指人心，見性成佛，且道心作麽生指？ 現前靈峯壁立，八面玲瓏，豈不是正法眼藏？ 千尺冷泉，澄清徹底，豈不是涅槃妙心？ 山門飛樓湧翠，藻繪浮天，豈不是微妙法門？ 於此見得，直下知歸，不惟佟大護法一門福慧圓滿，并千百載後，見聞隨喜，箇箇成佛有分。 何故？ 一手擎來真佛國，萬年住話播靈山。』下座。

送具老和尚全身入塔上堂法語

戊申八月二十六日，先老和尚入塔，慧生上座請上堂，問：『三文使盡，塔湧靈山，葉落歸根，是何時節？』師云：『人天百萬仰浮圖。』進云：『古佛位中留不住，分明獨露大家知。』師云：『琉璃古殿照明月。』乃云：『過量事，非過量人不能開張； 奇特人，非奇特事不能光顯。 臨濟七百年後，老大法門，誰敢拔山舉鼎，全身扶起？ 惟我老人，用全象力，奮鐵鶻機，大行吴越，應仰山遥讖，作大竫子，得鄧尉真傳，此人是大唐國内甚麽人？ 西晋二千年來，老大靈山，誰敢斬荊誅棘，脱體鼎新？ 先老人竭廿載辛勤，聚多人血汗，以至嵬峩殿閣，金碧晶鎣，增武林莫大威光，成四海無雙名勝，此事是大唐國内甚麽事？ 莫大功勳，既在靈山，葉落歸根，自應在靈山建塔。 今日山僧及各山兄弟、合院大衆，就無陰陽地上，豎起浮圖； 於叫不響谷中，高懸慧日。 層落落，影團團，標出南陽面目； 淨裸裸，光爍爍，掀開大佛頂光。 既爲天上天下獨尊之人，自應建亘古亘今不朽之塔。 且道三千年後，有人覓先師靈骨，作麽生抵對？』豎拄杖，云：『豎起刹竿長燦爛，萬年標榜耀靈山。』

爲具老和尚上塔頂兼送位入祖堂法語

一塔擎天，萬古常懸慧日；五燈續焰，千年永耀靈山。兹者窣堵告成，高昇塔頂，静眼觀來，先老人分中，着着無非是頂。老人一生，機靈鐵鶻，用發獰龍，竪四殺旃旗，振三玄戈甲，以致令行吴越，海湧山翻，五千衲子下揚州，百萬人天常擁座，豈不是天上天下諸善知識之頂？十坐道場，到處興功建業。獨於靈隱，一手擎出寶坊，一脚踢開華藏，現前崚嶒殿閣，飛翬耀日，鴟吻連雲，豈不是獨冠海内功業之頂？所居靈隱，玲瓏萬竅，靈鷲飛來，噴雪奔雷，冷泉徹骨，豈不是一切名山道場之頂？從來禪祖，於此闡揚正令，哮吼宗風，自古迄今，竟有百四十代現在祖堂，燭排慧燈，星聯道樹，豈不是諸方祖堂之頂？老人末後，樹幢徑山，却到揚州遷化，以兄弟孝心，龕歸靈隱，目今巍然一塔，高跨北峯，堅固比於金剛，壯麗同於帝釋，豈不是薄海内外一切浮圖之頂？今日塔圓昇頂，兼送位入祖堂，人天霧擁，光騰杲日，山靈喝采，天樂鳴空，真是以過量人顯過量事，興奇特功感奇特報，且道如何是大功圓滿底句？嵯峨殿閣聳雲岑，法道輝煌冠古今。消得靈峯千嶂玉，塔懸慧日照兒孫。

送興建亡僧靈骨及四衆遺骼入新建普同塔法語

僧問：『轟塗毒鼓，聞者皆喪，爲甚擊者不喪？』師云：『你試擊看。』進云：『擊箇甚麼？』師云：『前言何在？』僧一喝，師打，云：『不知痛癢漢。』乃云：『十方同聚會，箇箇學無爲。此是選佛場，心空及第歸。如何是心空及第？洞摩醯正眼，何聖何凡；廓頂後神光，誰幽誰顯？人人在光明會裏[九]，箇箇歸寂滅海中，但得心空，十方通暢。臘月蓮花，恰值滔天白浪；龜毛數丈，盡成充國黃金。靈骨鏘鳴，細看來總是瓊樓玉殿；浮圖無縫，卓竪起迴超潭北湘南。一入此門，悉皆成佛，且道功德圓成一句，又作麽生？」卓拄杖三下，云：「堅固高幢三座湧，萬年標榜在靈山。」

校勘記

[一]「錐」字《武林掌故叢編》本作「雖」，是，「雖」、「錐」形近而訛。

[二]「攔」字《武林掌故叢編》本作「闌」。

[三]「栴」字《武林掌故叢編》本作「旃」，誤。「栴檀」即檀香，而「旃」是旌旗，二字形近而訛。

[四]「歧」字《武林掌故叢編》本作「枝」。

[五]「爾」字《武林掌故叢編》本作「雨」，是。「佛雨」是佛教中術語，意謂佛法，佛法普渡衆生，故以雨喻之，《法華經・化城喻品》：「普雨大法雨，度無量衆生。」「雨」、「爾」二字形近而訛。

[六]「荷」字《武林掌故叢編》本作「何」。

[七]「含」字《武林掌故叢編》本作「合」。

[八]「記」字《武林掌故叢編》本作「説」。

[九]「裏」字《武林掌故叢編》本作「集」。

武林靈隱寺誌卷之五上

累朝檀越

昔徑山國一禪師，稱唐帝曰檀越。檀越，爲大功德主，僧門所藉以安身學道、興隆佛法者也。蓋大丈夫出家學佛，寸絲不挂，一切所需，總在檀越，故世尊建刹，必待給孤；開士乞食，必於邨聚。今具和尚鼎新靈隱，殿堂樓室，鱗次波湧，丹青繪畫，日灸霞舉，極法門之宏制，爲吴越之大觀，皆檀越所施。其間一柱一椽，已勒姓氏于不朽，至于山誌，不能備悉，乃舉其大者，并前代功德主，亦不敢有遺漏，一以見作福者之不唐喪，一以見大善知識之有因緣也。爲誌檀越第九。

歷代帝王

梁簡文帝《賜靈隱田記》。不存。

梁簡文帝《賜靈隱石像記》。不存。

隋高祖仁壽二年，遣僧賚舍利建塔于飛來峯頂。即神尼塔。

唐天寶，建北高峯塔七層。會昌時毁，此出自孫誌。愚按吴越建號，亦有天寶。

吴越錢武肅王鏐，命僧智覺延壽禪師重開靈隱，賜名『靈隱新寺』，建僧房五百餘間。

錢忠懿王弘俶繼之，建本寺屋宇一千三百餘間，迴廊自山門左右，遶至方丈。

建靈隱寺門塔幢二座。上書開寶八年，大元帥錢建。孫宇台曰：『按，吴越建號，有天寶、寶大、寶正，開寶是宋太祖年號。開寶九年，俶與妻孫氏、子惟演、孫承祐來朝，豈八年樹幢，而九年來朝歟？要其歸命奉朔之意已久矣。』

建北高峯塔。白子佩曰：『按，王慕阿育王建塔，乃于國中聚銅，造八萬四千小塔，散于境内，本寺惟存二大塔。』

鑄覺皇殿後鐵塔一座。

宋真宗皇帝景德四年，勑賜額，改靈隱寺作『靈隱山景德寺』。

天禧五年，勑賜額，改景德寺作『景德靈隱寺』。

勑賜金牌一面。後于政和間，移供神霄宫。

勑賜御書牌一軸。

仁宗皇帝天聖三年，皇太后賜脂粉錢九千五十四貫。

天聖八年，勑賜靈隱住持禪定大師延珊放免糧田一萬三千畝。杭、秀二州充設五載齋僧粥食，共計四十餘萬人。有勑一通，存寺。

慶曆七年，勑賜御制歌頌等件。

皇祐元年，勑賜六祖師名諱玉寶牌一面。

勑賜飛白御書『佛』、『聖』、『帝』、『來』四紙。每字一紙。

勑賜『清浄佛法』絹書二軸。計四字。

敕賜紙扇碑一座。

敕賜回鑾碑一軸。

敕賜御繡《觀音心經》二卷。計二軸。

敕賜飛白黄羅扇一柄。俱皇祐元年，俱罹兵燹，不存。

嘉祐三年，賜明教大師契嵩所著書入藏。中書劄子曰：『權知開封府王素奏：杭州靈隱寺僧契嵩，撰成《傳法正宗記》并《輔教編》三卷，宜令傳法院于《藏經》内收附。劄子付傳法院。准此。』按，王素，字仲義。

宋高宗皇帝敕改榜曰『靈隱山崇恩顯親禪寺』。紹興五年。顯親，蓋爲吴太后設也。

賜金飾『九里松』，吴説書額。

宋孝宗皇帝乾道三年二月詔：每歲佛誕日，例賜帛五十疋。

乾道八年正月二十八日，車駕幸靈隱。明日，賜僧慧遠直指堂印。慧遠，即瞎堂禪師。

乾道九年，宣靈隱慧遠奏對内殿稱旨，有《奏對録》。

淳熙四年八月，召靈隱德光入對内殿，賜詩二首，詩曰：『欲言心佛難分别，俱是精微無礙通。跳出千重縛不住，天涯海角任西東。』又詩云：『大暑流金石，寒風結凍雲。梅花香度遠，自有一枝春。』至今流傳有《奏對録》，在《古尊宿語録》内。

宋理宗皇帝賜御書『覺皇殿』三字。

賜御書『妙莊嚴域』四字。

賜御製《千佛贊》，贊曰：『一佛不二，千佛奚别？如處處水，現在在月。無去無來，不生不滅。梅花開時，前村深雪。』

寶祐六年，上親製《觀音記》，御書登石。

元仁宗皇帝延祐五年，賜還九里松。

明太祖高皇帝勅賜田三千畝。淳朋以宋時所賜田一萬三千畝獻還朝，高祖復賜三千畝。

神宗皇帝萬曆十七年，賜觀音大士瑞蓮聖像一軸。司禮監孫隆，奉慈寧宫皇太后御賜觀音聖像，内有上御製贊云：『惟我聖母，慈仁格天。感斯嘉兆，闕産瑞蓮。加大士像，圖寫流傳。延國福民，霄壤同堅。』上用『慈聖宣文明肅皇太后』之寶，御寶在軸。

歷代朝臣

晋葛洪題『最勝覺場』四字。

唐大理寺少卿、杭州刺史袁仁敬，種松九里。

右司郎中、杭州刺史元藇，建冷泉亭。

給事盧元輔，建見山亭。

刺史相里造，建虚白亭。

庶子裴棠棣，建觀風亭。

僕射韓臯，建候仙亭。是之謂五亭。元藇以下五公，皆以刺史領郡于杭者。

刺史白居易，書『冷泉』二字，并爲文以記[二]。

紫微舍人唐詢，建紫微亭。若言寺前五亭，則稱紫薇，而不言見山。

丞相裴休，有《送子出家》詩，其詩云：『送子出家莫學詩，要明父母未生時。吾聞九里松門外，佛國山前有鐵圍。』裴休，字公美，河東聞喜人，家世奉佛，與黄檗最多往返，遂嗣其法。

宋承奉郎、守秘書省著作郎、直史館、賜緋魚袋、曾知蘇州吴縣事羅處約撰寺碑文。作文爲雍熙丙戌，立碑爲淳化辛卯。俾文其事者，月禪師也。歲久碑斷，重立者妙堪師也。月師惜未詳。重立時，理宗朝大中大夫范楷跋。

熙寧三年及十年，趙抃以資政殿大學士兩知杭州，禁天竺靈隱寺樵采。

天聖中，吏部侍郎、平章吕夷簡，給事中、參知政事陳堯佐，給事中、參知政事薛奎，工部侍郎、參知政事王曾，賜免靈隱寺田，准勅中書門下牒一道，有官銜字押。

觀察李公謹，奏賜契嵩紫方袍。

慶曆[三]中，丞相韓琦、參政歐陽修、權知開封府王素，賜契嵩所著書入藏，中書劄子有官銜字押。

知杭州府蘇軾，補書白樂天所書『冷泉』二字後『亭』字。

太守祖無擇，建鄰公菴于靈隱。

安撫趙與𥲅，建甃雷亭。

臨安府都會首沈瑜等，施送華嚴海會善知識功德五十九軸。

元江浙行省平章事張閭，助修覺皇殿。

明刑部尚書潘季馴，前後捐資，裝大殿佛像。

吏部尚書張瀚，募建大殿。公不署江陵奪情事，即予告歸。靈隱殿燬一季矣，公與五臺陸公光祖，請僧易菴廣集貲財，一新鷲宇。

萬曆間，司禮太監孫隆，建三藏殿，中置轉輪以奉法，計六百三十八函。左藥師鐙藏寶，計四十九鐙；右水陸像藏，總一百一十五軸。號東瀛，直隸三河人。

左布政吴自新，助裝藏殿金龍。有題冷泉匾曰『高山流水』，方丈匾曰『法宇重興』。

貴州提學道副使馮時雨，補植本寺松樹若干。

工部榷署分司張喬松，造覺皇殿菱花門。

兵部武庫司主事虞淳熙，撰《重建理公塔銘》，并篆額。

重興靈隱大檀護功德主列後

清[三]總督部院趙廷臣，爲文勒石，清飛來峯界址，并禁樵採。

據考，飛來峰，昔東晋咸和年，西域僧慧理至此，驚曰：『此天竺國靈鷲山九十七峰之一小朶峰，何年飛來至此？』故名飛來，一名蓮花，一名靈鷲，其實一山也。按，錢唐田汝成《西湖遊覽志餘》云：『舊傳讖記有云：「天目山垂兩乳，長龍飛鳳，舞到錢塘海門，一點巽峰起，五百年間出帝王。」或云晋郭璞作。錢氏有國時，不欲其語聞之中國，更其末句云「異姓王」。蘇子瞻作《表忠觀碑》，特表其事，首曰：「天目之山，苕水出焉，龍飛鳳舞，萃于臨安。」蓋全用讖語也。』載第一卷之十一板。孫宇台《靈隱寺志》云：『天目山有二水：一條東流，經於潛、臨安，百五十里，至餘杭，爲苕溪；又東三十里，抱錢塘；又東北流六十里，過湖州，入太湖。一條西趨，于紫溪合桐廬之水，匯于錢塘，此郭璞所謂天目兩乳也。南山如龍，北山如鳳，此郭璞所謂龍飛鳳舞也。海門一日兩潮，日輪正從鼈子門上，此郭璞所謂金星也。其塊土爲帝王都會，璞留讖記，蓋預知五百年潮打西興，然後爲帝王都會也。夫自郭璞以前，南北皆爲武林山，嗣後，始有龍飛鳳舞之目。然南山有鳳凰山，是南山亦可曰鳳；而北山有橋曰迴龍，有洞曰龍泓，是北山亦可曰龍也。』載第八卷之四十八板。夏樂只《西湖志》云：『無着禪師塔，《武林志》：師名文喜，唐人，埋骨此山下。」韓侂胄謀葬其地，乘夜發塚，見師在龕中，容貌如生，指爪屈曲盤體，胄驚，遂掩其塔。出合澗橋，爲下天竺寺，僧肇海詩：「一定空中五百年，何因發塔起頹磚？世間多少麒麟塚，過眼誰人贈紙錢？」』載第三卷十三板。又民謡云：『靈山一片地，上有王者氣。丞相營首丘，不知主何意？』韓遂不敢葬。竊稽以上所載，本山既稱梵刹名勝，兼之讖記分明，更有前都憲蘇茂相『天了萬壽』四字鐫勒在上，昭昭在人耳目，凡妄窺者，亦可已矣，詎意仍有繼侂胄而起者。前天啓四年，諸當事歷有鐵案，今康熙四年，又蒙部院趙公勒石嚴禁。其各上臺禁示，另詳别録。

巡撫軍門陳應泰，作募疏，廣勸修造，自亦捐貲五六百金，助建大殿。

浙江布政使司袁一相，捐貲塑大殿文殊、普賢、阿難、迦葉，并羅漢五六十尊。

蘇州布政使司佟彭年，捐貲完成飛來峯牌樓，金碧絢麗，冠絶西山。

蘇州布政使司慕天顔，爲靈隱增置金沙灘寶勝菴爲放生所，手題額曰『萬鱗極樂』。又捐俸助建具老和尚塔。

浙江提督二等侯田雄，施貲千餘金，塑大雄殿中尊大佛，并築佛與諸天大石座。

大將軍柯魁，同都統陳典謨、高及之，協致石門大鐘，懸新建鐘樓，早晚撞擊，響震西山，爲萬古標榜。

刑部尚書湖州東阡沈演子月初，增建金光明殿，修理金光明懺法，兼施六百金在大雄寶殿。

翰林院庶吉士塘棲卓彝，同子孝廉麟異，建大悲懺壇，每歲春季，修禮懺法，永遠不替。

户部尚書汪應蛟男本和，布施山木四千[四]株，助建叢林。

太史金聲仝子静思，布施徽州山木，建梵香閣。

大理寺卿王益朋，倡置靈隱松木場下院。

登州府太守常州徐可宣，捐貲千金，助建大殿，并施二大正柱。先是，戊戌三月十五日，徐公夢靈隱被火，遣人到山偵探，殿尚巍然。至二十六日，忽遭回禄，公大驚異，遂開檀度。

太僕寺卿嚴沆，同察院顧豹文，協力護衛，建成具老和尚慧日塔院，永鎮靈山，萬年不朽。

山西提學道嘉善縣孫籀，塑十八大羅漢像，并著文勒石。公十二歲，赴府預童子試，被衆擠門壓死，已一晝夜，感靈隱羅漢救回重生。後到靈隱，宛如所見，遂施貲塑像，并立碑記異，今豎羅漢殿門側。

貴州按察司副使陳紹英，具和尚興建二十年，赤心護持，始終不倦。大殿上梁日，公與沈捷、關鍵、姚玄瑛衆護法皆在焉。

都統胡申固，山高可仰，倡議誓衆，拈鬮留具老和尚靈龕，建塔慧日。

雲間宗伯董其昌，置甘露茶亭，太師金之俊復廣之，留額，永爲靈隱下院。在湖墅賣魚橋。

校勘記

[二]『并爲文以記』句《武林掌故叢編》本作『并以文記之』。

[三]據上文『歷代帝王』下載，賜契嵩所著書入藏是在嘉祐三年，而非慶歷年間。且據李燾《續資治通鑒長編》，卷一百八十二、一百八十三載，王素知開封府亦在嘉祐元年至三年期間，故此處『慶曆』應爲『嘉祐』之誤。

[三]『清』字《武林掌故叢編》本作『國朝』。

[四]『千』字《武林掌故叢編》本作『十』。

武林靈隱寺誌卷之五下

歷代人物

余嘗咏西湖，有『越都狀妙人，西湖是其眼』之句。余在靈隱，乃知飛來峯是其眉，其他總在眉目之下，况又得冷泉亭爲點綴。人間天上，有此繡韵之境，故遊武林者，必到靈隱。嘗登飛來峯，憩冷泉亭，聽水聲泠泠然，從耳入心，塵襟頓滌，于是遊者無不悔來之晚，又恐去之速也。風流人物，往往留傳于此，使後之人，恨生不得與同時，余亦感慨係之矣。爲誌人物第十。

陸瑋，字文該，錢唐人。東漢末，納禄隱武林山澗南學《易》，爲隱居堂。西壁圖九師像，東壁圖八公像，世又名九師堂也。劉向《别録》：『淮南王安聘善《易》九人，謂之九師。』杜光庭《録異記》：『八公見淮南，自稱姓氏曰文五、常武、七德、枝百英、壽千齡、鳴九臯、修三田、岑一峯。』未可盡信。漢俗皆以淮南爲得仙，故瑋向慕如此。瑋行無可考，松江有陸偉墓。

陳渾，漢靈帝熹平二年爲餘杭令，山中祀爲土神，至今猶尸祝也。《晋誌》：餘杭屬吴興郡。吴興縣令者，餘杭縣令也。其時武林屬餘杭，而餘杭又轄於吴興郡，自東漢至五代皆然，故靈隱石幢有『吴興』二字，此亦其證矣。今人稱陳明大王，正月十五日爲生辰。

葛玄，字孝先，句容人，父爲大鴻臚。玄幼負奇操，丰神標峻，三國吴[二]，居武林山葛塢，往來會稽、雲門。一賈人泛海，泊神廟，神令廟祝附書於玄，書着船如釘，不可動。及達岸，以報玄，往自取即得，題稱『太極左宫僊公』，世因稱葛仙公也。按，公居杭事無可考，後龍井李德淘井，得鐵牌，上有『赤烏年禱雨』，或是公所爲也。公從孫洪。

許邁，字叔玄[二]，一名映，丹陽句容人，許旌陽再從昆弟，家世仕[三]族，而許長史穆第四兄。少恬退，不慕仕進，常[四]就郭璞筮，遇《泰》之上爻發，璞謂曰：『君元吉自天，宜學廾遐之道。』時南海太守鮑靚隱迹潛遁，人莫之知，邁乃往候之，探其至要，因立精舍稽留，號『思真堂』。又以餘杭縣霤山近延陵之茅山，潛通五岳，陳安世、茅季偉常所遊處，而往憩焉。父母尚存，未忍違離，朔望時節，還家自省。及父母没，乃遣婦孫氏還家，携其同志，遍遊名山焉。永和二年，移臨安山，登巖茹芝，有終焉之志，乃改名玄，字遠遊。著詩十二篇，論神仙之事。羲之造之，未嘗不彌日忘歸，相與爲世外之交。玄遺羲之書云：『自山陰南至臨安，多有金堂玉室、仙人芝草，左元放之徒漢末隱者，皆在焉。』羲之自爲之傳，述靈異之迹甚多。

葛洪，字稚川，祖系吴大鴻臚。父悌，吴平後，入晋爲邵陵太守。洪少好學，家貧，躬自伐薪，以貿紙筆，夜輒寫書誦習，以儒學知名。性寡欲，無所愛翫，不知棋局幾道，樗蒲齒名，閉門却掃，未嘗交遊。於餘杭山見何幼道、郭文舉，目擊而已，各無所言。尤好神僊導養之術，事玄弟子鄭隱，悉得其法。後又師事南升海太守上黨鮑靚，妻以女。洪傳靚業，兼綜練醫術，凡所著撰，皆精覈是非，而才章富贍。太安中，石冰作亂，吴興太守顧秘爲義軍都督，檄洪爲將兵都尉，攻冰别寨，破之，遷伏波將軍。洪見天下已亂，欲避地南土，乃參廣州稽含軍事。及含遇害，遂還鄉里，禮辟皆不赴。相傳住武林山葛塢，得道於青林洞也。

杜明甫，錢唐人，居靈隱，夜夢東南有賢人來訪。時謝玄生孫於會稽，其父瑍狂蕩，射殺蔣侯妹清溪小姑樹鳥，姑怒，一夕殛死，其家恐懼，求寄養於明甫。明甫受而養之，十五歲方還。按，《一統誌》、鍾嶸《詩品》、《六朝詩話》皆作『明師』，其居稱『杜治』，注言：『治者，奉道之靖室。』《真誥》：『錢唐人杜道鞠，處士杜京產之父，富而好道。』乃泰和、元興間人，崇奉許氏之道，明甫豈其家耶？錢唐又有杜子恭，有道術，豪族貴望多執弟子禮，尊事之。沈警、孔靈產皆有道之士，莫不敬慕。靈產出錢唐北郭，於舟中望其墓而遥拜焉。杜氏一門，何多道者？想亦猶葛玄之於稚川，許遠遊之於斧子也。

謝靈運，安西將軍奕之曾孫，車騎將軍玄之孫。父瑍，生而不慧，位秘書郎，蚤亡。靈運幼便穎悟，玄甚異之，謂親知曰：『我乃生瑍，瑍兒何爲不及我？』寄養杜明甫，小字『客兒』，文章之美，與顔延之爲江左第一，襲封康樂公。宋少帝即位，出爲永嘉太守，稱疾去職。父祖並葬始寧縣，并有故宅及墅，遂移籍會稽，修營舊業，傍山帶江，盡幽居之美。與隱士王弘之、孔淳之等放蕩爲娱，每尋山陟[五]嶺，必造幽峻，嘗著木屐，上山則去前齒，下山則去後齒。自始寧南山伐木開徑，直至臨海，驚動縣邑。文帝以爲臨川内史，爲有司所糾，徙廣州。有司復奏其有異志，詔於廣州棄市，作詩曰：『龔勝無餘生，李業有終盡。嵇公理既迫，霍生命亦殞。』時元嘉十年，年四十九。於呼[六]！以靈運之才名，而不得其死，死又不可爲志節所由，殆與葛、許遠矣。

朱世卿，梁鹽官人，有别業在武林山，榜云『隱士鹽官朱世卿墅』。按，晋梁巨室别業稱『墅』。

駱賓王，義烏人，與徐敬業討武后，師敗亡命，不知所之。宋之問以謫放江南，遊靈隱寺，夜月極明，巡廊賦詩，得『鷲嶺鬱岧嶢』二句，下苦不屬，有僧坐禪床長明鐙下，問曰：『少年何事苦吟？』宋答以故，僧曰：『胡不言「樓觀滄海日，門對浙江潮」？』宋異之，詢寺僧，知爲賓王，明日覓之，無有矣。賓王居靈隱，周歲卒。

袁仁敬，開元十三年，刺史杭州。按，公于神功元年九月，中絶倫科，與崔瀕、崔玄同時及第。

元和間，刺史相里造、韓皋、裴棠棣、盧元輔、元藇，前後共建五亭，又紫薇舍人唐詢，建紫薇亭。張商英有《題見山亭》詩，則見山亭北宋猶在也。僧來復有《題虛白亭》詩，則虛白亭明初猶在也。

白居易，長慶時，爲杭州刺史。代宗時，李泌刺史杭州，憫市民苦江水之鹵惡，開六井，鑿陰竇，引湖水以灌之，民賴其利。及居易爲刺史，重修六井，甃函筧，以蓄洩湖水。其自序曰：『每減湖水一寸，可溉田十五餘頃，每一復時，可溉五十餘頃。』則西湖之在杭，猶鄭白之渠之利也，公之功也。公詩文流傳于靈隱者最多，形勝山下有白公茶井，北高峯左溪上有白樂橋，法安院有白樂天書，皆公遺跡。

丁飛，字翰之，濟陽人。唐咸通時，居龍泓洞讀《莊》、《老》，善養生，好古文、樂府、歌詩，作細字皆有楷法。寡睡少言，與人接禮簡情至，或問服何餌，對曰：『治心修性之外，別有何物？』每月夜登巖鼓琴，流淙協奏，天籟凄冷，往往鸞鶴翔集。咸通丙戌，陸龜蒙過之，年七十二矣，見其綸巾布裘，貌古意淡，操綆缶斤斸，陟峻如飛，作《錢唐丁隱君歌》。

丁行者，不詳其人，寺東廊有蘸筆池，是其遺蹟。或以爲即丁翰之也。咸通時，翰之年七十，龜蒙見其蓄妻有子，則會昌毀教時年不過四十，或爲行者而返俗，未可知矣。

陸羽，字鴻漸，竟陵人，不知其所生。既長，筮得《漸》之蹇，曰『鴻漸於陸，其羽可用爲儀，吉』，因以爲名氏。上元初，隱苕上，自稱『桑苧翁』。或獨行道上誦詩，擊木裴徊，不得意則慟哭而返，時謂爲接輿也。有《靈隱碑記》，惜不傳。

陸龜蒙，字魯望，居松江甫里，不喜與流俗交，設篷席，賫束書、茶竈、筆牀、釣具往來，時謂江湖散人。嘗至靈隱，晤丁飛[七]之，作《丁隱君歌》相贈。

羅隱，從事湘南，歷淮、潤，皆不得意，乃歸謁吴越王錢鏐，慮不見納，以《過夏口》詩標于卷首獻之，末有云：『一箇禰衡留不得，思量黃祖謾英雄。』鏐覽之大笑，表隱爲錢唐令，隱有靈隱詩。朱温篡唐，隱説鏐舉兵伐梁，曰：『雖無成功，猶可退保杭、越，奈何交臂事賊，爲千古羞？』此殆有魯仲連之風矣。按，范楷碑[八]，處約歷官著作郎、直史館，與王禹偁同詔試。

林逋，字君復，號和靖先生。景德中，放遊江淮，及歸，結廬西湖之孤山。自范仲淹、梅堯臣皆高其節，贈以詩文，歐陽修謂：『自逋之後，湖山寂寥，無有繼者。』其推重如此。逋嘗有《泛舟入靈隱》詩，又有詩云：『山木[九]未深猿鳥少，此生猶擬别移居。直過天竺溪橋[一〇]上，獨木爲橋小結廬。』則其高寄，蓋亦在靈竺間。

范仲淹，字希文，爲杭州刺史。僧遵式建日觀菴，公爲之記，靈隱至今相傳有文正公卧榻，公治行于杭最多也。

趙忭[一一]，字閲道，熙寧時，以資政殿大學士兩知杭州。四十餘擯去聲色，係心宗教，《傳燈録》以爲蔣山泉禪師法嗣。公有偈云：『默坐公堂虚隱几，心源不動湛如水。一聲霹靂頂門開，唤起從前自家底。』

蘇頌，字子容，熙寧中，以集賢學士來知杭州，龍泓洞外有題名。公治行最優，時吴越荐饑，一日有民數百，遮馬訴于公，曰：『某等以轉運司責逋負市易緡錢，晝則逮繫公庭，夜則禁於厢院，雖死何由得償？』公曰：『吾今釋汝，使得營生，衣食之餘，悉以償官，期歲月而足，可乎？』衆應曰：『不敢負約。』於是悉縱之。轉運司大怒，欲劾公沮法，而償責者聞之，皆先期而至，事遂已。一日，燕有美堂，聞將兵結集，謀害官吏，即[一二]人喧傳，恐懼不安。公談笑自如，密諭兵官捕爲首者，械送獄中，迨夜會罷，而坐客不知也。

李公謹，官觀察，有靈隱諸詩。

祖無擇，知杭州，極愛靈隱，時爲築鄴公菴於蕭公泉處。

楊蟠，富陽人，字公濟。元祐中，通判杭州，有《錢唐百詠》詩，每至山宿，與契嵩唱和。

梅詢，字堯臣[一三]，知仁和縣事，有《武陵十詠》詩，刻石冷泉亭上。

蘇軾，字子瞻。熙寧四年，除通判杭州。元祐四年，除龍圖閣學士，知杭。公有遺愛于西湖，其見于靈隱者，有靈鷲後小石塔題名，爲熙寧七年九月二十日，是時公移莅膠西，即以是日别南北兩山道友也。又有韶光石題名，爲元祐五年二月二日，明年，公年三[一四]十六，在杭州被召。通計公之在杭，前後約有六載，何杭人之幸也！寺僧祀公於靈鷲山麓，號『東坡祠』。其知杭州也，杭大旱，饑疫並作，公請於朝，免上供米三之一，復賜僧度牒，易米以救饑者。明年春，又減價糶常平米，多作饘粥，遣使挾醫，分坊治病，活者甚衆。唐刺史李泌引西湖水作六井，民足於水，自唐及錢氏，歲輒浚治。宋時久廢，葑積爲田，水無幾矣。見茅山一河專受江潮，鹽橋一河專受湖水，遂浚二河以通漕。復造堰埇[一五]以爲湖水蓄泄之限，江潮不復入市。以餘力復完六井，又取葑田積湖中，徑三十里，爲長堤以通行者，且募人種菱湖中，葑不復生，收其利以備修湖。取救荒餘錢萬緡、糧萬石，及請得僧牒百紙，以募役者。堤成，植芙蓉、楊柳其上，望之若圖畫然，杭人名爲『蘇堤』。

錢和，錢唐人，錢易孫，錢彦遠子，孝義知名。建傑閣於九里松，藏書甚富，東坡爲榜曰『書藏』。

徐爽，錢唐人。隱居湖山，以修真養性終老。徽宗聞其名，賜號『冲晦先生』，其墓蓋在靈鷲也。

朱弁，徽州人，葬于九里松。弁以紹興初授官，副王倫使北，見執，附表云：『節上之旄盡落，口中之舌徒存。嘆馬角之未生，魂消雪窖；攀龍髯而莫逮，淚灑冰天。』高宗覽之，未嘗不流涕也。卒葬於此。

直秘閣，知荆南府。

韓世忠，字良臣，延安人，屢立戰功，追封蘄王。紹興中，秦檜當國，公以和議不合，懇疏解樞柄。常頂一字巾，跨驢周遊湖山，而於冷泉尤多盤桓。建亭於飛來峯之半，顔曰『翠微』，自號『清凉居士』。

陳剛中，福州人，建炎初，任太府寺，上封事議恢復，遂與張九成七人同謫，其詩云：『同日七人俱去國，何時萬里始還家？』有《飛來峯》詩。

俞顥[一六]，字商卿，杭州人，紹熙進士，嘗宣撫淮東，歷秉節旄。寶慶二年致仕，築室九里松，以詩詞自娱，號『青松居士』，著《青松居士集》。

趙與𥲤，淳祐中爲京尹，自北新路第二橋至麯院築隄，以通靈竺之路，中作四面堂、三亭，夾岸花柳，以比蘇堤，人遂稱『趙公堤』也。建甃雷亭于靈隱。

陳紫芝，名崇真，閩人。咸淳間，卜居北高峯東，俗名慶化山，祈禱有應，賜號『冲素真人』，崇奉雷神。後卒閩，瘞劍雷院後。

陸游，字務觀。嘗有《靈隱寺》、《冷泉放閘》詩。

潜説友，宋咸淳間，爲臨安府尹，每來下竺，有鳥自手中啄食，賦詩有『靈鳥不相猜，認作放生臺』之句。

白珽，字廷玉，結廬于金沙灘，曰『湛囦』，所著有《湛囦集》。

仇遠，字仁近，錢唐人，宋咸淳名士。宋亡，落魄江湖，初辟溧陽州學正，未幾隱去，所著有《山村集》。

趙孟頫，字子昂，宋藝祖十一世孫。至元中，程鉅夫奉詔搜訪江南逸才，以孟頫入見，世祖一見喜甚，從容諮訪治道，命坐。右丞李葉上孟頫詩文，奇逸，篆籀、分隷、真行、草書，皆妙絶天下。嘗至靈隱，訪僧恭行己，爲作詩。

虞伯生集，臨川人，官至奎章閣學士，與鮮于伯機、揭曼碩、楊仲宏、趙子昂、黄晋卿諸公友善。少游錢唐，故于靈隱多所題咏。

鄧善之，字文原[一七]，其先綿州人，父漳，徙錢唐，遂爲錢唐人。爲杭州教授，有靈隱詩。

張天雨，字伯雨，錢唐人，號『居貞子』，又號『句曲外史』，宋崇國文忠公九成之後。年二十，棄家遊天台、括蒼諸名山，晚入開元宮，從真人王素衍爲道士。工書，能詩文，與吴興趙孟頫、浦城楊載、蜀郡虞集、豫章揭傒斯、清江范梈[一八]、金華黄溍友善，嘗屏居修《茅山志》，墓近玉鈎橋，有靈隱詩若干首。

黄晋卿溍，義烏人，至正初，爲浙江儒學提舉。工文章，不喜華治，有《西湖舟中》詩云：『黄塵烏帽媿平生，對客猶稱舊姓名。』其風致可想見。人求其文章，或遭怒駡，惟靈隱慧炬則無所靳也。

項可立，隱於靈鷲山間，與黄溍友善，黄有《同可立宿靈隱西崦》詩。

莫維賢，字景行，錢唐人。洪武初，仕州訓導，築室南北兩山間，繞屋栽杏，以書史自娱，號『杏園』，列二十一題，士大夫多留詠，以比王維輞川庄。翻經臺石有題名：『泰定五年春二月，吴郡王連、莫維賢、葉森、陸友同遊。』

高孟升得暘，錢唐人，記聞博洽，詩文純雅，名重一時，所著《節菴集》有《題靈石樵歌》、《冷泉猿嘯》、《九里雲松》詩。

王洪，字希範，永樂間，十八舉進士，授行人，入翰林檢討，其《西山記》殊佳。

楊孟瑛，字温甫，爲杭州知府，以西湖占塞，奏開濬之，毀田蕩三千四百八十一畝，少復唐宋之舊。于裏湖西岸增置二橋，以比蘇公堤，其二曰『流金』，金沙灘之水出焉，遊靈竺者之所停橈也。公又增蘇堤，高二尺，闊五丈三尺，列插萬柳，頓復舊觀。

孫一元，字太初，關中人。年十八，入終南山，繼入太白山，嚼草木，居息大石上，時有所得，赤脚散髮，走山最高峯，持古松根扣奇石以歌。久之，西入華山，南浮湘漢，登衡山祝融峯，返嵩山，渡汴，謁闕里，遂上岱宗日觀峯，觀夜半日出滄海中，發狂大叫。南經吴入越，探禹穴，訪天台石橋。然公居西湖久，宿南屏而遊靈隱，詩思清逸，有烟霞氣。其《跨驢遊西山》詩，載入誌中。

王守仁，字伯安。當宸濠之既擒也，忽傳王師已及徐、淮，遂乘夜遄發，至錢唐，凜凜焉不勝憂慄，作詩云：『靈鷲高林暑氣清，竺天石壁雨痕晴。客來湖上逢雲起，僧住峯頭話月明。』其意蓋在靈竺間也。

方思道豪，開化人，正德間刑部郎中。跌宕不羈，雅好山水，蓋嘗題射旭、金光、玉乳三洞也。江暉，文昭公第三子，舉正德丁丑進士，歷官翰林院編修。有理公巖洞口題名云：『載酒訪方豪也。』可謂武林勝事。豪，公同年進士。

朱裳，涖官方伯，裘褐不備，特于飛來峯頂，勒名姓于石上。

陳仕賢，福州人，嘉靖二十二年，爲杭州太守，擊楊璉[一九]真伽像于飛來峯。

王世貞，字元美，吴人，萬曆時，爲布政分守于浙地，有靈隱詩，官至大司寇。

李攀龍，字于鱗，山左人，爲臬憲于浙，與元美相先後，有《九里松》詩。

張瀚，號元洲，官吏部尚書，以江陵奪情，不肯署押，歸田。

張濂，號澤山，官至都憲，秉持丰裁，四十報簪，自顔其堂曰『不惑』。都憲子蔚然，富學問，弟子著録者衆吏部，靈隱寺内有祠。都憲墓在靈鷲山下。

孫枝，號思泉，以冀寧分守歸，閉户著書，與同志諸公爲勝遊高會，與者許少厓先生嶽、顧西巖先生言、吴桂軒先生遵晦、趙望雲先生應元、胡順所先生孝、金蓮峯先生階、柴醴泉先生祥、嚴順菴先生大紀、吕葵陽先生元。四時皆有雅集，獨于靈隱聽禪，與看花修禊不同，邦人至今以爲盛事。

柴祥，號醴泉，天性篤孝。官御史，直諫有聲。已陳情終養者二十年，轉外臺，尤持廉平。居鄉淳厚不伐，人稱爲長者。

喻邦相，爲杭州别駕，每以蘇、白自許，故尤垂情靈隱，一時辭客雲集，有卓徵甫、葉茂長、潘景升、郭次甫、孫鳳崗、俞玄津、王世周、曹子念、來相如、何王臣、汪仲淹、毛豹孫諸山人皆集。其《雨中遊靈隱》及《北高峯》詩，皆載誌中。

虞淳熙，號德園，錢唐人，官吏部員外。博學有文名，著述甚富，集内有《埋公塔銘》、《代飛來峯石言》。公嘗贖石窟，以還僧舍，其高致非近世士大夫所有也。二子大赤、仲皜，皆以名德見重于時。

許靈長光祚，著籍錢唐，萬曆時舉人，官教諭，遷府司理。以能書名，出湯先生、堯文焕門下，二先生書法爲錢唐最。公居官有廉名，尤務曠達，蚤年抽簪，放情山水。其卒也，于冷泉亭方與客展紙揮毫，而氣絶，如蟬蜕然。

屠隆，字長卿，四明人，與餘杭徐桂，歲必至湖上，税駕靈隱，信宿而返，有《山中唱和》詩。

李用晦，字元昭，世襲千户。蚤棄官，構廬于慎菴之址，曰『岣嶁山房』，張元忭爲之記，沈青門爲作賦詩。

諸餘齡，號雲泉，隱于五寺橋之側，栽花蒔藥，坐卧小樓十年，不入城市，與邵虎菴、李元昭，同稱『石隱』。子夢環，隆慶辛未進士，死亦葬于餘齡側。

邵重生，號古菴，杭州諸生，隱呼猿洞者二十年，著《武林内外志》數卷，蓋上安、節信之流也。先生父經濟當世廟時，以諫大禮被竄，先生讀書靈山，矢志不仕，豈所謂父爲忠臣、子爲孝子者耶！

沈守正，字無回，錢唐人，爲名孝廉，清介絶俗，當世士大夫重其守。下幃靈隱，講業授徒，歷有年所，官都察院經歷。

孫日章，字藴甫；弟日隆，字實甫，節婦孝子後，爲思泉公孫，少即以文章名節相砥礪也，俱讀書靈隱之普覺。藴甫蚤中副榜，以弟死，獨母方在堂，絶志場屋，奉養天年。年幾六十，喪母，猶嬰啼也。

實甫專志好學，與陸庸成正奇、沈無回結契山中，稱至交焉，庸成死，托孤，乃力爲濟其昏娶。好古文辭，有李歷下風。以疾蚤歿，名流痛惜焉。

柴應權，號洞山，官學訓，即醴泉公季子。素與來道之、沈無回、孫思泉諸先生讀書靈鷲，以文義切磋，晚尤歸心白業，爲本山檀護。

黄貞父汝亨，歷官江西提學，文章清雋，有絶塵之姿，葬靈兔于麓，翰墨題詠留靈隱者甚富。

葛寅亮，字屺瞻，歷官司農，嘗督學楚閩，最稱得人。閒居，教授弟子數千，性儉素，布衣徒步于靈竺之間，人不知其貴人，本寺多賴其護持也。

嚴印持調御、嚴忍公武順、嚴無敕口，順菴先生之子，家門孝友，篤志嗜學，不與俗人爲伍，四方欽其高名，稱『三嚴先生』。嘗聯袂于靈隱山中，春聽鳴泉，冬視楓葉。印持先生書法遒勁，獨步當時；忍公先生善金針，八分書尤有古法。

聞啓祥，字子將，爲孝廉，名重一時，晚遂絶志仕進，築阿[三〇]西山。其言語妙天下，大抵馮先生夢禎、黄先生汝亨一流人也。

李流芳，字長蘅，練川孝廉，賦性古處，善詩、古文，而畫尤絶倫。所至嗜山水，冷泉、岣嶁，徘徊不置，與聞子將先生、三嚴先生皆友善，有《冷泉紅葉圖》及詩，人争寶之。

高攀龍，無錫人，謚『文惠』[三一]。魏忠賢竊權之日，公抗節不屈而死。先是，萬曆癸丑季秋，公來遊韜光，静坐三七日而去，有二詩紀勝。

鄭尚友，字士弘，辛未進士，官工部主事。爲福建長樂令，有懸魚之節，民愛戴之。爲孝廉一十七載，唯以教授爲事，足迹不至公府。公嘗于南山下幃，而于北山攬勝也。

許文岐，字我西，官黄州太守，張憲忠[三二]襲城，義不欲逃，乃就執死焉。少時讀書祇園房，與正嵒和尚蚤結方外之好。公童子時，父聯樞先生偶以金魚命公題句，公應聲曰：『將雲騰而虎變，故玉質而金相。』其聰穎如此。

陳潛夫，字玄倩，杭州人，歷官河南御史，與妻孟氏及妾同靖節江東。其爲諸生也，讀書靈隱山房，以名教自任，卒能克踐其志。有三弟：麗明、祚明、晋明；子曾篁，皆能文，有節概，不愧家聲。

陸培，字鯤庭，杭州人，中崇禎庚辰進士，官行人，乙酉，殉節於横山桐塢。與兄圻、弟堦讀書於靈隱之澗西，人稱『錢唐三陸』。好大節，敦友生，即釋褐後，手不釋卷，所著有《旃鳳堂集》。公先死，而圻與堦奉母裘太孺人以終養，子繁弨，能爲漢魏古文辭，有父風。

校勘記

[一]『吴』字下疑脱一『時』字。

[二]『玄』應作『元』。《晋書》卷八十《許邁傳》：『許邁，字叔元，一名映。』又下文謂：『永和二年，…乃改名玄，字遠游。』或因此而名字混淆。

[三]『仕』應作『士』，形近而訛。《晋書》卷八十《許邁傳》正作『家世士族。』

[四]『常』應作『嘗』，形近而訛。《晋書》卷八十《許邁傳》謂：『未弱冠，嘗造郭璞，爲之筮。』

[五]『陟』字《武林掌故叢編》本作『涉』。

[六]『呼』字《武林掌故叢編》本作『嘆』，誤。

[七]據上文『丁飛，字翰之』，疑『飛』字下脱一『翰』字。

[八]『碑』字《武林掌故叢編》本作『跋』。

[九]此即林逋《孤山隱居書壁》詩，『木』字《全宋詩》作『水』。

[一〇]『橋』字與下文『獨木爲橋』重復，應爲『流』字，據《全宋詩》卷一百八《孤山隱居書壁》改。另，《明文海》卷二百六十二所載黄綰《林和靖詩集序》中轉引此詩亦作『流』字。

〔一一〕「忭」字《武林掌故叢編》本作「抃」，是。趙抃，北宋名臣，《宋史》卷三百十六有傳。「抃」、「忭」形近而訛。

〔一二〕按，「即人」于義不通，「即」字應爲「郡」字之訛，北宋鄒浩《道鄉集》卷三十九《故觀文殿大學士蘇公（頌）行狀》謂：「一日，燕有美堂，聞將兵結集，謀害官吏，郡人喧傳，恐懼不安。」

〔一三〕按，「堯臣」應爲「昌言」之誤，《宋史》卷三百一《梅詢傳》：「梅詢，字昌言，宣州宣城人。」至于梅堯臣，則是梅詢之侄，故原文混叔侄爲一人。

〔一四〕按，「三」字應爲「五」字之訛，蘇軾生于宋仁宗景祐三年（公元一〇三六），至宋哲宗元祐六年（一〇九一），恰五十六歲。

〔一五〕「埇」應爲「閘」，形近而訛。按，此段文字出自《宋史》卷三百三十八《蘇軾傳》，謂：「遂浚二河以通漕。復造堰閘，以爲湖水蓄泄之限。」「閘」即「水閘」，因形近而誤爲「埇」字。

〔一六〕「顥」字《咸淳臨安志》卷六十七據其行狀作「灝」。

〔一七〕此句《武林掌故叢編》本作「鄧文原，字善之」，是。鄧文原，元人，《元史》卷一百七十二有傳，謂：「鄧文原，字善之，一字匪石，綿州人，父漳，徙錢唐。」

〔一八〕「椁」字《武林掌故叢編》本作「梈」，是，二字形近而訛。范梈是元代著名詩人，字亨父，一字德機，清江人，所著有《燕然稿》、《東方稿》、《豫章稿》、《侯官稿》、《江夏稿》等。

〔一九〕「璉」字《武林掌故叢編》本作「槤」。

〔二〇〕「阿」字《武林掌故叢編》本作「窠」。

〔二一〕「文惠」《武林掌故叢編》本作「忠憲」，是，《明史》卷二百四十三《高攀龍傳》謂：「崇禎初，贈太子少保兵部尚書，謚忠憲。」

〔二二〕「憲忠」《武林掌故叢編》本作「憲宗」，皆誤，應爲「獻忠」。據《明史》卷二百九十四《許文岐傳》，文岐被張獻忠所害。

武林靈隱寺誌卷之六上

藝文

吾觀從來宗師家有佛法者，未必有文章； 學士家有文章者，未必有佛法。故宗師必須學士以表揚，而學士亦樂爲之揮灑，重法道也。昔大慧禪師爲泐潭準和尚求張無盡作銘，張公欣然曰：『老夫爲他點出光明，令教照天地去也。』故寺碑塔銘，多出于當代宗工之手。寺碑所以記功，塔銘所以彰道，此二種爲重。至若序、贊、記、述、書、劄等有關于靈隱者，總不敢遺。蓋文章光燄，乃高賢心血所成，年雖久遠，仍炳耀名山，與山門同不朽矣。爲誌藝文第十一。

碑記

靈隱寺碑記　羅處約

天地，體也； 乾坤，用也。體不可以恒寂，故以禪而爲名； 用不可以終動，故以静而爲本。是以境得之而爲勝地，心得之而爲妙道。斗牛之下，有郡曰錢塘；浙水之右，有山曰武林。山之寺曰靈隱，其得境之勝地乎！居寺之徒曰禪侶，其得心之妙道乎！觀其羣山環倚，一峯中斷，平湖鑑物，洪濤驚[一]人，雲生若趨，石怪欲語。陸羽《記》云[二]：『東晋咸和[三]初，有梵僧慧理，由天竺而至，嘆曰：「兹山靈鷲之一峯耳，何代飛來乎？」』所携白猿，復識其處，睨彼古地，同乎新豐。由是金布[四]其田，寶裝[五]其刹，憩蓮花之石，翻貝葉之文，洞深有天，巖垂爲室。晋宋已降，賢能迭居，碑殘簡文之辭，榜蠹稚川之字。唐大曆六載，復[六]大壯焉，謝亭巋然，袁松多壽。五季之末[七]，國覇爲錢，雲構之規，則又過矣。繡角畫栱，霞翬於九霄；藻井[八]丹楹，華垂於四照。修廊重複，潛奔濺玉之泉；飛閣岧嶢，下映[九]垂珠之樹。風鐸觸鈞天之樂，花鬘搜陸海之珍，有若碧樹花枝，春榮冬茂；翠嵐清籟，朝融夕凝。呼猿峯閒[一〇]，卧龍石老。會漢南王籍彼土宇，歸我昌朝。雍熙[一一]二載，郡之四衆，請月禪師爲上首，師印可禪那，深得其髓。越明年春，僕自蘇臺抵杭郡，弭蓋靈鷲，濯纓冷泉，山光洗心，松聲娱耳。貞[一二]珉雖揭，好辭未刊，余不斐者也，月禪師俾文其事。

噫！節彼靈山，奠兹吴土。秀極而爲萬狀，翠鍾而成一色。乍聳而還趨[一三]，欲飛[一四]而却屹。豈造物者奇詭其勢，與心而符契哉？不然，胡爲不違世咫尺，而若在溟涬，俾仁者樂之？其得静之理也。我[一五]如來密印，由飲光而傳達磨，而付南能，厥後代[一六]有宗師，競分支派。太虚無狀，而《楞嚴》謂三界忽生；湛寂本如，而《易經》[一七]稱萬物自動。故衆生昧如如之性，住我我之所，執指爲見，瞪目成花，不有導師，孰爲法眼？若言真於妄，則二妄爲[一八]同；破有歸無，則一邊[一九]爲見。故融其妄法，是名真空，真空不空，斯爲妙有。雖揚眉擧目[二〇]，則當體涅槃；三界四生，則澄[二一]心境界。棲禪於此者，其殆庶幾乎？偉哉是境也！其將以心[二二]爲君乎？是心也，其合是山之静乎[二三]？所謂天地之體，乾坤之用，體用無礙，端在是矣[二四]。

或曰：『以兹山得静之理，斯固不誣矣，靈鷲言飛來之事，何其怪哉？』余則曰：『怪神之端，子真不語者也，第以力垂[二五]大教，翼戴衰周，俾季世之人，信道彌篤，是以取爾[二六]。』嘻！太極剖而爲天地，遊魂變而知鬼神，豈非語怪者也？因不自揆而書之，猶季路之率爾也。因爲之[二七]銘曰：

靈鷲一峯，飛來竺乾。非夸娥負，神妙難筌。非巨靈擘，化[二八]工自然。誰識其異？慧理明焉。翠微之前，曹溪之禪。隱不爲[二九]俗，静本乎天。四時羣籟，萬古寒泉。因書貞[三〇]石，用記千年。

冷泉亭記

白居易

東南山水，餘杭爲最，就郡言，靈隱寺爲最[三一]，就寺觀，冷泉亭爲最[三二]。亭在山下水中央，寺西南隅，高不倍尋，廣不累丈，而撮奇得要，地搜勝槩，物無遯形。春之日，吾愛其草薰薰，木欣欣，可以導和納粹，暢人血氣。夏之日，愛其泉渟渟，風泠泠，可以觸[三三]煩析酲，起人幽[三四]情。山樹爲幄[三五]，巖石爲屏，雲從棟生，水與堦平，坐而玩之者，可濯足于牀下；卧而狎之者，可垂釣于枕上。矧又潺湲潔澈，甘粹[三六]柔滑[三七]，眼目[三八]之囂[三九]，心舌之垢，不待盥滌，見輒除去，潛利陰益，可勝言哉！此所以最餘杭而甲靈隱也[四〇]。先是，領郡者有相里君，造虚白亭；有韓僕射臯，作候仙亭；有裴庶子棠棣，作觀風亭；有盧給事元輔，作見山亭。及右司郎中河南元藇最後作此亭，於是五亭相望，如指之列，可謂佳境殫矣，能事畢矣。後來者[四一]雖有敏心巧目，無所加焉，故吾繼之，述而不作[四二]。

北高峯記 節略

田藝蘅

由法華山之南，龍崗婉蜒，猿扳[四三]蛇折，三陟三降，可四百丈許，凌虚拔[四四]峭、孤聳碧落者，曰北高峯，蓋言峯至[四五]西湖之北而最高也。其下爲靈隱山。兹山名稱不一，以其爲神仙之别圃也，故曰靈苑；以其爲許由所稽留也，故曰仙居；又以其草樹鬱葱而多虎豹也，則曰虎林。南唐避諱，易『虎』爲『武』，遂以名郡，亦猶姑蘇虎丘之嘗易『武丘』，而此則訛而不復者也[四六]。

山自仙霞嶺而來，纏徽歷嚴，結局於杭，如龍遊千里而獨角昂霄，如虬飲長江而怒鬣注雨，真錢塘之天柱也。其附石級而登者三十六灣，勢插太虚，影侵明聖，禪宫星列，都會天開。其東則渺渺茫茫，蓬瀛之勝可數；其西則隆隆隱隱，飛鳳之氣猶存；其南則屏以重山，而羅刹斜遶其背；其北則闢以大野，而皋亭逆峙其喉。廓然四顧，逌然長笑，襟攬天風，心空海宇，何如其樂也！

憶昔癸卯秋八月十八日，與臨安高子世道輩同來望潮，踏月而歸，今已戊午矣。以志在山水若余者，十六年間僅僅再至，又况朝歌暮鼓、彩輿畫舫於六橋桃柳中者，誰肯更於物外着脚耶？

遊西山記 節畧

王洪字希範，永樂間翰林檢討。

吾鄉[四七]多佳山水，最勝者曰西山[四八]。距郡城不半途[四九]遠[五〇]，經行春橋，逾[五一]集慶蘭若，始至飛來峯下。地誌稱虎林山，而浮屠相[五二]傳，從[五三]西域靈鷲小朶峯飛來者，蓋西山第一佳處也。其高不逾五六十丈，巖石嵬怪特異，若犢駭，若隼立，若鳥啄，若豹躍[五四]，若蛇逝，若棋置劍植，衡縱偃仰，益玩益奇。上多異木，木幹筆直，枝葉碧色，不假土壤，根出石外，冬夏常鬱鬱然[五五]。丹葩翠蕤，蒙冪[五六]聯絡，種種殊異，不可名狀。其下巖洞若曲室，玲瓏相通，中外鑿僧佛像。泉自石脉出，滴石上，作鏗然鳴，隱隱出洞，久而始散。有寺在山趾，曰靈隱；有亭曰冷泉，澗[五七]經其下，始出沸激，久乃徐流，白礫布底，坦然平瑩，跋[五八]石漱波，毛骨爽徹[五九]。薄暮，脱帽憩[六〇]石壁之下，林壑陰翳，萬籟岑寂，蒼然暮色，自遠而至，山風飄飄，徐動林木，響應溪谷，間以幽鳥，其韻愈遠，令人蕭然有忘世之志。明旦，由涉[六一]故徑東還，顧瞻白雲，橫亘四山，北峯浮圖，止[六二]出其半，日影照映，茸茸如白綿，可揭而取也。噫！余遊四海久矣，嶽之秀者泰、岱、衡、華，水之巨者洞庭、彭蠡，而名刹、高士、勝僧[六三]，未有若吾鄉俱美者，宜吾徒樂而忘返也[六四]。故書之[六五]，是[六六]永樂七年閏四月一日也。

湖山勝槩記 摘畧　夏時正

入湖路轉而北，過胭脂嶺，至大普寺北，出九里松東，過行春橋，接小新堤、入澤土穀廟，路通麯院。又由普福西，過集慶寺、月桂峯，下有閻妃墳，迤西入佛國山，張即之書匾[六七]，筆妙入神[六八]。三竺之間，雲影天光，泉聲松籟，岑寂鳥空，山[六九]凝鐘静，耳目心神之會，覺其迷、極其樂者，豈不超三界外乎？歸路左[七〇]合澗橋，過龍泓洞，有飛來峯，又名靈鷲山[七一]，與三天竺一脉聯屬，至此而盡，故上有巉巖[七二]，下多空谷，謂之飛來者[七三]也。相對有靈隱寺，規模宏壯，爲五山第二。兩山之間有冷泉亭，泉可濯，亭可憩，樹林陰翳，九夏而暑無[七四]侵。樂天云有虚白、見山、觀風、望仙四亭，今皆無所考。西有呼猿洞，猿去而[七五]洞湮。靈隱之後，則北高峯秀出諸山，支分上竺，盤折七十二彎，麓衍二十餘里，磅礴起伏，至武林山而歇。其靈鍾於五顯[七六]。山之腰有半山廟，西有韜光菴，菴極幽静[七七]，唐有僧居之。山之麓，有上[七八]永福寺。

遊西湖記 摘畧　楊守正

沿山澗入，陸行道三竺佛門，見松篁夾路，水聲淲淲然。移時至集慶寺，訪理宗遺像，無存。尋跋涉久，乃坐飛來峯側，見諸洞窟玲瓏，余穿巖隙入，恍佛乳垂垂墮。佛、大士諸像，星列其上，石青紫有光，每窟穴處，雲瀌瀌[七九]然起，石畔溪流激人。余因問寺僧横溪上人，究駱賓王吟詩之所，在北高峯下，亦跛踝不能至。飲罷，至冷泉亭，題詩壁上，因與諸子話往日奸檜、地藏和尚之事，雖涉野史，荒唐莫可據，然亦可見神鬼報施有不可逃者。冷泉亭上，有一泓悠然，余遂沿石泓下，復至前飛來峯所，因詢所謂『呼猿洞』者，在荊莽中，道狹不可步，迺同諸子坐石筍屏畔。於是訪靈運翻經之臺，見臺葑蘚剥蝕。繼至三生石上，盤行山徑乃下，汲葛仙公泉，冽甚，復取道後湖小徑去。

新廣冷泉亭記　僧如璧

靈隱冷泉，其源出於寺西南百步之近，直寺之前，豬而爲池。唐刺史河南元薁作亭池上，後刺史白公居易記之，刻石亭中，其叙勝槩甚備。然士大夫有識者，猶以池量狹陋，爲未足以盡冷泉之美，蓋三百年於此矣。政和初，兵部尚書張公以龍圖閣學士出守是郡，暇日讌客池上，徜徉不忍去，意將廓而大之。長老雲公樂然用其説，撤屋劚地，伐石爲堤，東西三倍其初，南北半之，長松巨檜，不改其列，而池已浩乎大矣。池傍故有巖竇，嵚巇空洞，如刻如斵，至是揚波石中，倒影水面，湛浄明碧，可[八〇]以育魚鱉而豢蛟龍，使人登此亭者，超然有絶人遺物之意。餘波渺瀰，浮鬧而下者，雷奔電激，飛雪噀霧，使人臨是池者，恍然如在天台、廬阜，窺石橋而睨三峽，莫知其在湖山俯仰之間也。嗟夫！天下之物，用之有不極其材，駭鷄之犀，夜光之璧，世有不盡見其美者，古今之通患。是舉也，能使累世未盡之奇，一旦呈露，蓋張公之意而雲老之力，此豈偶然哉！亦嘗徘徊周覽壁間之題，如唐丞相李嶠、裴度、裴休，與夫元稹、張籍之徒，讀其詩，未嘗不想其人。是數公者功名文彩，照耀後世，今其流風遺澤，固已雲散夢掃，漠若與凡輩共盡，而斯泉固自如也，於是慨然而嘆。今此地已三廣，冷泉之名當益張，士大夫之遊者當益衆，援筆而賦者當益多。然逝者如流，日遷月謝，容一過之，或昔少而今壯，或昔壯而今老，盛衰得失，相尋於無窮。後之視今，將猶今之視昔，則猶視池者，亦可矍然以驚，翻然而懼矣。

惠力寺記 摘語　贊寧

錢塘屬邑，鹽官爲最。在浙之朝陽，爲吴之右臂。白鋪江練，青點海門。蜃樓起而螮蝀横，星漢低而枯槎活。潮生信大，雷霆藏龍戰之聲；潤[八一]下功深，蜀井喪虎形之味。

古澗淫泉記[八二]　明具瓊

余在錢塘時，嘗遊西山之靈鷲，有泉流幽澗中，或隱或見者，如綫如蛇，曲折而下赴。其激石有聲，鏘鏘如琴筑之交奏，珩璜之相觸。及憩春淙亭，其東兩合流，注大壑，琅然如驟雨之至，雷震之瀑[八三]，如決銀河自天而落也。雖未及觀香爐瀑布、天台石門[八四]之崩騰雄悍，是亦西山之一奇矣。

岣嶁山房記　張元忭

靈隱寺之西，循澗而上，得柴關。踰赤欄橋，有屋數楹，有竹萬竿，中有樓曰『紫蓋』。樓之上下析爲小室者五，凡燕居款客、却暑避寒之所，無不畢具。刳竹爲瓦，樹蕉爲屏，引泉爲溜，浄緑莊嚴，清流瀟淅，盛夏凛然如秋。樓之北，躋石磴，緣曲水而上，結桂成亭，充坪因石，憑虚曰孤嘯臺，復古曰白砂丹井，架空曰禮斗閣，依梅曰香雪巢，其外曰桃[八五]蹊茶坂、梅塢橘坡。山不盈數十畝，而備極幽致，遊者如入蓬壺、方丈，而莫能窮詰也。

玉兔塚記[八六]

黄汝亨

先癸丑四年，客有見白兔于天台山者，守三年而得之，珍重寶愛，歷遊諸王侯公卿間，未遇也。迨癸丑秋八月，携之白門，見余于官舍[八七]，門下士汪生捧以歸余。予籠以金縷，題以玉衡，偃仰一室，曠若林麓，與之周旋者[八八]三年。其體瑩皓月，眼流[八九]赤霞，冰姿絶倫，雪態横逸，若蹲若卧，名狀千變。客或見其一斑，予曰：『摩挲愛玩之，未有窮也。』今年春二月先一夕，夢有黑衣童子，雙眸下涕，界以赤文，若繞膝置辭者。予驚而寤，起眎之[九〇]，欠伸靡恒[九一]，躑躅者三，遂往矣。予愴然若喪者久之，豈《紀》所謂五百年白、五百年而黑者，其變徵乎？夫遷無超有，理之大常；含盃[九二]表異，物有至貴。昔[九三]徑山標靈雞之塚，南康[九四]記鸜鵒之禽[九五]，斯皆資始道妙，任[九六]體山阿，予之斯兔，豈不同然？遂裹以文車，封之靈隱[九七]山巔之[九八]韜光菴下，識曰『靈兔塚』。即委蜕一時，流耀千載，詎忍堙没不稱、草木俱腐哉！

永明智覺禪師行業記

惠洪

師諱延壽，餘杭王氏子，兒時知敬佛乘。及冠，日一食，誦《法華經》五行俱下，有羣羊跪聽。年二十八，爲華亭鎮將，嘗舟歸錢塘，見漁船萬尾戢戢，側然，皆易之放于江。裂縫掖，投翠喦岑公，學出世法。吴越文穆王聞而慕悦，聽其棄家，爲剃髮，自受具，衣不繒纊，食無重味，持頭陀行，常習定台天柱峯下，有尺鷃巢衣襵中。時韶國師眼目世間，北面而師事之，韶曰：『汝與元帥有緣，他日大作佛事，惜吾不及見爾。』初説法雪竇，建隆元年，忠懿王移之于靈隱新寺，爲第一世。明年，又移之于永明寺，爲第二世，衆至二千人，時號『慈氏下生』。指法以佛祖之語爲銓準，曰：『迦葉波初聞偈曰：「諸法從緣生，諸法從緣滅。我師大沙門，常作如是説。」此佛祖骨髓也。龍勝曰：「無物從緣生，無物從緣滅。起惟諸緣起，滅惟諸緣滅。」乃知色生時但是空生，色滅時但是空滅，譬如風性本不動，以緣起故動；倘風本性動，則寧有静時哉？密室中若有風，風何不動？若無風，遇緣即起，非特[九九]風爲然，一切法皆然。維摩謂文殊曰：「不來相而來，不見相而見。」文殊乃曰：「如是，居士若來，已更不來；若去，已更不去。」所以者何？來者無所從來，去者無所從去，所可見者更不可見，此緣起無生之旨也。』僧問：『長沙偈曰：「學道之人未識真，只爲從前認識神。無始來時生死本，癡人喚作本來人。」豈離識性，别有真心耶？』智覺曰：『如來于首楞嚴會上，爲阿難揀别詳矣，而汝猶故不信。阿難以推窮尋逐者爲心，遭佛呵之。推窮尋逐者，識也，若以識法隨相，行則煩惱，名識不名，心也。意者，憶也，憶想前境起于妄，並是妄識，不干心事。心非有無，有無不染；心非垢浄，垢浄不污。乃是迷悟凡聖，行住坐卧，並是妄識，非心也。心本不生，今亦不滅，若知自心如此，於諸佛亦然，故維摩曰：「真心是道場，無虚假故。」』智覺以一代時教，流傳此土，不見大全，而天台賢首、慈恩、性相三宗，又互相矛盾，乃爲重閣館三宗，知法比丘互相設難，至波險處，以心宗旨要折中之，因集方等秘經六十部，西天、此土聖賢之語三百家，以佐三宗之義，爲一百卷，號《宗鏡録》，天下傳誦焉。僧問：『如和尚所論宗鏡，唯立一心之旨，能攝無量法門。此心舍一切法耶？主一切法耶？若生者，是自生歟？從他而生歟？共生無因而生歟？」答曰：『此心不縱不横，非他非自，何以知之？若言舍一切法，即是横；若言生一切法，即是縱。若言自生，則心豈復生心乎？若言他生，即不得自，矧曰有他乎？若言共生，則自他尚無有，以何爲共哉？若言無因而生者，當思有因尚不許言生，况曰無因哉？」僧曰：『審非四性所生，則世尊云何説意根生意識心，如世畫師，無不從心造？然則豈非自生乎？又説心不孤起，必藉緣而起，有緣思生，無緣思不生，則豈非他生乎？又説所言六觸因緣生六受，得一切法，然則豈非共生乎？又説十二因緣，非佛、天、人、修羅作性自爾故，然則豈非無因而生乎？」智覺笑曰：『諸佛隨緣差别，俯應羣機，生善破惡，令入第一義諦，是四種悉檀方便之語，如以空拳示小兒耳，豈有實法哉？』僧曰：『然則一切法是心否？』曰：『若是，即成二。』僧曰：『審爾則一切不立，俱非耶？』曰：『非亦成二，汝豈不聞《首楞嚴》曰：「我真文殊，無是文殊。若有是者，則二文殊。」然我今日，非無文殊，于中實無是非二相。』僧曰：『既無二相，宗一可乎？』曰：『是非既乖大旨，一二還背圓宗。』僧曰：『如何用心，方稱此旨？』曰：『境智俱亡，云何説契？』僧曰：『如是則言思道斷，心智路絶矣。』曰：『此亦强言，隨他意轉，雖欲隱形，而未忘迹。』僧曰：『如何得形迹俱忘？』曰：『本無朕迹，云何説忘？』僧曰：『我知之矣。要當如人飲水，冷暖自知，當大悟時節，神而明之。』曰：『我此門中，亦無迷悟，明與不明之理撒手，似君無一物，徒勞辛苦。説千般此事，非上根大器，莫能荷擔先德。』曰：『盡十方世界，覓一人爲伴，無有也。』又曰：『止是一人承紹祖位，終無第二人，若未親到，謾疲神思。』借曰：『玄之又玄，妙之又妙，但是方便門中，旁贊助之。語于自己分上，親照之時反視之，皆爲魔説，虚妄浮心，多諸巧見，不能成就圓覺。但以形言迹，文彩生時，皆是執方便門，迷真實道。要須如百尺竿頭放身，乃可耳。』僧曰：『願丐最後一言。』曰：『化人間幻士，谷響答泉聲。欲達吾宗旨，泥牛水上行。』又常謂門人曰：『夫佛祖正宗，則真惟識，纔有信處，皆可〔一〇〇〕爲人。若論修證之門，則諸方皆云功未齊于諸聖，且教中所許初心，菩薩皆可比知，亦許約教而會先，以聞解信入後，以無思契同。若入信門，便登祖位。且約現今世間之事，衆世界中第一比知，第二現知，第三約教而知。第一比知者，且如即今有漏之身，夜皆有夢，夢中所見好惡境界，憂喜宛然，覺來床上安眠，何曾是實？並是夢中意識思想所爲。則可比知覺時之事，皆如夢中無實。夫過去、未來、現在三世境界，元是第八阿賴耶識親相分，惟是本識所變。若現在之境，是明了意識分別；若過去、未來之境，是獨散意識思惟。夢覺之境雖殊，俱不出于意識，則惟心之旨，比況昭然。第二現知者，即是對事分明不待立，況且如現見青白等物時，物本是虛，不言我青我白，皆是眼識分與同時意識，計度分別爲青爲白，以意辨爲色，以言説爲青，皆是意言自妄安置。以六塵鈍，故體不自立，名不自呼，一色既然，萬法咸爾，皆無自性，悉是意言，故曰萬法本閑，而人自鬧。是以若有心起時，萬境皆有；若空心起處，萬境皆空，則空不自空，因心故空；有不自有，因心故有。既非空非有，則惟識惟心，若無于心，萬法安寄？又如過去之境，何曾是有，隨念起處，忽然現前，若想不生，境亦不現。此皆是衆生日用，可以現知，不待功成，豈假修得？凡有心者，並可證知。故先德曰：「如〔一〇一〕大根人知惟識者，恒觀自心，意言爲境。」此初觀時雖未成聖分知意言，則是菩薩第三約教而知者。大經云：「三界惟心，萬法唯識。」此是所現本理，能證正宗也。』智覺乘大願力，爲震旦法施主，聲被異國，高麗遣僧航海問道，國王叙弟子之禮。以開寶八年十二月，焚香告衆，跏趺而化，閲世七十二，坐四十二夏，賛曰：

予初讀《自行録》，録其行事，日百八件，計其貌必枯瘁尪劣。及見其畫像，凜然豐頤，眉目秀拔，氣宇如玉；味其平生，如江干之月；研其説法，如禹之治水，孔子聞韶，羿之射，王良之御，孫子之用兵，丘明、太史之文章。嗚呼！真乘悲願而至者耶！

錢塘邑侯譙明張公免靈隱役功德碑記

公諱文光，河南祥符人，中戊辰進士。

汪繼昌

陶令作《桃花源記》，寫山水之岑僻，人物之凉古，唐人擬作歌詩，都謂是仙域矣。及考《輿圖誌》，今廼更隸縣官，而當日陶公作詩，亦秪云『春蠶取長絲，秋熟靡王稅』而已。後讀《十洲記》，見其説瀛洲仙家風俗似吴人，又私自喜吴儂身墮菰蔣中，竟不知是閬風玄圃也。然近年來，追呼調發，生人號咷，如沸湯鑊。錢塘古稱佳麗，每奉院司文移徵發，惴惴不敢緩，雖復王裒步擔乾飯，罄折牛旁，不足蔭安丘之門人矣，矧其遊方之外者耶？

今上治天下之九載，歲在壬辰，大治役書，而天下邑侯，躬爲審定。譙明張公莅錢塘，取斯人而袵席之，以盧以粥，于今七年，杭人竊喜張使君如白如蘇。西湖帶水，浄如拭鏡，兩山緑如掃黛，其間暄晨肅月，春萋秋馥，向使吏鷹政虎，博噬狺狺，亦有何佳？而我張君布政優優，吏治閒閒，衙鼓簿書之暇，輒邀家嚴，牽艇策蹇，信信宿宿於烟蘆雲杉之際，觴咏流連，消民苛慝。往時余得雁行隅坐，時時捧讀篇什，憂民之色，見于楮面。是役也，靈隱僧性璉等來乞家嚴，屬予灑墨，以誌侯德，予嘆曰：張使君此舉，不但爲法城塹也。靈隱舊額十之五，今少減之耳，乃令冷泉片地，翛翛釋子，眇眇禪棲，錫鉢間設于松間，梵唄颶韻於天岫。騷人遊子，來憩蕭森，恍有雲從棟生，水與堦平之致。昔支道林寄桓公書，頻被州符，求沙門名籍，煎切甚迫，今具德大師，得率衆禪寂此中，續[一〇二]斷薪續牀，三篋繞腹，麋鹿之性，自樂林泉。然得徜徉自適者，誰爲賜也？往者不可知，且以近事相况。清波門内，爲雲居楓嶺，盛時楓[一〇三]幾千章，深秋葉赤，遊人自斷橋回眺城隅，赫如天半絳雲。十年前，余讀書菴中，疲衲困于誅求，遂將此百餘年物，斬艾無遺蘖，維時同人江晚柯、家蒼舒，作詩悼之。今靈隱沐張使君寛政，要念所以保護之者，上自蓮華峯，後迄韜光，一草一木，一泉一石，以召公勿拜之思，作李家平泉之訓。他日使君過山中，更邀家嚴，聯句冷泉亭畔，石蹲似獸，烟樹如人，野衲與鷗鷺相狎，宛然如初入桃源時。後之詩人過九里松者，杳不識少陵《野老》、《垂老無家》諸什，爲作何等語者，則張侯之德，爲不可諠哉！

靈隱係浙省第一祖庭，參學高流，皆十方聚會，所以寺無恒産者，以應酬里役不便故也。今本寺止有山地蕩，舊屬錢塘上扇三啚運户辦糧，至順治十八年，恩蒙前任邑侯、今陞江南藩司大護法慕天顔，編入上虞二啚二甲本名濟上，立户完糧，准免雜徭，俾林下人得以朝參夕請，究明己躬下事者，悉慕護法盛德之所賜也。奕山萃謹識。

校勘記

[一]《咸淳臨安誌》卷八十引此文作『駭』。

[二]《咸淳臨安誌》無『云』字。

[三]『和』字《咸淳臨安誌》作『平』，誤。東晋無咸平年號。

[四]『金布』《咸淳臨安誌》作『布金』。

[五]『裝』字《咸淳臨安誌》作『新』。

[六]《咸淳臨安誌》于『復』字下有『新其』二字。

[七]『五季之末』《咸淳臨安誌》作『土運之季』。

[八]『井』字《咸淳臨安誌》作『石』。

[九]『映』字《咸淳臨安誌》作『瞰』。

[一〇]『峰閒』兩字《咸淳臨安誌》作『風聞』，誤。按，『呼猿峰』和『臥龍石』是西湖兩處景點。此處因『風』、『峰』音同，『閒』、『聞』形近而訛。

[一一]《咸淳臨安誌》『雍熙』下有『之』字。

〔一二〕《咸淳臨安志》作『堅』。

〔一三〕『趨』字《咸淳臨安志》作『伏』。

〔一四〕『欲飛』兩字《咸淳臨安志》作『將趨』。

〔一五〕『我』字《咸淳臨安志》作『矧』。

〔一六〕『代』字《咸淳臨安志》作『大』。

〔一七〕『經』字《咸淳臨安志》作『義』。

〔一八〕『爲』字《咸淳臨安志》作『以斯』。

〔一九〕『邊』字下《咸淳臨安志》有『而』字。

〔二〇〕『目』字《咸淳臨安志》作『足』字，不妥。

〔二一〕『澄』字《咸淳臨安志》作『爲』字。

〔二二〕『心』字《咸淳臨安志》作『静』。

〔二三〕『其合是山之静乎』句《咸淳臨安志》作『其得本來無物乎？』

〔二四〕『無礙端在是也』六字《咸淳臨安志》作：『無原，水波圓融，故若境若心，以寂静攝實觀道之妙乎？』

〔二五〕『垂』字《咸淳臨安志》作『乘』字。

〔二六〕『是以取爾』四字《咸淳臨安志》無。

〔二七〕『因爲之』三字《咸淳臨安志》作『碑而』。

〔二八〕『化』字《咸淳臨安志》作『聖』字。

〔二九〕『爲』字《咸淳臨安志》作『違』，義長。

〔三〇〕『貞』字《咸淳臨安志》作『真』。

〔三一〕『最』字《白氏長慶集》作『尤』。

〔三二〕『最』字《白氏長慶集》作『甲』。

〔三三〕『觸』字《白氏長慶集》作『蠲』，是。『蠲』即去除、免除之義，『蠲煩』即免除煩惱。『蠲』、『觸』形近而訛。

〔三四〕『幽』字《白氏長慶集》作『心』。

[三五]『幄』字《白氏長慶集》作『蓋』。

[三六]『甘粹』兩字《白氏長慶集》作『粹冷』。

[三七]『滑』字下《白氏長慶集》有『若俗士，若道士』句。

[三八]『目』字《白氏長慶集》作『耳』，是。『眼耳』與下文『心舌』相對成文，若『眼目』則重複也。

[三九]『囂』字《白氏長慶集》作『塵』。

[四〇]『也』字下《白氏長慶集》有『杭自郡城抵四封，叢山復湖，易爲形勝』句。

[四一]『者』字《武林掌故叢編》本脱。

[四二]『作』字下《白氏長慶集》有『長慶三年八月十三日記』句。

[四三]『扳』字田藝蘅《香宇集》作『攀』。

[四四]『虛拔』《武林掌故叢編》作『拔虛』。

[四五]『至』字《香宇集》作『在』。

[四六]『也』字下《香宇集》有『是其來沿矣』句。

[四七]『鄉』字王洪《毅齋集》作『郡』。

[四八]『山』字下《毅齋集》有『西山多名刹』等句。

[四九]『途』字《毅齋集》作『舍』，是。古代行軍以三十里爲一舍。《錢唐縣誌·紀文》收有此文，亦作『舍』。

[五〇]『遠』字下《毅齋集》有『永樂……又西』一段。

[五一]『逾』字《武林掌故叢編》本作『途』，《毅齋集》、《錢唐縣誌》皆作『逾』。

[五二]『相』字《毅齋集》、《錢唐縣誌》皆作『異』。

[五三]『從』字《毅齋集》、《錢唐縣誌》皆作『以爲』。

[五四]『躍』字下《毅齋集》有『若虎踞』句，《錢唐縣誌》無。

[五五]『鬱鬱然』，《毅齋集》作『鬱然』。

[五六]『幂』字《毅齋集》作『蔓』。

[五七]『澗』字《毅齋集》作『洞』，形近而誤。《錢唐縣誌》作『澗』。

[五八]『跋』字《毅齋集》作『祓』。
[五九]『毛骨爽徹』,《毅齋集》作『爽澈毛骨』,《錢唐縣誌》作『毛脊爽徹』。另,此下略去『又西行二里』至『茶話久之』一段。
[六〇]『憩』字《毅齋集》、《錢唐縣誌》作『坐』。
[六一]『涉』字《毅齋集》、《錢唐縣誌》無。
[六二]『止』字《毅齋集》作『上』。
[六三]『勝僧』《毅齋集》、《錢唐縣誌》作『僧勝』。
[六四]此處略去自『先游』至『不可不記也』一段。
[六五]此處略去『同游者』至『秀才』一段。
[六六]『是』字下《錢唐縣誌》有『歲』字。
[六七]《西湖誌》卷三十一作『扁』。
[六八]『神』字下《西湖誌》多出『自下』至『爲勝』一段幾十字。
[六九]『山』字《西湖誌》作『香』。
[七〇]『左』字下《西湖誌》有『轉由』二字。
[七一]《西湖誌》此處有『山』字。
[七二]『巖』字《西湖誌》作『崖』。
[七三]『者』字下《西湖誌》有『妄』字。
[七四]『無』字《西湖誌》作『不』。
[七五]『而』字《武林掌故叢編》本作『西』,形訛而誤。
[七六]『顯』字下《西湖誌》有『神通外境,皈向者甚衆』句。
[七七]『静』字下《西湖誌》有『可以藏修』句。
[七八]『上』字下《西湖誌》有『下』字。
[七九]『瀇瀇』《武林掌故叢編》本作『滃滃』。
[八〇]『可』字《西湖誌》作『不』。

[八一] 『潤』字《武林掌故叢編》本作『閏』。

[八二] 貝瓊《清江文集》卷六題作『古澗寒泉記』，此篇即其中一部分。

[八三] 『瀑』字《清江文集》作『薄』。

[八四] 『香爐瀑布、天台石門』八字《清江文集》作『瀑布』。

[八五] 『桃』字《武林掌故叢編》本作『樹』。

[八六] 黄汝亨《寓林集》收此篇，題作『靈兔塚記』。

[八七] 『見余于官舍』句《寓林集》無。

[八八] 『者』字下《寓林集》有『凡』字。

[八九] 『流』字《寓林集》作『含』。

[九〇] 『之』字下《寓林集》有『作』字。

[九一] 『靡恒』兩字《寓林集》作『態』字。

[九二] 『盃』字《寓林集》作『靈』。

[九三] 『昔』字《寓林集》作『每見』。

[九四] 『南康』兩字《寓林集》作『河東』。

[九五] 『禽』字《寓林集》作『塔』。

[九六] 『任』字《寓林集》作『託』。

[九七] 『隱』字《寓林集》作『鷲』。

[九八] 『巔之』兩字《寓林集》作『腰』。

[九九] 『特』字《武林掌故叢編》本作『物』。

[一〇〇] 『可』字《武林掌故叢編》本作『有』。

[一〇一] 『如』字《武林掌故叢編》本作『知』。

[一〇二] 『續』字《武林掌故叢編》本作『得』。

[一〇三] 『楓』字《武林掌故叢編》本作『續』。

武林靈隱寺誌卷之六下

記

明教大師行業記　陳舜俞

宋熙寧五年六月初四日，有大沙門明教大師示化於杭州之靈隱寺，世壽六十有二[一]，僧臘五十有三。是月八日，以其法荼毗，斂其骨，得六根之不壞者三。頂骨出舍利，紅白晶潔，狀若大椒[二]者二，及常所持木數珠亦不壞。於是邦人僧士，更相傳告，駭嘆頂禮。越月四日，合諸不壞者，葬于故居永安院之左。其存也，嘗與其交居士陳舜俞，極談死生之際，已而[三]屬其後事，茲用不能無述也。

師諱契嵩，字仲靈，自號潛子，藤州鐔津人，姓李，母鍾氏。七歲而出家，十三得度落髮，明年受具戒，十九而遊方。下江湘，陟衡廬，首常戴觀音之像，而誦其號，日十萬聲，于是世間經書章句，不學而能，得法於筠州洞山之聰公。慶曆間，入吴中，至錢唐，樂其湖山，始税駕焉。當是時，天下之士學爲古文，慕韓退之排佛而尊孔子，東南有章表民、黄聱隅、李泰伯，尤爲雄傑，學者宗之。仲靈獨居[四]，作《原教[五]論》十餘篇，明儒釋之道一貫，以抗其説。諸君讀之，既愛其文，又畏其理之勝，而莫之能奪也，因與之遊。遇士大夫之惡佛者，仲靈無不懇懇爲言之，由是排者浸止，而後有好之甚者，仲靈唱之也。所居一室蕭然，無長物，與人清談，靡靡至於終日，客非修潔行誼之士，不可造也。時貳卿郎公引年謝歸，最爲物外之友，嘗欲同遊徑山，有行色矣，公亦風邑豪預焉，冀其見仲靈，而有以尊養之。仲靈知之，不肯行，使人謝公曰：『從吾所好，何必求富而執鞭哉？』凡其潔清類如此。

皇祐間，去居越之南衡山，未幾罷歸，復著《禪宗定祖圖》、《傳法正宗記》。仲靈之作是書也，慨然憫禪門之陵遲，因大考經典，以佛後摩呵迦葉獨得大法眼藏，爲初祖。推而下之，至于達磨，爲二十八祖，皆密相付囑，不立文字，謂之教外別傳者。居無何，觀察李公謹得其書，且歆其高名，奏賜紫方袍。仲靈復念幸生天子大臣護道達法之年[六]，乃抱其書以遊京師。府尹龍圖王仲儀果奏上之，仁宗覽之，詔付傳法院編次，以示褒寵，仍賜『明教』之號。仲靈再表辭，不許。朝中自韓丞相而下，莫不延見而尊重之，留居憫賢寺，不受，請還東南。

已而，浮圖之講解者，惡其有別傳之語，而耻其所宗不在所謂二十八人者，乃相與造說以非之。仲靈聞之，攘袂切齒，又益著書，博引聖賢經論、古人集録爲證，幾至數萬言。士有賢而好佛者，往往詣而訴其冤，久之，雖平生厚于仲靈者，猶恨其不能與衆人相忘于是非之間。及其亡也，三寸之舌所以論議是是非非者，卒與數物不壞以明之。嗚呼！使其與奪之不公，辯說之不契乎道，則何以臻此哉？雖然，仲靈之所以自得而樂諸己者，蓋不預于此，豈可爲淺見寡聞者道耶？仲靈在東南最後，密學蔡君謨之帥杭也，延置佛日山，禮甚厚，居數年。然言高而行卓，不少假學者，人莫之能從也。有弟子曰慈俞、洞清、洞光。所著書自《定祖圖》而下，謂之《嘉祐集》；又有《治平集》，凡百餘卷，總六十有餘萬言。其甥沙門法燈克奉藏之，以信後世云。

本寺住山慎菴詳禪師行業記

廣　原

師諱詳，字慎菴，海昌李氏，髫齔時懷出世志，禮本寺玉衡璣公，天生穎悟，經書過目成誦。時錢塘陸公憐其敏，欲敚其志，俾充邑庠弟子員。師固却之，薙髮，尋受具戒於前住持全菴理公，會中典其藏，染指法味。居無何，掌記室於璧菴璘公，會中微辭奥旨，研精覃思，弗明弗措，學日充，名日著。景泰間，出主仁和顯寧寺，緇素向慕。天順間，本山虛席，請師補之。既領祠部檄，主寺，廢墜畢舉，禪規嚴飭，大開壚鞲，鉗錘後學，學者宗之，猶雲委而景從也。方丈兩廡頓弊，傾橐葺之，復與孫旺常春修蓋大殿，焕然一新，中興之功，豈不偉哉！預建退隱之室于中宫兑位，林麓爽塏之地，既退，呰門埽軌，危坐如朽株，定心如止囦。復先相宅兆于隱居之背，作歸藏計，非夫視此身如逆旅者耶？孫長浄天鏡，通内外學，住持本山；次滔，出主光明寺；曾孫宗欽、宗鏞；玄孫洪椿、洪樟，皆克肖，可謂繼述者得人矣。師春秋七十有三，僧臘五十有五。於戲！道之弘者得其人，人之顯者有其位也。有其位，無其人，雖千萬間之廣，猶空舍也。有其人，無其道，雖千萬之衆，猶聚蚊也。二者兼得之，慎菴其人也。據五山之席而展其所蘊，不爲不顯也；有其道而衆倚之爲指南，不爲尸位也。若是，不惟慎菴出世之幸，乃祖道光輝之大幸也，與古之宗匠，夷不相下，儗之竊形服而立名非真者，不既遠矣乎！

無新老人行業記

陳繼儒

靈隱無新老人，每歲首必過余山中，共煨榾柮梅花屋底，二三十年如一日也。老病畏人，尤畏遊客之談兵談道談時局者，遊僧之談禪談師談緣法者，往往引避不暇，獨望見老人瓢笠於籬落外，即欣然手爲啓扉，山中童稚亦皆稱爲歡喜菩薩云。乙亥秋初，怪師不至，則先期已於端午日坐逝矣。明年，法孫竑公徵余作傳，諾之。

按，師諱性證，字無新，錢江鄧氏子，早歲從易菴和尚薙髮。和尚爲臨濟兒孫，門庭高峻，獨重師樸誠，以法器待之，密傳衣鉢。師埋光鏟采，遍參諸老宿，絶不露圭角。值靈隱中興之日，締構煩重，工徒千指，仰師缾盋以食。丹雘既畢，首復宋直指堂，於是飛來峯坊、迴龍橋、密因閣、冷泉、石門諸勝，一切皆從師十指焕爛矣。是時雲栖、介如、憨山、古心諸善知識，率樂就師弘法，講席之盛，甲於東南。爲長期飯僧，御衆簡要，魔外息心，山中大小事，就師營度，無不立辦者。晚年靈鷲隙起，師潛叩諸檀護，盡力保持之，幸免摧剥。改易輪殿，鼎新韓蘄王翠微亭，歲補九里松，晚猶不倦。復護飛來竹樹於斫伐之後，存古禪堂於崩敗之餘，改迴龍橋於洪水未發之日，五易大殿柱，所費不貲，致峨眉老僧萬里寄語。凡師所樹有爲法，皆幹蠱濟險，不特才識過人，乃其赤心白行，實有以孚於衆也。師嘗對人言：『我來時赤條條地，去時豈容以一絲自挂？』故破衲遮身之外，卑脚床、折脚鐺，猶長物也。生平於持名反念，默自體會，不復以機鋒自顯。化去之日，徐疊雙趺，有『六十四年，打攪常住』之偈，可謂踐履之驗矣。法孫寂竑[七]，字妙香，善述祖德，禪林所稱宗象者也。塔在北峯之麓，祀在靈隱之祖堂。

樵史氏曰：余少年時，嘗遍禮諸尊宿，意絶不肯之，誠見其我相重慢幢高，所爲忍辱精進者，未幾見也。獨入五雲山，與蓮池大士對面，輒相視而笑，莫逆於心，能解會此中意者，惟無新老人爾。終其身，披忍鎧，護戒珠，雪白冰清，究竟與靈山同不朽，亦足矣。若猶向寂光土中標龍識象，是豈老人翛然去來意哉？余故特傳之，以告夫平實學道本色住山者。

月用大師行業記

張　芬

師俗姓江氏，諱浩，字道闇，仁和人，生而穎悟，善讀書，落筆數千言立就。湯公顯祖生平不輕許人，見師文，大奇之。王公宇、方公應祥、蕭公士瑋，皆嘆爲蓋世才。先是，里中黄公汝亨、虞公淳熙、葛公寅亮，咸深知師，敬爲小友，至是得湯公輩嘖嘖傳海内，海内嗜古負奇之士，以諸大儒驚服，遂無不知仁和江生願交納者，以故師交知半天下。心甚厭苦之，乃遯入西溪之横山，層巒叠秀，刈茅栽杏，挈妻子而家焉，顔之曰『蝶菴』。其初，經子史集無所不讀，而文則神明乎史遷，詩則胚胎于李白。所尤嗜者，漆園之書也，故其人沖談樂道，意泊如也。師筋骨弱，多病，于功名事不汲汲，且尤不喜習舉子業。偕其弟之浙，與同志十餘人訂讀書社，後先砥誡，誓追古人。遇不可，即面赤，雖至戚愛，必出肝膽力争之。歲甲申，有自京師來者，談闖賊破城事甚悉，師憤怒，髮絲絲上指，乃厲聲曰：『遂至此乎！』且嚼齒疾駡，曰：『速死，以哭訴上帝。』不顧客，顛馳菴右絶壁，狂叫躍墜，首觸亂石，血流滿澗。家中人奔救，血珠尚噴濺，頭頃刻如斗，口中尤喃喃駡賊。張岐然輩輿致游仙里，調護之，幸不死。自是游心禪悦，功名益置度外，而放形於丘壑之間。亡何，亂兵逼處横山，遂依博山汝航禪師，薙髮爲僧，更名弘覺，號『夢破知蝶夢』，蓋不足[八]栩栩也。次慕具德和尚道望，遂傾心依止，更字月用，掌書記。方期荷負祖道，旋以病脱化。噫！師以道不得行，而忠無所効，棲遲空門，卒憤憤而死，是則師雖託迹方外，而有功於名教不淺鮮也。張岐然，字秀初，志行與師同，後亦祝髪於具和尚會下，諱濟義，字仁菴，參禪得悟，法嗣皋亭顯寧澹予垣和尚。初住顯寧，次雲居，終于江北泰州之慶雲。道行表表，稱濟宗龍象，與月師行履雖有出世不出世之分，其志皆秋霜烈日，而爲萬古之奇人也，故因表月師而併及焉。

序

護法論序

僧來復

西方聖人之設教也，先之五戒十善，次之六度萬行，終之以三德四智。其所權輿，斯道固有顯、密、頓、漸之不同； 極乎一真之妙，則功超修證，理絶名言，振天地而獨存，亘古今而不異者矣。世之論者，或指浮圖氏徒善爲罪福報應之徵、地獄輪迴之變，以恐動愚俗，遂以其誕而詆之。嗚呼！何自欺之甚歟！《易》曰：『積善之家，必有餘慶。積不善之家，必有餘殃。』《書》曰：『作善降之百祥，作不善降之百殃。』斯不爲罪福報應之説乎？傳曰：『爲不善於幽暗之中，鬼神得而誅之。』又曰：『死於此者，則生於彼。萬物皆出於機，皆入於機。』斯不亦爲地獄輪迴之説乎？特經傳之言，微[九]發其端，蓋欲使人自解，顧不若佛書之詳且備也。謂其不言，可乎？謂其無此理，可乎？竊嘗考之，吾佛聖人弘範三界，其救弊於世教者，功亦大矣。因果明而使人格非遷善，齋戒修而使民謹行潔身，至於行施而不貪，忍辱而不怨，衣弊垢而不奢，履榮名而不矜，雖强戾鄙嗇之夫，聞是説者，莫不悦而遵之，况明智之士乎？ 夫民能格非遷善，則姦偷之俗淳矣； 能謹行潔身，則清静之化成矣。不貪不怨，則鬬争息； 不奢不矜，則廉讓興。 乃若空寂無餘之理，亦由是而臻其極焉。 越自大法東被，二千餘載，讓斥之者從古無有，唯韓氏、歐陽氏最後出而力拒我，然皆不能博極吾佛之言與道，其所争者止於教，所攻者止於迹耳，故卒無以厭服天下識者之心。 獨隋之王通、唐之裴休、李翺、梁肅、柳宗元諸賢，起而大暢玄旨，於是議者少戢。 至宋周惇頤、司馬光、趙抃、楊億、黄庭堅、吕祖謙，以及三蘇、二程諸子，皆以深究而服膺者也。 其見於成書，則李純甫之《鳴道集》、張天覺之《護法論》，尤極精微，卓然有功於聖學者明矣。 近代如趙孟頫、袁桷、虞集、韓信、黄溍諸公，亦皆潛心此道，而操觚立論，辭益勝，理益明，隱然吾法之長城也。 今我皇明混一海内，崇尚真乘，度越前古，悦[一〇]佛則有作樂之章，尊僧則有統教之號，其曰『善世利國』，其曰『延慈照信』，赫然爲一代盛典。 是知聖心之所以仁育黎庶而垂裕無疆者，其爲和[一一]護之隆，有非言辭所能述也。 博學多聞之士，安可不鑑而擇焉？ 雖然，吾佛以慈忍力行方便，智愚毁譽等觀，同爲梵行，是讃亦護也，謗亦護也，庸何傷於大法乎？ 今吴開元住山端文禪師，有學行，能感人，謂天覺此論，篤於護法而有補治化，世不可無也。 其來金陵，善士蔣智達契其一言之誨，即施金重勒是論，印行四方，其存心亦可謂仁矣。 文師來徵予言，因略陳吾佛之法，與儒典並用而不悖者如此，且俾後之君子，忘言而契道，則於是論亦必有所取焉，故不辭而爲之叙。

傳法正宗記序

宋　濂

表大法之真傳，起羣生之正信，宜莫如書。 然而真丹、身毒，相去絶遠； 梵語、華言，重譯或殊。况屢遭滅斥之禍，生乎其後者，必搜羅墜逸，偏現[一二]會通，然後能定是非之真。 謏聞之士，苟獲窺其一偏，遂執爲確然之論，斯亦過矣。嗚呼！闢邪説之膠固，伸正議于千載之下，不有先覺，學者將何所從哉？昔者濂讀《涅槃經》及《智度論》，頗知釋迦文佛以正法授迦葉，世世相傳，具有明證，故自前魏支彊梁樓至洛邑譯《續法傳》，自七佛至二十五祖婆舍斯多而止；東留[一三]佛馱跋陀羅至廬山所譯禪經，自迦葉至二十八祖達磨多羅而止。逮夫後魏之時，崇道屏釋，而沙門曇曜蒼黄逃逸[一四]，筆録諸祖之名，匿巖穴間，僅及二十四祖師子尊者而止。佛運重啓，曇曜進爲僧統，吉迦夜等遂因之爲《付法藏傳》，其去前魏已一百九十餘年，東晉亦六十二年矣。東魏那連耶舍至鄴，復備譯西域諸所傳授事跡，其次第與禪經不差毫髮，則全闕之分，有不待辨而自明矣。唐興，曹溪大弘達磨之道，傳布益衆，義學者忌之，而神清爲甚。乃據《法藏傳》所列，謂師子遭難，絶嗣不傳；猶以爲未足，誣迦葉爲小智，不足承佛心印，指禪經實後來傳會，難以取徵，而好論議之徒紛紛起矣。宋明教大師契嵩讀而病之，博採三藏[一五]洎諸家紀載，釋迦爲表，三十三祖爲傳，持法一千三百四人爲分家略傳，而旁出宗證繼焉，名曰《傳法正宗記》；復畫佛祖相承之像，明其世系，名曰《定祖圖》；申述禪師[一六]及西域諸師爲證，以闢義學者之妄，名曰《正宗論》，共十二卷。其衛道之嚴，凛[一七]乎不可犯也。濂竊聞之，太平真君之七年，魏太武用崔浩言，宣告征鎮佛像、胡書，皆擊破焚燒。當是時，諸種經論多煨燼之末，屋壁之藏，蓋至于久而後出。以此觀之，曇曜之流，固未必能見《禪經》，至于諸師之論，義學者亦未必得盡聞之。顧執一時單録不全之文，而相爲詬病，猶將十指而掩日月之光，一口而吸滄溟之水，多見其不知量也。大師之辨析，夫豈得已者哉！

復公文集序[一八]

宋　濂

濂[一九]學文五十餘年，羣書無不觀，方理無不窮，碩師鉅儒無不親，自意可以造作者之域。譬諸登山，攀躋峻絶，不爲不力，而崇顛咫尺，不能到也。此無他，受才之有限也。世固有卮匜者焉，有瓮盎者焉，有沼池者焉，有溪澗者焉，有湖江者焉，有溟渤者焉，水充其量則止，小固不能爲大，大亦不能爲小也。濂昔官禁林，四方以文來見者甚衆，晚閲見心復公之作，穠麗而演迤，整暇而森嚴，劍出匣[二〇]而珠走盤也。濂因謂當今方袍[二一]逢掖之流，鮮有過之者焉[二三]，其可傳遠無疑。公卿大夫交譽其賢，名聞九天，皇上詔侍臣取而覽之，特褒美弗置。濂因謂當今方袍踵于門[二二]。

復公三會語録序[二四]　宋　濂

無相居士，坐清浄室，想清浄觀。忽有沙門，號曰曇鍠，合掌頂禮，而作言曰：『我師靈隱，三坐道場，法音之震，有如轟雷。蟄蟲皆興，飛行自在，各適恒性。又如晨鐘，人正昏酣，一聞音聲，颯然驚覺。同袍宗演，及諸上首，假觚翰力，成文句身。唯願居士，開光明藏，洞然[二五]篇端，使信心者，同入如來，大華嚴海。』

居士微笑，告沙門言：『爾師所演，大乘正法。當時聞者，注耳熏心，一切纏結，悉皆解脱。既解脱已，萬法皆空，何況於言？爾等結集，翰墨假合，畢竟大法，果何所寄？若謂出于翰墨之間，湘竹兔毫，魚膠松煤，不能説法。譬如石工，手持鎚[二六]鑿，鑿彼崖石，爲菩薩相。首戴華冠，面如滿月，塗以黄金，間以五彩，珍珠瓔珞，種種具足，爾意云何？是真佛不？』沙門白言：『如是如是。』

復告沙門：『當觀是[二七]相，惟是像佛，四體奇偉，被[二八]服絢麗，固無異者。若比真佛，神通變化，無量無邊，二者孰勝？以此思惟，佛身充滿，偏周沙界，豈同崖石，拘礙方所？況此文句，纔脱口吻，即第二義，書之簡編，去道逾遠。又如畫師，和丹抹黛，經營想像，貌師子王。拳毛旋螺，利鉅[二九]削鐵，威稜氣燄，可怖可愕，迫[三〇]而視之，真[三一]若飛動。爾意云何？是師子不？』沙門白言：『如是如是。』

復告沙門：『有像皆假。是師子相，形模生獰，踞視左右，亦無異者。若比于真，奮迅跳擲，百獸盡伏，二者孰劣？以此思惟，物惟真者，方能動物，寓形縑素，與木石等。況此文句，不見形聲，徒存其迹，用之求道，如捕風影。沙門當知，法尚算[三二]權，難齊一軌。如求兔者，必假于蹄；欲致魚者，定資于筌。魚兔既獲，筌蹄則棄。法因言入，言入法空，亦復如是。是知汝師，顯説密説，權説實説，縱説横説，無非闡揚，我佛如來，第一了義。有能于此，一句之中，或四三句，或五六句，乃至無句[三三]，勿着聲求，忽然悟入。譬一切衆，眇者能視，跛者能履，瘖者能言，疾者能起，其爲霑溉[三四]，胡可喻云！若執文句，反爲留礙。沙門當知，有物混然，萬有之宗。不依形色，不墮斷常，入離出微，内外體净。衆生迷惑，無繩自纏。大覺世尊，大含攝故，大慈憫故，别有正傳。曰思惟修，一念不生，一法不立。一法不立，萬象朗融。非生非佛，非真非妄，非小非大，非一非多。此即所謂，常空不有，常有不空，初無對待，亦無能所。從古諸師，燈燈相續[三五]，咸以此故。汝師繼承，倡明大教，一機一言，皆轉法輪[三六]。法不流通，是爲秘法，宜示信心，共入圓智。既入圓智，法何嘗法？法而非法，是爲法法，法法之法，不可思議。我言真實，善思念之。』沙門聞説，心大歡喜，信解受持，作禮而去。

志

武林山志

契嵩

其山彌杭，西北其道，南北傍湖，而入南出西關，轉赤山，踰麥嶺、胭脂嶺[三七]，北出錢唐門，躋秦皇纜船石，過秦望、蜻蜓二山，垂至駝巘[三八]嶺趾，左趨入袁公松門，抵行春橋，橋西通南之支路，過行春橋，垂二里，南北道會，稍有居民，逆旅行人可休。蓋[三九]趨二里，入二寺門，偪合澗橋。過合澗、龍跡二橋，自丹崖紫微亭，緣石門澗，趨冷泉亭，至于靈隱[四〇]。流水清泚，厓石環怪如刻削，乍睹爽然也。自合澗[四一]南趨，更曲水亭，並新移澗，距天竺寺門，西顧山障，重沓相映，若無有窮。

靈隱，晋始寺之禪叢也； 天竺，隋寺之講聚也。其山起歙出睦，湊于杭。西南跨富春，西北控餘杭，婉蜒曼衍，聯數百里。到武林，遂播豁，如引左右臂，南垂[四二]胭脂嶺，北垂[四三]駝巘嶺。其山峯之北起者曰高峯，冠飛塔而擁靈隱，岑然也。高峯之東者，曰屏風嶺，又東者，曰西峯，在郡之西。又東者，曰駝峴嶺，俗謂之[四四]駝宛，乃語訛也。其高峯之西者，曰烏峯。又西者，曰石笋。又西者，曰楊梅、石門。又西者，曰西源，亦曰[四五]西菴。支出于西源之右者，曰石人。其峯南起，望之而藹然者，曰白猿。左出于白猿之前者，曰香鑪。益[四六]前而垂澗者，曰興正。右出于白猿之前，而雲木森然者，曰月桂。白猿之東者[四七]，曰胭脂嶺。白猿之西者，曰獅子。又西者，曰五峯，又西者[四八]，曰白雲。又西者，曰中[四九]印。西向前走，迤邐于武林之中者，曰無礙。又前者，曰善住。並善住而特起者，曰稽留，俗謂鷄籠，[五〇]語訛也。其稽留之西者，曰蓮花，有巖號玉女。其蓮華之東者，曰飛來峯，乃西僧[五一]慧理所謂此吾國靈鷲小嶺之飛來者也，昔多仙靈[五二]隱焉，乃呼白猿而驗之。南屏天竺[五三]，北障靈隱，其巔有天然石梁，西跨其中，有巖焉，洞焉。洞曰龍泓、曰青[五四]林，巖曰理公。龍泓洞[五五]前者北瞰，後者東出，謂其潛徹異境，絶浙江，下過武林也[五六]。然南北根[五七]望而起者，孱巖[五八]大有百峯，多無名[五九]之者，惟二十有四，與城闉相去十有二里，周亦如之，秦漢始號虎林，以其棲白虎也。晋曰靈隱，用飛來故事也。唐曰武林，避國[六〇]諱也。或曰青林巖、仙居洞，亦武林之別號耳。然其茀鬱巧秀，氣象清淑，而他山不及。若其雄據高挹[六一]，殆與衡、廬、羅浮等[六二]矣。其山八九月，每夜霽月皎，則天雨桂實，其狀[六三]如梧桐子。

其水南流者謂之南澗，北流者謂之北澗。自合澗橋至于白雲峯之址，凡八蹻橋，其七石也，其一木也。北澗自龍跡橋至于西源峯之址，凡七蹻橋，其四石也，其三土木也。南澗源出[六四]白雲峯之麓，東注，會他支澗，逾第八橋之西，復東注，會奚家澗，入新移澗，出閘口，曲流，北之合澗橋。北澗源出[六五]西源峯之腹，東注，過騰雲塢口，稍逼楓樹塢口，湍于第五橋下，浸飛來峯趾，匯于西塢，漾渟于西耳潭，瀦于渦渚東嶼，亦謂之暖泉也。瀲灩于冷泉亭下，經呼猿石門澗，潛激于伏龍泓，過龍跡橋下，東注于合澗。又東注，越二里，過行春橋下，出靈隱浦，入錢唐湖，古所謂錢唐[六六]源泉出武林山，此其是[六七]也。

南北之澗雖多，多無名，然皆會二澗。其並南澗而入者南塢，南人謂谷爲塢[六八]；並北澗而入者曰北塢。而北益有支塢者六：曰靈隱、曰巢拘[六九]、曰白沙、曰大同、曰騰雲、曰西源。是六塢者，皆有佛氏精舍，曰靈隱、曰碧泉、曰法安、曰資嚴、曰辯利、曰無著、曰無量壽、曰定慧、曰永安、曰彌陀、曰吉祥、曰西菴。其精舍凡十有三，缺一名，其十者在支塢[七〇]，其三者宅正塢。南亦有支塢，皆有精舍，曰天竺、曰興聖、曰崇壽，講聚也；曰慶寧、曰永清、曰金佛、曰德澄、曰福光、曰天竺，禪叢也。古觀音氏垂像與人乞靈，曰永寧。其精舍凡十，其五在支塢[七一]，其五宅正塢。諸塢皆有民居[七二]錯雜，其殷處幾成村墅。然無阪墾，不牧牛犢羊豕，水陸不甚汙。其人不事釣弋[七三]漁獵，以樵[七四]蕣自業，然同其在古潔浄清勝之風，未嘗混也。

其俗在南塢者，窮于白雲峯之巔，在北塢者至于西源，其[七五]坡陀西趨西溪，南通南蕩。其泉之南出者，曰月桂、曰伏犀、曰丹井、曰永清、曰偃松、曰聰明、曰倚錫。凡泉之源七[七六]，月桂在天竺寺[七七]，伏犀在飛[七八]來峯之巔，流液不常，其五皆在支塢。其泉之北出者，曰冷泉、曰韜光、曰白沙、曰石笋、曰白公茶井、曰無著偃松、曰永安北源、曰彌陀西源、曰騰雲上源。西菴也，凡泉之源九[七九]，冷泉在澗壖，其八在支塢[八〇]。

古人之遺迹，其南塢[八一]，若吴葛玄[八二]之葛塢者，若晉葛洪之丹井者，若宋謝靈運之翻經臺者，若隋真觀所標佛骨之[八三]塔者，若唐道標杜多之草堂者； 其北塢，若漢陸偉[八四]之九師堂者，若晉葛洪之伏龍石門者，若晉許邁之思真堂者，若晉慧理之燕寂巖者，若晉明甫[八五]之[八六]客兒亭者，若宋智一之飯猿臺者，若呼猿澗者，若梁簡文所記之石像者，若梁朱世卿之朱墅者，若唐白居易之烹茶井者，若唐袁仁敬之袁君亭者。二塢總十有六事，從[八七]古今相傳，雖名存而其事頗亡，不可按而備書。其山無怪禽䴏獸，惟巢拘之樹，最爲古木； 松筠藥物果蓏，與他山類，惟美椒[八八]與靈山之所生枇杷、桂花，發其異香[八九]耳。

表

謝還九里松表

淳朋

佛慧普覺大禪師、杭州路景德靈隱寺住持、臣僧淳朋言： 伏以衰冕端居，致玉帛梯航之貢； 絲綸遐布，增林泉草木之輝。鴻祚永昌，龍神胥悦。臣僧淳朋誠歡誠忭，稽首頓首。竊以眷靈隱之古刹，據錢唐之勝區，昔創建于東晋咸和之年，繼恢拓于南宋紹興之際，實乃碑辭之具載，詎期鄰壤之相侵！私意町畦，難罔以非其道；細故芥蒂，不得其平則鳴。凜懼愚衷，塵瀆聖聽。兹蓋欽遇皇帝陛下，剛健中正，睿哲温恭，曰雨曰暘，曰燠曰寒，天心協應；自東自西，自南自北，文德誕敷。俗既底于雍熙，化式行于慈儉。尊臨五位，膺帝業之延洪；普濟羣生，體佛恩之廣大。匪巧言之可惑，惟睿斷之至公。特降璽書，俾刊珉石。臣僧淳朋欽承寵命，恪守成規，闡大覺之真乘，培皇元之景福。三千世界，瞻日月之光明；億萬斯年，共乾坤之悠久。臣僧淳朋無任瞻天仰聖激切屏營之至。

書

與拙菴書　尤延之

昔妙喜中興臨濟之道于凋零之秋，而性尚謙虚，未常馳騁見理。平生不趨權勢，不苟利養，嘗曰：『萬事不可佚豫爲，不可奢泰持。蓋有利于時而便于物者，有其過而無其功者，若縱之奢佚，則不濟矣。』不肖佩服斯言，遂爲終身之戒。老師遭遇主上，留宿觀堂，實佛法之幸。切冀不倦悲願，使進善之塗開明，任衆之道益大，庶幾後生晚輩，不謀近習，各懷遠圖，豈不爲叢林之利濟乎！

疏

金陵諸山送圓通竹田和尚住靈隱疏

在宋仁廟，莫起訥公于圓通；厥後孝宗，特召拙菴于靈隱。雖出處各欲行志，而抑揚皆足扶宗。及觀我師，度越前古，聲飛丹陛，何天竺莫抗其高風；名躍金甌，若鷲嶺有待于今日。某語空衆妙，機透重玄，宗性俱高，與臨濟同出邢氏；師資宿契，唤雪峯萬福曾郎。話行江西三十年，增高廬阜幾千仞。道闢于奥，與日月而争光；宗會其元，猶河漢之無及。方喜金陵之會，遽爲錢唐而歸。與其領徒勘驗諸方，曷若據室大弘法施。南山之南，北山之北，纘承祖父兄箕裘；一乘非一，三乘非三，掃空經律論露布。如佛出世，大衆霑恩。

紹興天章吴郡諸山疏　良用貞

吴越同風，于以修兩浙一家之好；教禪合轍，蓋將闢專門異户之偏。《書》稱『立賢無方』，《易》貴『同人于野』。某智禪兼暢，名實相孚，密用宏機，允也龍翔。法嗣高風遠度，居然魏國諸孫。蓋嘗涉教觀之津涯，又復秉方章之機杼。方將論薦，忽睹横翔。因棋説法，相推遠公；修禊賦詩，政須支遁。彼固有得，吾誰與遊？黄絹色絲，肯争較于智謀之末；青鞋布襪，期相從于山水之間。勿遐爾心，尚敦舊好。

宣政院送東嶼和尚住靈隱疏

推誠護教，有如金城湯池；　倡道提綱，要若銀山鐵壁。我既不忘靈山記莂，爾其闡揚少室宗風。某行介而和，言簡而要，永明之書百卷，異曲同工；　松源之道四傳，一絲九鼎。陽烏東昇，陰霾解駁；　天柱中立，狂瀾障回。顧聞玉應金春，以警鯨瘖鼉寂。二十四考中書之貴，孰擬清高？　千二百人知識之尊，式瞻光彩。法輪三轉，天子萬年。

化砌靈竺大路疏　道　濟

一條滑路堂堂，直透長安；　九里松關蕩蕩，平趨佛國。脚跟有礙，未免遲疑；　眼底無私，方爲平穩。斷羊腸曲折之崖，履龜背坦夷之路。江山聚勝，人行翡翠途中；　車馬交馳，身在畫圖影裏。請題椽筆，爲注芳銜。

贊

良禪師像贊[九〇]　宋　濂

眼光閃爍，如秋隼之横寥廓也；　威鋒峭崿，猶於菟之[九一]踞叢薄也。文彩彰灼，藻火施而江漢濯也；正令揮霍，春雷霆而撒霰雹也。縈然而若有着也，悠然而無所泊也，洸然而不可測[九二]也，沉然而堪任其托也[九三]。無忝佛智之孫，廣智之子，超然而頓覺者也。

蒲禪師像贊[九四]　宋　濂

師名來復，少有志行，絶塵獨立，與同袍恭肅翁誓屏諸緣，直明涅槃妙旨，久之窺見，全體無礙。然未以爲至，走雙徑，謁法喜楚公。當機鋒交觸，如鶻落兔走，不間一髮。法喜留司内記三載，復約標士瞻修西方浄土于吴天平山，刻期破障，比禪觀尤力。會兵起，避地慈溪定水院。以干戈載塗，不能見母，作室東澗，取陳尊宿故事，名爲蒲菴，示思親也。望日以重出主靈隱，適有詔徵高行僧，師兩至南京，賜食内廷，慰勞優渥[九五]。

師敏朗淵毅，非惟克修内學，形于詩文，氣魄雄而辭調古，有識之儒，多自以爲不及。其推師者，李諭德好文，則曰任道德爲住持，假文辭爲游戲；陳狀元祖仁，則曰禪源妙悟，教部精探，内充外肆，僧中指南。至于楚國歐陽公玄、潞國張公翥，見諸觚翰間者，奬予爲尤至[九六]。師之徒鍠[九七]畫師像求贊，係之[九八]辭曰：

大法如如，流于旃丹。不有君子，荷之實難。慧照正宗，世濟其美。一十九傳，至于法喜。據蓮華座，大振玄風。師承一喝，三日耳聾。聾極而聰，至聞蟻戰。只爲圓虚，物無不見。既入悟關，可廢學功。妄滅方真，慧極則通。乃即天平，棲神浄域。禪觀混融，不二不一。方嶽致聘，耳若不聞。優盋曇花，却[九九]見海濱。有典必行，無墜弗舉。鐘魚互答，笠鞋川委。移錫州城，歸者紛紜。轉穢爲浄，載揚清芬。有峯飛來，千載不起。師復主斯，法筵重啓。聲華遠揚，達于帝宸。有詔起之，説法如雲。

錫饌禁中，恩澤[一〇〇]優渥。四衆傾仰，秋空孤鶚。形諸[一〇一]辭章，太陰四垂。雷奮[一〇二]飈揚，鬼神晝馳。人争傳寶，如襲芳旨。師笑受之，吾游戲爾。内外兩充[一〇三]，如師幾人？闇室非燈，曷照羣昏？學徒歆艷，丹青肖像。我作賛辭，毋住于相。

言

代石言

虞淳熙德園

靈竺名勝，惟九里松、飛來石天下奇觀。向年松厄，道民曾作謡以泣，轉移大老之意，既已易容。今此石灾，道民欲存開闢之峯，比救唐時之松，尤爲急切。故向既垂涕而道，今可無髪沖冠而談？理[一〇四]不欲默，一也。况貴人向頗有一日之雅，因我卜鄰，因鄰禍石，勢不容默，二也。朋友之道，小過責善，大過痛言，過而不改，是爲獨夫。若苟懷小惠之私，是坐視大惡之就，誼不容默，三也。良醫對治，有觸人之大怒而疾瘳；世之忌醫，有痛割其贅疣而痼愈。蓋不比桀紂，非至諫不牽，猛索不回頭，勸百諷一，改悔庶幾，情不容默，四也。山靈夜夜相泣，欲言而無其聲；寺僧隊隊石頑，能言而詞不達，天不容默，五也。作代石言。

石告貴人曰：我石無口，口在世間。我石不言，言在天下。我石自盤古皇帝迄今萬歲聖人，峙立此土，名曰飛來，蔭蔽郡城，阜安人物。富貴由我鍾毓而致，科名由我秀麗而崇。許由愛我，棲隱其間；惠理知予，加之美號。今蒙貴人見愛，爲寵實異。諸君以爲石乃公物，叠靈山之假，何妨取靈山之真？不知石是雲根，苟剪一片之雲，實奪一峯之秀，豈不聞玉在山而川媚，乃忍珠盡徙而龍亡！

可憐去歲，以至今朝，始猶扛擡浮石，今則空掘心膂；　始言盆景列排，今則勢倖艮嶽；　今雖掘土幾尋，後必開坑百丈；　始雖勢在一門，今則效尤接踵，喊聲震地，鎚鑿轟山。鳩衆如虎而如雲，扛插似戈而似雨。金聲累歲，敲碎道民之心；　搬運百千，活剜寺僧之肉。然且嫁言：　己實不遺[一〇五]，而暗利土人之盜來；　又復笑言：　我自美觀，寧惜賤人之唾罵！　故土人有『天坍長子頂』之言，山匠有『地主大人歡』之説。是猶警盜而無論窩家，詳刑而不認[一〇六]主使，雄心惡發，巧語誰欺？　雖宋世開花石之綱，凶不若是；　元亂鑿佛身之血，惡不如斯。一寺之流散不足論，獨不念會城之秀鍾乎？　一城之秀氣不挂意，獨不念己身之富貴由來乎？　己身富貴欲享盡，獨不顧朝廷之香火當存乎？　淫石迷樓，窮奢極欲，陳明土地，含怨而未肯顯靈；　靈鷲山王，睨視而共須時至。我令冷泉終日湯湯相告，而貴人若不聞；　我等衆峯終日點頭如求，而貴人若不見，必至崩我身、絶我脉而後已。哀哉！　痛哉！　賴有道民如刀之口，尤恐言出而累以禍隨；　幸而道民似鐵之心，誓願頭存而與壁俱碎。一言夕發，萬里且聞，伏願靈隱寺歲時朔望祝願萬歲聖天子聞之，伏願守土觀風名山大川之寄大諸侯聞之，伏願郡城内外間鍾靈峯諸大夫士庶聞之，伏願會城遠近百姓軍民共有富貴科名之望墳墓祖孫之念者聞之，定發公言，將無清議。倘然膚剥，如救頭然，泣血謹告。

論

飛來峯不從巫山來論

孫　治

理公見奇峯而嘆曰：　『此吾中天竺靈鷲山之東嶺，不知何以飛來？』有黑白二猿，呼之而出。此其事甚奇，而好事者指爲越王時巫山飛來，亦謬矣。以楊升菴之博雅，亦曰：『巫揚臺自巫峽飛來於靈隱。』亦何據耶？ 昔先賢邵紫之以類徵也，曰：『會稽陽明洞有飛來石，龜山一名飛來山，金華山寶掌洞有飛來峯，蘇州天平山有飛來峯，廣東羅浮山有飛來峯，福建汀州府有飛來石，福州府昇山一名飛來山，潛山有飛來峯，贛州興國縣有飛來佛，廣東中宿峽有飛來寺，於潛縣有飛來橋，岝崿山名飛來山。』然未有理公之證據茲山爲可信也，世之人何以不知西天竺，而妄言巫陽臺耶？

靈隱號景德論

靈隱之稱景德，何也？ 宋真宗景德四年，勅賜額，改靈隱寺作『靈隱山景德寺』。而天禧五年，又勅賜改景德寺爲『景德靈隱寺』，此靈隱之所以稱景德也。雖然，前此者有賜矣，錢忠懿王賜『靈隱新寺』是也； 後此者有賜矣，宋高宗賜『靈隱崇恩顯親禪寺』是也，則曷爲至今猶稱景德也？ 元時中天竺賜額『天曆永祚寺』，易世而變矣，則曷爲至今猶稱景德也？ 雖然，以靈隱稱『景德』，以景德冠『靈隱』，古今之殊絶也，則曷爲其不至今稱之也？ 武林亦有祥符寺矣，其猶然稱祥符也。

治潮皆靈隱僧論

駱丞咏靈隱而及浙江潮也，人咸疑之，而余以爲無可疑也。乃治潮者皆出于靈隱僧，又何奇也？錢王時，以萬弩射潮，而潮不能却也。僧都統贊寧與智覺禪師延壽，建塔創寺于江干以鎮之，而潮循故道焉，是其一也。前南齊時，驚濤爲害，寶達誦秘咒累日，吴行人形見于夢，而潮擊西興，東岸以平，又其一也。洪武初，海潮崩岸，壞民廬舍，照菴慧炬時居理公巖，爲潮神説三皈戒，楊枝灑處，即止不崩，又其一也。然從靈隱之有關于浙江潮，而靈隱僧之能治潮也，所從來矣，而又有異者。往者六和塔災，火出于北高峯，飛而焚之。夫北高峯固爲火山，而能飛火于六和塔者，何也？吾是以知靈隱之有關于浙江潮也。

靈隱不宜爲第二山論

宋寧宗嘉定時，品第禪院五山，以徑山爲第一，靈隱次之，浄慈又次之，天童又次之，育王又次之。其以徑山加于靈隱也，則不知靈隱之爲武林也，知靈隱之爲武林，則徑山不得加于靈隱也。或曰：『有徑山而後有靈隱。』以其沿流而言之，而非也。夫中國山川，皆本于隴蜀，安得執此以論徑山、靈隱哉？且是武林者，四王七帝之所都也，宜莫先于靈隱也。

靈隱徧五宗論

靈隱之爲禪，天竺之爲教，夫人而知之也。然中竺爲禪院十山之首，而下竺則亦多禪師居焉，是教與禪則雜焉也，則未有如靈隱之耑于禪也。南嶽青原以後，五宗迭興，而靈隱皆得而有之，甚矣！靈隱之盛也。余序僧系，自唐以下，未有以教入焉者也。略摭其一二，即如真觀之爲曹洞也，文喜之爲潙仰也，延壽之爲法眼也，契嵩之爲雲門也，瞎堂、佛智、密菴諸人之爲臨濟也，五宗之賢聖，指不能屈，靈隱皆得而有之，則未有如靈隱之盛也。

蓮華石品論

牛奇章僧孺以甲乙丙丁列石品，謂太湖石爲甲，羅浮、天竺石爲乙焉。其言天竺也，猶言蓮華峯與飛來峯也。蓮華之石，若獅豹兕象，莫可形容也，而其鮮葩則若芙蕖焉，故以爲蓮華也。雖然，其甲與太湖，與乙于太湖[一〇七]，吾不得而知也，而其與羅浮並者，則奇章之不予誑也。乃蓮華之厄，厄于楊髡，有楊髡之鑿之也，而石不得全矣。有楊髡之鑿爲己像也，而石愈醜矣，然其質固在也，而惜乎後之人又欲伐之也，故虞比部淳熙之代石言也，曰：『石告貴人曰：「我石無口，口在世間。我石無言，言在天下。」』其以洩石之憤也云爾。東坡之去杭也，僧惠淨贈以石，東坡詩曰：『還將天竺一峯去，要把雲根到處栽。』其愛石也，不亦至乎！然東坡兩爲政于杭也，未嘗伐而取之也，而奈何後之人不知愛也？或曰伏虎嵒伐于某某焉，唏也。

塔銘

慧理大師塔銘　虞淳熙

理公本靈山羅漢垂跡，晋咸和間，鷲飛猿騰，先來震旦，公錫後，落飯而問之：『誰摘陶輪，若猶磨蟻，會物不還？』乃歸院焉[一〇八]。俄窺神足，圍相塈周，開寶三載，崇爲方墳，直清繞橋，在式公不移[一〇九]澗上，青烏氏曲鈐回龍，則凡骨僭入塔矣。萬曆丁亥夏，雨夜圮，庚寅春，釋如通祓穢新之。

柭[一〇]者程理，于時崩[一一]洞扃公所，周身可撫也。當時覩史下生，乘鷲呼猿而回龍華，乃稱回龍哉。萬曆庚寅[一二]，梵網[一三]戒衆，虞淳熙庸作銘辭，銘曰：

石燕拂雲，嶺鷲入吴。公錫于飛，猿心可呼。安安而遷，月運雲駛。生滅毁成，亦復如是。謂公蓋殫，雞足與夷。謂輪蓋[一四]傾，鱉足與支。幡搖烏鷲，拱積星礙。骨妖斯濯，黑囊虚佩。如梵天宫，乘往當[一五]來。南紅泗影，不騫不摧。

普慈大師石塔碑銘[一六]

契嵩

師諱幻旻，信陽玉山人，姓葉，童時出俗，入興教蘭若，師僧省覃。既納戒，乃訪道四方，來虎林，見慧明禪師於靈隱，即服膺，執弟子禮，盡學其法。久之，慧明命師監寺，其寺大火，方根典守，同事者危及禍，曰：『我總寺事，罪盡在我，爾曹不必懼也。』吏不窮詢，止坐爨者，人咸偉之。及慧明告終，師即帥衆白府，請慧照聰公鎮其寺，仍以監寺輔之，戮力相與復其寺，不十年而葺屋廬巍然千餘間，益偉於舊。慶曆中，朝廷用某薦，而錫之章服，其後又賜號『普照』。及慧照謝世，遺書舉師自代，官疑其事，不與，更命他僧主之，師事其僧愈恭，無毫髮見於聲彩。知府龍圖季公知之，乃以上天竺精舍，命師以長老居之，及觀文孫公莅杭，特遷主靈隱。始演法之日，孫公重師，衣冠貴游不翅百人，預會爇香，聽其所説，而道俗老少貴賤，摩肩趨者萬計。是日，人聲馬跡，溢滿山谷，法席之盛罕比。師天性寬平慈恕，居寺六年，嘉祐己亥仲冬，忽感微疾。先一日，與蒙語，將授寺與今知禪德，語氣詳正如平昔。十三日，雞鳴起漱洗，問時辰，乃安坐而盡，世壽六十一，僧臘四十一，塔呼猿澗直北寺垣之内。銘曰：

惟功在法，惟德在法。法既不生，其勝緣豈有熄耶？惟師之盛善常然，不泯不墜，斷可見矣。

輔良大師石塔碑銘[二七]

宋　濂

洪武四年正月十六日，師滅度，報年五十有五，僧夏四十，龕留五日，頂有暖氣，體貌如生。又二日，用闍維法，齒牙堅潔，舌根紅潤，皆無壞者。火既滅，諸舍利玉皦珠圓，弟子智鎧等瘞骨歸雲塔中，實在寺東偏若干步。

按，大師諱輔良，字用貞，號介菴，蘇州吴縣人，范文正公十葉孫，父伯和，母鄭氏。大師誕鍾粹氣，聰悟夙發，見浮圖氏書，輒踴躍誦，若所素習，挾相形術者謂其父母曰：『是兒骨格清聳，終非世間法可縛，若使學佛，大宗乘者此兒也。』父曰：『吾范氏無浮圖者，顧頗聞先公鎮蜀時，勉圓悟勤公，卒爲天下禪宗乎？』年十五，遂捨[二八]同里迎福僧壽彌，薙落，未受具戒，去從北禪澤法師，習天台教觀。時士瞻杓公住天平山白雲寺，蓋范氏所建以奉先者，士瞻見大師，誨之曰：『教乘固當學，若沉溺不返，如入海算沙，徒自困耳，何不更衣以事禪宗乎？今笑隱訴公，其道被于東南，朝廷賜以全悟大師之號，盍往依焉？』於是大師往見，廣智即以令器法身期之，問答之際，棒喝兼施，弦發而箭馳，雷奔而電掃，刹那之頃，凡情頓息，舉揚大法，不務緣飾，而西來之旨自明。復以浄土觀門誡苦海舟航，時兼修之，未嘗少怠。

於戲！道行無跡，極妙無象。無形而即之，脗契本真。未定之先，則萬緣鼎沸；發慧之後，則一性洞虚。所謂不用其力，則神功化于玄冥，而忠信發乎天光矣。有如大師和粹外形，淵懿内朗，叩請之間，因言懸證不染不遷之域，泯差別次第之門，非上智宿植之恩，能至此哉？濂也不敏，早從諸老遊，欲假苦爲宅心之地，夙障已深，竟爲世諦文字之所纏縛，雞鳴而起，唯悵逐物而已。操觚而銘大師之塔，能不側然以自憐，悵然而遐思者乎？銘曰：

真體如如，絶垢離紛。妄識所膠，攬爲法塵。辟猶颾風，鼓埃揚氛。化晝俾夜，觸目重昏。佛啓覺塗，高懸慧日。白光爛然，下銷群慝。破相玄門，最爲勝特。能定諸緣，即超秘密。昭昭大師，上承禪宗。一真歸源，萬幻咸空。染浄兩冥，本跡俱融。廣智之傳，其學遂東。昭昭大師，爲法出世。嬉笑怒罵，皆真實諦。湧殿嵯峨，蜚樓弘麗。假相以昭，非與道戾。昭昭大師，變通弗拘。緣盡即滅，視世爲虛。死生者誰？出没在吾。化爲舍利，如摩尼珠。其來奚留？其去何逝？白雲在天，周流無滯。法象既亡，勒石爲偈。式播徽音，用垂南裔。

性原明禪師塔銘

心　泰

洪武十九年六月二十三日，靈隱住山幻隱禪師歿，塔于寺之西岡，世壽六十有九，坐夏五十。禪師諱慧明，字性原，幻隱其别號也，台之黄巖項氏，母陳。師生七年，患瘡幾死，冥于床，忽失故處，母遽尋，于他所得之，問何爲至此？曰：『夢寐中，見四童子舁至于兹。』翌日瘡愈，則知四童子者，天神也。稍長，不樂從事於俗，乃往温之樂清，依寶冠寺魯山東公落髮。年二十，走宣城，受具於廣教寺明律師。往參徑山元叟端公，公曰：『汝東嶺來，西嶺來？』師以手指草鞋，曰：『這箇三文錢買得。』公曰：『未在，更道。』師曰：『和尚何不領話？』公曰：『念汝新到，且坐喫茶。』師曰：『千年桃核裏，覓甚舊時仁？』公容其入室，朝參夕扣，遂得其旨。既而出世鄞之五峯一瓣，爲端公嗣。

洪武五年壬午，選舉高僧，師與其選。季潭泐公住持天界，請師分座説法。明年冬，太師李公就鳳陽設會普度，有旨命高行沙門領僧三十，往作佛事，師應詔以行。既至，柄法甚虔，凡旬有五日，時天陰晦欲雨，太師問曰：『法會之設，天神交接，正宜晴朗，以綏百靈，其陰如此，得非雨乎？』師曰：『無慮，此特鬼神之格耳，非致雨而然也。』太師初未然之，及會散，雲陰解駁，月星呈露，太師以前言爲讋，合爪嘆曰：『禪師真達道肉身菩薩也。』又明年秋，季潭公與京刹諸碩，舉住京口金山，師重其舉，不辭以往。九年丙辰，奉旨預注三經之列。

十一年戊午，杭靈隱虚席，衆慕師之道，合辭以請，師不應，使往還者三，於是勉就。至則以法爲己任，振揚宗風，一時翕然。首創大雄寶殿，巋然瓦礫叢棘之墟，屹如山峙，雄冠如[二九]峯，觀者嘆美。住靈隱幾十載，塔之在北峯者，則修治之，九里松之被伐者，皆補樹之。又以學者泥於知解，嘗垂問曰：『昨夜蓮花峯被蚍蜉食却半邊，你因甚麽不知？』又問：『冷泉亭吞却壑雷亭，即不問南高峯與北高峯鬬額，是第幾機？』衆莫有契者。

先是，有僧謁師，師失禮焉，銜之，誣師以非，言於朝，使者至。衆皆諷師自盡，師怡然曰：『聽我去。』及至所司，憩廡下，端坐説偈而化。得法上首弟子智闇等若干人，手度弟子懐魯等若干人。師所説偈句，深密微妙，四董名山，有《四會語》。銘曰：

於赫覺皇，宏宣六度。其一惟禪，絶離言句。拈華微旨，飲光克承。竺乾四七，繼繼繩繩。達摩西來，厥宗蓋大。濟北之喝，啓盲闢聵。下至圜悟，秀分兩岐。卓哉妙喜，全身荷持。喜後四葉，是爲寂[三〇]照。猗歟幻隱，于光有耀。生以神祐，死由人擠。死生擠祐，均爲菩提。塔于西岡，山靈水秀。銘以昭之，千古不朽。

無文大師石塔碑銘

心　泰

師諱本聚，字無文，別號無見，四明定海謝氏，父子祥，母李氏。師幼端穎，童歲入黨庠，《語》、《孟》諸書，過目即不忘。年十四，遣出家郡城五臺寺來公所，三歲爲剃染受具，俾習毗尼。久之，嘆曰：『律以嚴身，非究竟出世法。』時孤峯德禪師旺化金陵保寧，師乃杖竹履芒，踵藺數十舍，前扣法要，峯曰：『聞汝和梁山牧牛頌，試舉看。』師擬議，峯掩其口，曰：『牛在甚麽處？』師曰：『已犯和尚苗稼了也。』峯曰：『未在，更道。』師掩耳而出，峯陰許之，命爲侍者，數以語摩拂之。仲芳倫禪師退休寺右新菴，師往來決擇，歷三寒燠，知證日增，聲譽聞諸方。元至正二十六年，開法蘇之覺嚴，一瓣爲孤峯嗣。洪武中，宜興静樂講院請師開堂，重刱大雄寶殿，由是易講爲禪，行百丈規繩。太祖高皇帝徙蔣山禪寺於孝陵之東，賜號『靈谷』，詔物先仲義禪師住持，天下慕道禪侣，雲臻坌集，數餘萬指。物先以爲衆廣易濫，匪規罔肅，必得儀行端潔威德嚴重人素信服者，處之前板，庶足糾正，於是議僉歸師居第一座。而師儀軌端飭，聲律身度，有衆秩秩，肅若凛然，叢林典禮，講行無遺。洪武二十八年，杭之靈隱缺，補處都掌教，陞鎮其席。寺弊，方將經營，三十二年春，示微疾。丈室範堂洪公走方丈候問，值師氣喘，洪詰問：『趙州道：「諸人被十二時辰使。」老僧使得十二時辰作麽生？』師竦身曰：『喚甚麽作十二時辰？』洪曰：『不奈氣急乎？』師振聲一喝，乃問左右：『今朝是幾？』對曰：『二月二十七日。』索筆書偈曰：『吾年七十有五，涅槃生死不墮。虚空背上翻身，靠倒飛來小朶。』竟擲筆泊然而化，闍維頂骨不壞，舍利無算。宗衍等斂諸不壞，塔于演法堂東雙桂菴，尋分爪髮，歸宜興静樂瘞焉。

圓慈正濟空叟悟禪師塔銘

心　泰

大慧五傳至寂照，寂照嗣法之子，林立徑山〔三二〕，愚菴禪師及公其一也。愚菴再傳，是爲師。師諱忻悟，字空叟，蘇吴縣人，俗姓鈕，父華，母吴氏。師生元至正丁丑，貌簡重，兒時聞梵音輒喜，父母知非處俗子。時九歲，依龍興寺白雲閑公，祝髮受戒。至正戊戌，長遊武林，參徑山愚菴及公，公問曰：『如何是永明旨？』師曰：『某甲新到，只見一湖水。』菴可之，遂容入室。壬寅，居第二座。癸卯，中竺懶菴禪師俊公請分座説法，時帝者師錫以『圓慈正濟』之號，以彰其德。皇明洪武庚戌，京都宗剎疏住浙江崇寧，辦香爲愚菴嗣，振寺于百廢之餘。閲八年，還住中竺。時寺廢役繁，師力任不倦，募建天香閣，巋如山峙，居者安恬，遊者爽闓〔三三〕。住九閲載，集衆告閑，勸舊不忍其退，有悲泣者。洪武戊辰，僧録惜其靖退，會靈隱虚席，以師名預，適中其選。四方學者皆喜躍，贏糧願從，鐘鼓變音，叢林改觀矣。居四年，以前住持舊事，逮至京，病卒於行，臨終偈曰：『我年五十五，信是生多苦。踏斷死生關，夜半日卓午。』門人道浄等依法荼毘，舌根數珠不壞，全室泐公、夢觀仁公、存翁道公、隨菴浚公、一雨洽公，咸具饌祭。其徒德律等奉骨歸窆靈隱之東岡，復分瘞于西溪九曲山之原。師之殁，實洪武二十四年辛未夏五月三日也，世壽五十四，僧臘四十。愚於禪師爲法門昆仲，習聞平生以慈忍謹敏自將，所説偈頌，穩密不蕩，三坐道場，有《三會語》，神感其誠，人飫其德，近世稱善知識如師者，不多見也。

校勘記

[一]「二」字契嵩《鐔津文集》所附《明教大師行業記》作「六」。
[二]「椒」字《鐔津文集》作「菽」。
[三]「已而」《鐔津文集》作「而已」。
[四]「居」字下《武林掌故叢編》本有「乃」字。
[五]「教」字下《鐔津文集》有「孝」字。
[六]「年」字《鐔津文集》作「季」。
[七]「谹」字《武林掌故叢編》本作「竑」。
[八]「足」字《武林掌故叢編》本作「作」。
[九]「微」字《武林掌故叢編》本作「徵」。
[一〇]「悦」字《武林掌故叢編》本作「説」。
[一一]「和」字《武林掌故叢編》本作「呵」。
[一二]「現」字宋濂《宋學士文集》作「覩」。
[一三]「留」字《宋學士文集》作「晋」，是。
[一四]「逸」字《宋學士文集》作「竄」。
[一五]「藏」字下《宋學士文集》有「記」字。
[一六]「師」字《宋學士文集》作「經」。
[一七]「凜」字下《宋學士文集》有「凜」字。
[一八]《宋學士文集》卷五十六收此文，題作「靈隱大師復公文集序」，此篇係從中摘編。
[一九]「濂」字下《宋學士文集》有「之」字。
[二〇]「匣」字《宋學士文集》作「襓」。
[二一]「門」字下《宋學士文集》有「既得之，不翅木難珊瑚之爲貴」句。
[二二]「袍」字下《宋學士文集》有「之士與」三字。

[二三]『焉』字下《宋學士文集》有自『今來』至『閫奥』數十字。

[二四]《宋學士文集》卷二十四收此文，題作『靈隱和尚復公禪師三會語序』。

[二五]『然』字《宋學士文集》作『照』。

[二六]『鎚』字《宋學士文集》作『錐』。

[二七]『是』字《宋學士文集》作『實』。

[二八]『被』字《武林掌故叢編》本作『彼』。

[二九]『鉅』字《武林掌故叢編》本作『距』。

[三〇]『迫』字《武林掌故叢編》本作『泊』，誤。『迫而視之』，意謂靠近、接而視之，《宋學士文集》正作『迫』。

[三一]『真』字《宋學士文集》脱。

[三二]『算』字《宋學士文集》作『善』。

[三三]『句』字下《宋學士文集》有『勿著色求』四字。

[三四]『溉』字《宋學士文集》作『丐』。

[三五]『相續』兩字《宋學士文集》作『續焰』。

[三六]『輪』字《宋學士文集》作『轉』，誤。形近而訛。

[三七]『嶺』字《鐔津文集》無。

[三八]『巘』字《鐔津文集》作『峴』，下同。

[三九]『蓋』字《鐔津文集》作『益』，是。『益趨二里』，意謂再往前行二里。『益』『蓋』形近而訛。

[四〇]『隱』字下《鐔津文集》有『寺』字。

[四一]『澗』字下《鐔津文集》有『橋』字。

[四二]『垂』字下《鐔津文集》有『于』字。

[四三]『垂』字下《鐔津文集》有『于』字。

[四四]『之』字《鐔津文集》無。

[四五]『曰』字《鐔津文集》作『謂』。

[四六]『益』字《武林掌故叢編》本作『蓋』。

[四七]『者』字《鐔津文集》無。

[四八]『者』字《鐔津文集》無。

[四九]『中』字《鐔津文集》作『印西南』。

[五〇]『籠』字下《鐔津文集》有『乃』字。

[五一]『西僧』《鐔津文集》作『西域異僧』。

[五二]『仙靈』《鐔津文集》作『靈仙』。

[五三]『竺』字下《鐔津文集》有『而』字。

[五四]『青』字《鐔津文集》作『香』。

[五五]『洞』字《鐔津文集》無。

[五六]『也』字《鐔津文集》無。

[五七]『根』字《武林掌故叢編》本作『相』。

[五八]『巖』字《鐔津文集》作『顏』。

[五九]『名』字下《鐔津文集》有『其名』二字，是。

[六〇]『國』字《鐔津文集》無。

[六一]『雄據高挹』《鐔津文集》作『雄拔高極』。

[六二]『等』字《鐔津文集》作『異』。

[六三]『狀』字《鐔津文集》作『壯』，誤。

[六四]『出』字《鐔津文集》無。

[六五]『出』字《鐔津文集》無。

[六六]『唐』字《鐔津文集》無。

[六七]『是』字《武林掌故叢編》本作『事』。

[六八]『塢』字下《鐔津文集》有『谷音浴也』四字。

[六九]『拘』字《鐔津文集》作『楊』。
[七〇]『塢』字下《鐔津文集》有『其三者廢』四字。
[七一]『塢』字下《鐔津文集》有『其五廢』三字。
[七二]『民居』《鐔津文集》作『居民』。
[七三]『釣弋』《鐔津文集》作『弋釣』。
[七四]『樵』字《鐔津文集》作『蘸』。
[七五]『其』字《鐔津文集》作『則』。
[七六]『七』字下《鐔津文集》有『其一』二字。
[七七]『寺』字下《鐔津文集》有『其一』二字。
[七八]『飛』字《鐔津文集》作『西』。
[七九]『九』字下《鐔津文集》有『其一』二字。
[八〇]『塢』字下《鐔津文集》有『南塢其』三字。
[八一]『其南塢』三字《鐔津文集》無。
[八二]『玄』字《鐔津文集》避諱作『縣』。
[八三]『之』字《鐔津文集》在『佛』字前。
[八四]『偉』字《鐔津文集》作『棣』。
[八五]『明甫』二字《鐔津文集》作『杜師明』。
[八六]『之』字後《鐔津文集》有『謝』字。
[八七]『從』字《鐔津文集》作『徒』。
[八八]『椒』字《鐔津文集》作『莽』。
[八九]『其異香』《鐔津文集》作『奇香異』。
[九〇]宋濂《宋學士文集》卷五十八收此文，題作『靈隱良禪師遺像贊』。
[九一]『之』字下《宋學士文集》衍一『居』字。

[九二]『測』字《宋學士文集》作『度』。

[九三]『也』字下《宋學士文集》有『是』字。

[九四]《宋學士文集》卷二十七收此文，題作『蒲菴禪師畫像贊』。

[九五]以上文字叙蒲菴禪師簡歷，蓋撮述原文而成，改竄頗多。

[九六]『至』字下《宋學士文集》有『至言多不載』句。

[九七]『鍠』字下《宋學士文集》有『嘗』字。

[九八]『係之』兩字《宋學士文集》作『予知師頗詳，故仿近代儒宗之例，歷舉其行而系之以辭者，以勵夫人人也』。

[九九]『却』字《武林掌故叢編》作『退』。

[一〇〇]『澤』字《宋學士文集》作『遇』。

[一〇一]『諸』字《宋學士文集》作『請』。

[一〇二]『奮』字《宋學士文集》作『春』。

[一〇三]『充』字《宋學士文集》作『克』。

[一〇四]『理』字虞淳熙《虞德園先生集》無。

[一〇五]『遺』字《虞德園先生文集》作『遣』，是。此句意謂并非自己派人取靈竺石，而是土人所爲。

[一〇六]『認』字《虞德園先生文集》作『甚』。

[一〇七]『太湖』據上文應爲『天竺』之誤，意謂以太湖之石爲甲，以天竺之石爲乙。

[一〇八]《虞德園先生文集》卷十一收此文，『焉』字下有『宋之靈隱寺也』句。

[一〇九]『不移』兩字《虞德園先生文集》作『新開』。

[一一〇]『柆』字《虞德園先生文集》作『檀』。

[一一一]『崩』字下《虞德園先生文集》有『石』字。

[一一二]『万曆庚寅』四字《虞德園先生文集》無。

[一一三]『網』字《虞德園先生文集》作『銅』。

[一一四]『輪蓋』《武林掌故叢編》本作『蓋輪』。

[一一五]『當』字《虞德園先生文集》作『啻』。

[一一六] 契嵩《鐔津文集》卷十五收此文，題作『故靈隱普慈大師塔銘（並序）』，原文七百餘字。此篇蓋據原文撮述而成。

[一一七]《宋學士文集》卷十三收此文，題作『杭州靈隱寺故輔良大師石塔碑銘（有序）』，一千五百多字。此篇蓋據原文撮述剪裁而成。

[一一八]『捨』字不通，《宋學士文集》作『從』，是。原文爲：『從同里迎福院僧壽彌。』

[一一九]『如』字《武林掌故叢編》本作『諸』。

[一二〇]『爲寂』《武林掌故叢編》本作『寂爲』。

[一二一]『徑山』《武林掌故叢編》本作『山徑』。

[一二二]『爽闓』《武林掌故叢編》本作『闓爽』。

武林靈隱寺誌卷之七

碑　文

重建靈隱寺碑記[一]　王益朋鶴山，大理寺卿

靈隱名山之勝，自來作者之所詳，余可得而略之也。惟具德大和尚住止茲山，自己丑至癸卯，歲星一周又加三焉，始置藏殿，而終直指堂。其始也，不爲其後者計也；其後也，非爲其前者補也。而星羅棋置，左翼右舒，亦若有神靈以扶建之也。昔王巾作頭陀之碑，徐陵有孝義之紀，皆名播千載，芳垂不朽。余以何人，敢不爲之綴筆於後哉！

本北高峯九十五丈十分，其高以爲殿之高。殿數楹，三分其高，加尋焉，以爲之修。墀有砌焉，室有阿焉，從唐殿製也。殿之上有法堂，不及殿之高五分之一，而與殿等，躡蹬而上加于山也。殿之東爲東戒堂，殿之西爲西戒堂。法堂之東爲東禪堂，法堂之西爲西禪堂。古無戒堂而有戒堂，古無禪堂而有禪堂，棲禪者衆，戒爲禪本，可不東西列與？　其上爲直指堂，其廣十餘笏，其修倍尋也。直指堂之左有面壁軒，直指堂之右有青猊軒焉，所取之面壁者取於壁也，青猊者取於石也。面壁軒之下爲東禪堂，東禪堂之東爲慧日軒，下爲玉樹林，左則浴室與諸寮在焉。浴樓之東爲雙桂室，雙桂者，無文塔

也，不欲没之也。玉樹林下爲金光明殿，金光明者，宋時懺儀也。蘸筆池在其下，茶與竈列焉，取其池之便也。其下大悲殿，殿之前爲聯燈閣，聯燈者，爲二僧人悟而建也。聯燈閣之前爲華嚴閣，閣之右爲伽藍殿，伽藍殿與西之祖堂相對也。華嚴閣之前爲梵香閣，又其前爲青蓮閣。青蓮始之，華嚴其後建也，而梵音、聯燈錯峙焉，猶天有閣道也云爾。其前爲響水樓，響水者，壑雷聲也。其後爲齋堂，爲客堂，爲香積厨，所爲繼藏殿而建者也。青猊軒以下，西禪堂下爲羅漢殿，所爲供五百應真者也。殿之下爲祖堂。王者之制，左宗廟而右社稷，浮屠之制，左伽藍而右祖堂也。堂之下，擇木堂，擇木者，遊僧所棲也，意南而南，意北而北，無所棲焉不可也。其下爲公所，以靈隱之勝，而貴客勝遊，可無税駕歟？然不置於東而置於西，又絶遠於戒與禪也，不使學人見可欲也。又其下爲萬竹樓，隱者之所寓目也。東有響水以聽泉，西有萬竹以攬勝也，觀止也，而天王殿以是成焉。天工殿者，以奉天王及彌勒焉，古之絶勝覺場，晋以來有此稱也。戊戌，大殿灾，而辛丑與天王殿同告成焉，此天意也。於是建鐘樓於殿東，助龍首焉，其在古爲百尺彌勒閣也。建閣不如建樓也，視其高加於殿若尋，而高於殿齊也，乃建直指堂終焉。直指堂，和尚丈室，不欲以己加於殿，不欲以己加於衆室，何爲其不後之也！雖然，和尚之建置若此，其若有意者耶？其若無意者耶？而若軒焉，若輊焉，若仰焉，若俯焉，若兩曜之界天，若衆星之環極焉，斯真奇也！然則錢唐三百六十寺，未有先此者也，是安可不爲之記也？

靈隱寺重興碑文　嚴沆

靈隱山水，西山佳絶，即《漢志》武林山水也。武林以此得名，而武林人不之知也。絶迹高遁者，得以棲托而處，故上古有『稽留』之號，不獨今矣。東晋咸和，理公創興，歷代皆有高僧居之，其載於僧録者，可攷而知也。但宋元以來，皆有朝旨補授，而其後惟以僧房輪直，末流之弊，殆有不可言者。具德和尚紹三峯之絶傳，接黄檗之逸響，所至之處，無不成林。自廣孝、天寧、顯寧、佛日數大刹，無不改觀，而於靈隱建置，尤所謂神輸而鬼授也。於呼！自非和尚道法之盛，其能以有此哉？念先清卿與賢大夫十數人，爲勝遊之會，憩此聽禪，而先君子與兩世父，偕長蘅李[三]先生、子將聞先生，每於春淙壑雷之下，流連愛玩，有終焉之志，此余夙昔所謂惟寤寐難忘者也。今以乞假之暇，際光天之運，覯金碧於靈宫，粲雲霞於鹿苑，其又安能已於懷耶？和尚命余撰碑傳於後，顧陸羽之記不傳，羅公之文僅存，又焉用余蕪文以貽誚於山靈耶？因綴以大略，而係之以銘曰：

巃嵸靈宫，包絡峯崿，扶神靈兮。高甍蜚宇，昭灼宏敞，纚雲庭兮。含華疊萼，葱翠紫蔚，夭卓詭兮。胡蔽而虧，出入日月，靡終始兮。天興華藏，綿邈宗傳，亡垠堮兮。莫高匪山，莫峻匪泉，長烏奕兮。

重建靈隱寺碑文

孫　治宇台

粤自周星雨地，帝釋肇止於天冠；漢夢徵祥，洛陽創基於白馬。自此銀城映沼，焱布諸華；金鐸響風，聿開來載。若乃赤烏之歲，僧會始軔吴地；過江以來，支郎響振義林，則東南之弘化，而吴越之始基也。咸和初祀，理公實來，蚤棲息於西山，疑蜚形於鷲嶺，由是人天共證，比迦葉於經臺；緇紫雲歸，掩鳩摩於祇苑。疏館山椒，映四園而交翠；彪流澗雨，並八水而停紅。鷲在山而若舞，猿就洞而歸來。轉金策於閻浮，化城不遠；息害馬於忍土，净界非遥。功自此而彌天，法由兹而振地。覺場標榜，人稱勾漏之仙；上苑勒銘，世重簡文之記。漂流六代，沿及五朝。長廊鳳翼，知自貞觀以來； 蜚塔雲浮，實始大中之代。而錢氏御土之日，值聖僧宣化之年。寶幢聳列，落仙梵於雲根； 穹塔凌層，響和鈴於天外。炎宋聿興，景德標號。寶軸千裝，天章雲鳳之筆； 良田萬頃，濯龍脂粉之錢。迨至南宋駐蹕，翠華屢幸，交蘆迴天子之鑾，光明有高僧之迹。金印來於天上，直指安禪； 璇題復於人間，空王炳日。於焉薰風璚露，五花相繼於莊嚴； 碧月珠星，雙樹依然於常住。不圖至大之歲，禍發丹丘； 莫甚至正之年，銷沉銅馬。自此而降，興衰匪一，雖中天開運，而寶地淹淪。山疑虎窟，久虛開士之塵； 地似龍樓，未遇高流之響。九里翔風，不見蒼虬之舞； 三山望月，空聞落桂之聲。雖曇瓚竭蹶於宣德之年，僧通庀材於穆皇之代，不足以復石室之禪那，煥龍宫於耆窟也。

時序遷移，宗風消歇，不有大覺，孰證迷津？ 茲惟具德大和尚者，臨濟之嫡乳，黄檗之肖孫，權實雙融，有無互徹，祛守默之痴禪，掃尋文之狂慧。以故名園香剎，争奉銖衣； 秀水靈峰，競承組鉢。歲在赤奮二月，和尚頓駕靈山，剪蓬蒿藜藿之居，成寶筏銀沙之所。蒲團夜梵，闢第一之玄機； 塵尾高揮，廣不二之法旨。有萬沙彌，盡遊青石； 三千蒲塞，競共蜚花。而戊戌劫火，大殿告災，天將除舊以更新，人用布金而填陌。隕三災之火，標日月於天宫； 違四大之風，界琉璃於地道。於時蒼林屬玉，自蹇嵼於青鳶； 梵住浮檀，遂巍峨於香象。雲楣膠葛，峯接陽烏； 綺井璚熿，林生陰兔。萬栱千楹，迴合斗杓之氣； 虹梁螭桷，平臨滄海之潮。然則東安參禪之窟，無此名區； 江右選佛之場，遜茲寶界。信有徵者，不其然乎？ 於戲！ 人以地傳，地緣人顯，靈隱山川之奇，和尚道法之勝，同符千載，迥絶恒蹊，庶幾頓超十地，寄無言於有言； 悟彼三空，歸有法於無法者歟？ 是爲銘，銘曰：

法從東度，山自西遷。聖僧至此，憩彼林泉。三寺並列，精廬巋然。嶽形雕鷲，石秀青蓮。金繩界道，寶鐸凌烟。名賢似續，綿矣千年。重瞻大覺，濟水真傳。天開給舍，人度寶田。影涵瑶圃，光照金盤。丹霞結宇，紫極開軒。林間花繞，鉢内龍旋。天衣荏苒，帝馬翩躚。霜鐘夜湛，海日高懸。浄名第一，慈照大千。流水在澗，明河自天。棧有伏虎，洞有仙猿。明明宗旨，其永無刊。

重興景德靈隱禪寺碑文　王吉明瑞五

嘗聞佛之化身，徧滿三千大千世界，似非人世之土木金碧所得而莊嚴者。雖然，諸佛往矣，黄金布地之祇園，七寶嚴飾之樓閣，疇其覯之，則舍人世之土木金碧以爲莊嚴，無從因像見佛。然則莊嚴法界，莊嚴化身，等無有別。佛之所以長留於天地古今之内，而徧現於智愚心目之間，非像教不爲功。自教外別傳，直指人心，見性成佛，洵無上妙義，而後之弔奇者，視宗教若徑庭然。若夫提宗攝教，借教詮宗，和合無間，足爲法門淵海者，則具老和尚爲不可幾及也。和尚受三峯老人付囑，爐冶精嚴，見於把茆之日；蹴踏奮迅，顯於方剛之年。道風洋溢，所至主法席，諸方雲集，堂户爲滿，語稱福慧兼修者，非歟？

順治己丑，浙紳士延錫靈隱。靈隱自晋創建，迄今千有餘年，其間廢興，不可殫述。比以棟宇毁圮，法相剥落，周環藩壁頹缺，赤白之飾，盡成黕昧，觀者有魯靈光之嘆。和尚毅然以修建爲任，或疑其爲有爲功德者，不知真性妙空並無一物者，謂之清浄法身；其一切莊嚴萬行者，謂之圓滿報身；隨機設教善利無窮者，謂之千百億化身。使塵刹佛身，有一不現光明，則千百億數中便生缺陷。此缺陷者，誰爲補之？而又誰爲泯之？甚非細故也。靈隱爲浙名刹，四方瞻禮如織，苟以生敬者生哀，則接引善信何籍？且夫無所爲而爲善者，曾幾人哉？大都因生於感，感則動，不感未有能動者也。今使入刹而見殿堂巍焕，法相端嚴，供設輝煌，布置周匝，宛然西方勝境，有不作禮讚嘆勃露善端者，非情矣。則直指人心、見性成佛之機，莫顯著於此，詎修建小果云爾哉？

維時議修建者，僉以時絀舉嬴爲難，和尚曰：『無難，越山多材，若等其儲以待。』先是，衢郡巨木填委，溪水涸，商坐屢歲弗得下，見寺中遣人至，以廉直售。未幾水盛，長木得越堰順流而至，積材山若，則時節因緣可知矣。於是興作大舉，數年間，殿堂樓閣及種種院舍，次第落成，完美盡致，迴踰舊觀。稽其工費，難以數計，和尚優遊處之，未嘗以工作繁興暫輟。兩期少疎提策，而機緣輻輳，若有神輸焉者，豈非千古奇特事耶？昔六祖住曹溪，卓錫泉涌，贍足大衆，東坡銘有云：『問從何來，初無所從。若有從處，來則有窮。』和尚修建靈隱，拓而大之，更而新之，其出無窮，真不知其所從矣。彼測以檀施，目以福報，烏足窺和尚之大哉！和尚固於法界中莊嚴諸佛化身，俾學人由此證悟法身，於真空無加損也。故以此功德而不住相，則無漏；以此深心而奉塵剎，則大報恩。初祖有漏小果之論，蓋爲天監而言歟？若和尚之修建，非猶他方之修建也。以至繁至鉅之舉，而成於無思無爲之中，所謂莊嚴萬行，究竟空無一物者乎？則外彌現而内彌寂，自非和尚，孰能與於斯？吉明皈依有素，幸躬逢其盛事，歡喜踊躍，嘆爲希有，謹序其修建緣起，而約略紀之。

戊戌，成法堂，辛丑，成前殿、大殿。爲閣者四，曰華嚴、曰聯燈、曰梵香、曰青蓮。爲堂者十四，曰大悲、曰金光明、曰五百羅漢殿、曰伽藍、曰祖師、曰東西兩禪堂、曰擇木、曰南鹽、曰庫堂樓、曰知事樓、曰齋堂樓。與輪藏相雁行者爲鐘樓，上爲總管堂。其它有玉樹樓、慧日軒、萬竹樓、直指堂、面壁軒、青猊軒，復有念佛堂、峯頂茅蓬，以及柴寮、園寮與古今賢聖諸塔。下院二，曰寶勝菴、曰接雲菴，其中像設器具，一一稱是。此皆數年内先後修置，不能詳載歲月，要爲和尚手自擘畫，諸高足曁行僧一心力以從。凡所位置題顔，各有意指，後之覽者，其致思焉，爰鑱石爲之記。

記

靈隱放生記

陳紹英 匏菴

自横衝橋至九里松，舊皆靈隱之所屬也。迤邐並湖口，曰金沙灘，灘色如金。山至此而增黛，水至此而加碧者，是湖之最勝處也。錢唐鶴鳴慕侯規其地若干，以爲大師[三]放生之所，而即規其水若干，以育魚於其中，置僧人數輩，朝夕梵誦，一切物命，咸霑法忍。嗚呼！何其仁也。夫佛教之淩夷久矣，大師一至靈山，重整蓮界，變瓦礫之域爲栴檀之所。澗水淙淙，秋林森森，使百萬釋子，咸悟無生而證宗旨，而此寸土者，又被於無涯鱗介之族。夫靈隱冠山，而此陂尾湖，彌天地而亘古今，皆作如是觀矣。

或曰：『昔有大豕爲魯津伯，德其殺之之功，大師無乃多事？』而不知伏蟒化蛇，皆依佛力，卒何疑於此？且牛羊犬豕，怖死而求生，無以異於人者，又安得籍口以殺爲生？或曰：『盡西湖爲放生，有何不可？』余又以爲不然。夫天地之無盡也，魚欲其生，而漁亦不欲其死。兩湖之間以漁爲業者，又可盡廢耶？則此之爲放生也大矣，有量者乃所以爲無量也。與爲室幾楹，爲地縱横若干尺，悉書之，以示後之人。

靈隱鐘記

孫 治

石門有鐘，相傳以爲元時所鑄也。初在崇福寺，寺燬，鐘半没於土者幾百年矣。或以爲啞鐘也，或曰非然也。古人有言曰：『一鳴五穀生，再鳴五穀熟。』石門之鐘，鐘且不鳴，故畏之也。大護法柯將軍諱魁、陳都統諱典謨者，觀於靈隱而深訝焉，曰：『此其爲佛法震旦也與？石門之鐘，於此焉宜？』雖然，鐘之爲大且萬鈞也，移之者非若持缶挈缾然也。鐘之大且萬鈞，又半淪於地，相傳屢欲出之土，愈掘則愈下，石門人共呼爲神鐘，非可以力致也。乃靈隱之移之也，有四僧者掀而出之於地，如有物負擁而出，有舟焉載之，若蜕然而上，斯非神助，不至此矣。先是，鐘之未至也，有神人夢於人曰：『明日鐘至矣。』已而果然。衆協力焉，不移時而[四]至屹然而止，俄而架於簴上，其聲遠聞。《易》曰『震驚百里』，其有焉。衆歡然曰：『信哉！其爲震旦也，鐘果於此焉宜也。非大師不足以刱靈隱，非靈隱不足以致此鐘。』顔率之論周鼎也，以爲九九八十一萬人具而後可致，今鐘縱不若周鼎，度非千萬人不可，何以若易[五]之易也？壬寅，鐘樓成，癸卯，石門鐘至。吾聞之，器從主人，斯非石門之鐘，而靈隱之鐘也，故遂以爲靈隱鐘記。

重裝十八尊者記

孫 籀

余垂髫時應童子試，衆擠門，忽墮被壓，後至者復蹂躪其上，輒死，舁至黄王廟道舍，醫莫能救，蓋竟日矣。爾時神魂飛越，至一山中，有老僧十餘，牟尼披袈，朗誦經卷，掣余手足曰：『吾與若有緣，若毋行。』余魂益飄揚，老僧牽拉不釋，手足伸縮，從空中猛推，遂甦。越數歲，至靈隱寺，見水聲潺湲，峯石奇峭，宛如當日魂飛處，始知前求我者，是阿羅漢，遂矢願他日倖獲功名，則新其像以報。但困於諸生，久之未遂，而此願時存也。

我朝鼎革來，丙戌登賢書，己丑成進士。廷對，擬元應授館選，病不果，遂補秋曹，視學山右，以讀禮歸。時具德和尚大建叢林，功果無量，余乃進山禮佛，謁和尚。是日，羅漢殿適駕樑，若相期約者，余遂捐金，重裝十八尊羅漢，次第告成，因余遠宦，未獲躬親瞻禮。今丁未秋，奉裁賦歸，置匾額齋供，始完舊願。余雖眇末，乃荷尊者保護，以有今日，豈非佛度有緣耶？居官立行，有不自愛，尊者鑒之，余因此益自勵矣。爰述其事而勒石焉，是爲記。

疏

修靈隱冷泉亭記[六]　雪嶠信

浙江勝地，唯靈隱爲最。其源發于天目，而冷泉一帶，鑑照寺前，若蒼龍驤于霄漢也，烟雨峯巒，映人眉目。去年，大風忽發，洚水横流，損我若干奇秀。應以此情，訴于天帝，償我修補如故，奈何殃及兒孫耶！

靈隱寺大殿募緣疏　陳應泰巡撫

自大乘西漸，宗風南衍，本無一語。空迦葉於經臺，如是九年；掩鳩摩于祇苑，由是參禪。法窟競譽，東安選佛名揚；羣推江右，五宗妙諦非關。句後前機，三昧真源，豈是聲前薦得？洵足悟大意於西來，演别傳于南竺者矣。若臨濟具德禪師者，幼皈净業，蚤度玄關，權要雙融，有無互徹。祛守嘿之癡禪，掃尋文之狂慧，以故名蘭香刹，争奉銖衣；秀水靈山，競承組鉢。揮松法座，本無羨於飛花； 拂塵高壇，亦何期於點石！

維茲靈隱寺者，實武林之首剎也。飛岑合沓，翠蔭松杉，鳴澗紆迴，芬流青[三]藻。若誌公幽麓，雅堪卓錫棲真； 惠遠清溪，自愛挂瓢宴坐。年來寶地淹淪，法筵岑寂，苔階流月，空聞落桂之聲； 古洞沉雲，久絶呼猿之響。禪師策杖來遊，愴焉太息，誓整檀林，重光蓮界。蒲團夜梵，開第一之玄機； 麈尾朝禪，演不二之法旨。遂使癡猿捉月，立解苦輪； 渴鹿馳烟，頓明覺路。於時人天共證，緇素雲歸，五百沙彌盡遊青石，三千蒲塞競供銀花。布黄金於廣陌，浮梓柱於洪濤。花宮刻玉，應蹇嵯於青鴛； 月殿浮檀，自巍峨於白馬。不圖禍發神丘，毒流邛井。龍堂何孽，忽搖四大之風； 雁塔非魔，遂隕三災之火。徒逢怪鳥，焚社流音； 不過靈禽，燒林漬羽。日月天宫，倏成火宅； 琉璃地道，竟若化城。禪師悲願逾深，慈誓彌篤。竊同須達，縱填陌而輸金； 尚比澄空，必開爐而寫像。金花滿面，依然常住紺園； 珠澤縈眉，自復莊嚴鷲嶺。

余鎮撫浙土，再越春秋，屢緝餘氛，輒騈戮力。追維塵劫，益信輪迴，維願法雲遐蔭，自令障火潛消； 慧日高懸，長使魔風永滅。每尋歡喜之園，樂對醍醐之治。今禪師以法中之龍象，獨運金輪； 以教外之鸞鳳，重舒玉鏡。雖復設四部于無遮，消三幡於有漏，不足多也，復何難哉！ 惟念名山勝宇，端屬高流； 福地蓮藏，允資開士。故嵩丘靈跡，澄公逝而沉音； 天竺棲真，辨師去而絶響。至若方袍平叔，高躅二清； 白眼支郎，久淩兩軋。龍攄鉢裏，無與觀心； 獅伏巖前，不干演法。而或崎嶇挂錫，委頓開林，山陰殿缺，遽來靈羽于飛輪； 沙伏塔傾，誰發真珠於銘石？ 然則地以人傳，人緣地顯，靈隱山水之奇，禪師道法之勝，以古準今，洵美談已。是用仰藉檀施，共成福慧。傅大士之雙林，捨心是宅； 迦蘭陀之精舍，聞法立成。庶幾頓超十地，寄無言于有言； 悟彼三空，歸有法於無法矣。

靈隱禪堂募重新翻蓋大雄寶殿疏

晦　山

靈山殿閣，聳出雲霄，體勢嵯峨，金碧瑰麗。不但東南雄鎮，誠爲海岳崇瞻。實先師老人蓋世之奇功，不朽之盛業也。但以昔年輻輳因緣，成功太速；亦由匠工蓋法鹵莽，不得真傳。以致筒瓦削薄，雨久而泥水侵椽；柳杉太長，雪壓而瓦鱗脱節。苦四圍之發漏，悲聖相以沾淋。三十二大士之湧壁，立見損傷；二十四諸天之寶容，漸憂圮坼。佛像偕菩薩像以俱危，大殿與天王殿而同病。若不早圖翻蓋，後此愈費經營。爲此特具因緣，敬告十方檀護：

昔也初經焚蕩，平地上湧出寶坊；繼殫勤勞。一隻手擎來佛國。而今也，覩前功之漸壞，豈不寒心？知急救之有方，大家着力。伏乞尊官長者，大力檀那，遇兹勝事，慨發喜心。傾湘水之家珍，布祇園之金地，因風吹火，補漏未遲。望大殿以圓成，并石臺而鋪就。現天宫之妙麗，滿佛國之莊嚴。登廣大之門庭，還修廣大之福；瞻奇特之殿閣，更收奇特之功。種大因於華藏海中，定受記於靈山會上。有緣到此，盡請當機，切莫躊躇，當面錯過，謹疏。

募化絫石增靈隱山門景致疏

戒　顯

靈山勝境，海内奇觀。怪石堆青，綉出崑岡之骨；冷泉漾碧，噴來雁蕩之湫。秀絶天然，豈待人工點綴？花鋪錦上，何妨幻景莊嚴。雲間姚居士，眼底烟雲，胸中丘壑，具南垣之妙手，蜚東海之高名，過浙地觀光，到靈峰叫絶。擬於迴龍橋之古逕，冷泉亭之四周，築成分外峯巒，添出遊人坐磴。春郊雜沓。香會奔騰，大啓茶亭，廣施甘露。俾緇素雲歸，盡得停笻而憩賞；輪蹄霧擁，不妨晏坐以盤桓。誠法窟之奇緣，屬名山之韻事。顧高山流水，有待知音；白雪陽春，還期屬和。但得同心解佩，便裝成廬阜溪橋；衆手移山，立現出虎丘石座。允關好事，諒所樂聞。

靈隱募刻華嚴大經疏

戒顯

如來所留慧命，幸有大藏琅函法寶，盡當流通，何況華嚴教海，一乘妙典。我佛滅六百年後，始出龍宮無上經王，西天存八十卷文。重來震旦，翻譯則青龍侍座，講演則甘露流祥。盌水滴而蟻子生，天經題唱而脩羅退陣。講誦與修觀，古今靈異重重；書寫與刊行，道俗禎符赫赫。得覩一文一句，洵稱奇特因緣；欲求共見共聞，須仗流通廣遠。兹者靈山會上，獅子窟中，既梓各種經書，獨缺《華嚴》大部。敬書緣起，用告知音。聞半偈而投崖，端爲利生心切；剜千燈而求法，無非念佛恩深。今現有充棟之經，何不公之緇素？只須一舉手之力，便可壽之棗梨。或自施，或勸人，轉轉無窮，而馨流帝網；隨一函，隨幾卷，多多益善，而福過河沙。七處九會之靈文，彈指而雲蒸霞蔚；六相十玄之妙義，轉眄而錦簇花攢。破微塵而出大經，急需好手；竭海墨而書一字，莫讚奇功。幸慨發乎檀波，共圓成夫寶藏。

序

贈靈隱具和尚序

嚴 沆

臨濟三十一世曰三峯藏者，提三玄三要以明宗旨，於佛法爲中興矣，而和尚其大弟子也。三峯受源流於天童，而勤勤然惟以宗旨示人，嘗曰：『禪之有宗，猶醫之有脉法也。醫者立規矩，懸權衡，調陰陽，別生死，不可廢也。曹洞之君臣，臨濟之賓主，亦猶是矣。黄龍有言：「學者欺詐之弊，不以如來知見之慧，密而煅之，何由能盡？」』故生平以闡揚爲務，而其末後遺囑者，惟和尚一人。師乎，師乎！宗旨其不晦矣乎！

僕嘗觀古之擔荷佛法者，多强力絶俗之人。自南嶽馬祖以下，至五代之杰出者，歷歷可指也。和尚初爲鍛工，已棄去，習道家言。後又讀《首楞嚴》而善之，遂披剃受具，乃參三峯於安隱，有省也，而和尚勿以爲足也。凡叢林辛苦力作之事，無所不爲，已乃作圊頭，運糞出厠，負重擔上山，力疲極，忽於轉肩時，見擔頭冉冉數下，遂現大機在前，自是禪鋒不可禦矣。初，三峯之椎鍛學者，劃削險攢，不遺餘力，而於和尚爲尤甚。悟後，三峯嘗召於方丈前，垂百問，矢口應對無所挫，而三峯猶不諾也。然則和尚之所以得當於三峯，而回機就囑者，宜何如哉？僕觀之天下，三春之華，不如九秋之幹也；雨露之澤，不如霜霰之加也；美疢不如藥石，姑息當遜仇讐也。和尚之自治、治人，多用强力，務堅苦其大端矣。和尚法席最盛，所至稱千人，如天寧、佛日、雲門、顯寧諸名刹皆是也。年來嘗止靈隱，故稱靈隱。

初，和尚之住靈隱也，止一破堂傾欹草中。十年拾礫買壤，尺寸而興之，諸寮廡、禪堂、法院以次就焉。乃去夏天又火其正殿，是天之所以勞其經營締構者，何無已也？客有譏之者曰：「楊岐破屋，雪滿繩床；高峯龍鬚，縛柴爲龕，而和尚無乃已甚？」而僕以爲非也。夫和尚之習勞也，其所以證入者在是，則其所以摩〔八〕礪學者亦在是矣。今必守一橛枯禪以鳴高，比之抱不哭孩兒，於佛法其何有焉？僕嘗讀《五宗救一》書，見和尚之偈頌，自雪竇以來未之有也，諸方皆嚴憚之，出其下。故知臨濟宗旨昭昭然若揭日月而行者，昔在三峯，今歸靈隱矣。吾以是知和尚之佛法，如馬駒踏殺天下，其弘法世世萬子孫，未可量矣。今季夏之望，爲和尚六旬誕辰，四方緇素麐集，而吾鄉大夫先生長者之屬，咸欲禮足於和尚，而命僕爲文，序之如此。

贈靈隱大和尚序

王嗣槐

二諦雙融，四禪俱淨，爰棲真以照寂，維晏坐而觀心，溯厥流風，於斯尚矣。然而神含日月，弘覺路以爲功；道藴津梁，闢度城而成果。三空非寂，五衍斯真，遜矣無邊，攸歸極樂。所以林開衣鉢，常次第於王城；水洗香花，亦周流於竺國。金沙銀樹，高映慈眉；香飯乳糜，並承趺坐。若其義存斷相，妙在離言，青松拂子，句落前塵；白玉塵毫，影留後焰。天花墜而何干？怪石顛而無涉。以故無邊文句，曾空摩竭之林；不二法門，即杜毘耶之口。此初祖之真傳，而曹溪之嫡派也。

具德大和尚者，知通微妙，悟徹幻塵，生有勝因，似吐雙龍之水；早能證聖，如停四鶴之雲。結茅茨於荒園，挂盂瓢於棘路。木杯渡水，敢怖横流；竹杖還山，已聞超岸。過關掉臂，更何問於趙州？坐壁忘言，直欲通乎南竺。遂乃息心舊苑，静住鷲山；環峯表刹，帶水披林。蘆花秋落，雪照清溪；柏樹春迴，雲流石屋。而乃籬邊薙草，不懈精修；山上樵蘇，自安苦行。夜禪朝梵，偏有事赤髭白足於小乘；貝葉曇花，亦無遺於大品。勅法堅修，行遊精進。彌天離日之辨，無羡於五門；離名相以悟空，息機鋒於之名，不誇於三輩。必依正覺，端在安禪。證人天而説法，掃狂慧於道場；離名相以悟空，息機鋒於高座。才逾慧浄，不以破諍得平；辨過深公，何必逆風聞馥？以故白馬逍遥之解，尋味名流；瓦官籌算之談，冥符妙旨。許玄度之清標，並爲都講；何平叔之高韻，更見方袍。雖復偶來演法，如遊華氏城中；要其常住樂安，獨卧雪山林下者也。

恭逢盛代，弘闡宗風。蘭臺石室，編無字之真文；香刹名藍，奉雕檀之法像。西關紫氣，疑迦葉之重來；東郡流星，卜仙人之再聚。然而辨灰轉石、馴虎咒龍之法侶，雖遍於諮詢；生樹開蓮、伏獅集烏之上人，即勤於延訪。直泝五宗之苗裔，必尋六祖之根源。一振傳燈，端惟臨濟和尚；菩提法樹，已摘摩珠般若。香臺早懸明鏡，幢垂纓絡。表離垢於前輪，樹結栴檀；散空香於後乘，常住靈山。維新舊刹，龍樓四起。重看畫地布金，象塔七層；還見從空砌玉，竪拂升壇。憑空掉舌，携筇上座，驚地開拳。千門萬户，薦一句於生前；九部三車，斷多言於真際。遂令沙彌五百，繞青石而承眉；蒲塞三千，擁白蓮而禮足。嗣槐夙沐休風，樂觀芳旨。清陰梧苑，遥看盍影蜚來；瀟灑花宫，竊聽塵塵紛落。愧謝石之才鋒秀逸，叙漁父于王家；慚殷源之名理檀場，列崤關於相邸。思暢玄機，共開善趣。和尚玄亭坐論，別室宣音。眉間珠火，似開七滿之神光；掌上車渠，如現八平之瑞采。既明真而遺器，亦得意而忘筌。

嗟乎！法蘭、羅什競渡金沙，迦葉、圖澄來踰葱嶺。洎乎荊州演法，韶郡傳衣，慧鏡常懸，智燈四照。楊花柏子，拈來便見真如；暮磬晨雞，道罷更無所住。昔日浮山九帶，自啓遥源；今兹臨濟三玄，並開大地。無非選佛之場，真是參玄之窟。不圖大乘，特著中朝。雖惠遠之名被流沙，令然香而東拜；道林之詞傾祇苑，稱標勝於北來。以今方之，未能過也。是以仰瞻法席，慧日重光；側聽高壇，慈航弘度。遂使黄山石磴，争來銜果之烏；紫澗松枝，自下沖霄之鶴。

晦山和尚詩文全集序

徐 增

昔崔趙公問徑山國一禪師曰：『弟子出得家否？』師曰：『出家乃大丈夫事，非將相所能爲。』夫世所謂大丈夫者，皆舉將相爲言，將則統帥百萬之衆，爲國家戡禍亂，號令如山，生殺自主；相則位居一人之下，百寮仰其鼻息，天下安危，皆在掌握。是皆千萬人中之一人，盡世間男子，未有不羨之畏之，欲一爲之而不可得者也。徑山之答崔趙公，則是大丈夫又在將相之外，此豈凡情所能窺測者哉？吾雖病廢，將相之人嘗得見之，大善知識亦嘗得見之，其所作爲，截然不類。大善知識仗將相護法則有之，將相見善知識，必口稱弟子，稽首方丈，大善知識若是乎其尊且貴也。據是而言，則徑山乃與將相相較量矣，烏足稱爲國一大師哉？自古迄今，爲將爲相者，靡不自以爲大丈夫，即崔趙公，豈不以大丈夫自命？而獨於出家，遲疑不斷，只此一問，便非大丈夫。夫大丈夫者，貴乎嶄然一念，行止由我。崔趙公爵位功勛，亦嘗試之，其味既已知之，欲出家即出家，豈不毅然大丈夫哉？且唐皇帝以萬乘之尊，有志道法，延請國一禪師於禁廷。崔趙公斯時有志，即求剃染，其誰曰不然？如何不作大丈夫事？嗟乎！時不再來，機不可失，乃至千載而下，被吾晦山和尚一人作去。吾見今之出家者，何止萬萬，其始也，或因患難，或由貧困，或以怨憤，種種不如意事；或出父母之命。然豈無自己發心童真悟道者？而要無如晦山和尚之出家，仁義兼至，節孝善全，光明俊偉，超俗拔倫者也。

和尚俗姓王，諱瀚，字元達，吴之婁東人。與吴祭酒梅村先生，生同邑，年相若，又同學，才名不相下。屢試高等，前輩張受先先生重之，稱爲公輔器。午未之間，梅村聯捷，廷對擢鼎甲，而和尚之名益著。和尚幼時遂有志學佛，以尊君閣修先生在堂，好道力貧，且年高，和尚恐傷老人意，因浮沉於諸生中。從遊者最盛，四方多饋遺，以康養兩尊人，歡笑終其天年，禄養者愧不及。甲申春，李[九]賊犯京師，思宗崩。凶問至江南，和尚大慟，即捲詩書及平日所爲制舉義，擔負至文廟，拜告先師焚之，并以青衿置明倫堂。嗟乎！和尚之秀才於此日終，出家於此日始矣。大丈夫之行事，果高出於將相百倍也。

於是諸山聞之，争願爲之披薙，會三昧老人移舟來，即往華山出家。至受具畢，乃參具德和尚於顯寧，不數年，盡得其法印。具和尚初住靈隱，即欲遜獅子位與居和尚，即著草鞋走廬山。未二年，雲居膺祖古道場來請，不得已應之，歷十年。是時禪風漸衰，和尚以臨濟七事鉗錘衲子，號爲毒辣，入室者甚衆，皆天下之英俊，化行江楚數千里。和尚開闢之功，何其偉也！於是彼處道場，若寒溪、若薦福、若安國、若護國、若四祖、若疏山，一一坐遍。法語之外，有《鍛煉衲子説》十三篇，爲尊宿重。江右李太虚先生嘗見和尚，亟稱曰：『和尚多生來不知如何修持法道，乃得至此？吾儕科第不啻糞壤，願以餘生爲法弟子，少種來生福慧。』其爲縉紳先生敬信，又若此。丁未，具和尚應徑山請，乃遣侍者走三千里，迎和尚補處靈隱，已踰五載於兹矣。

以《靈隱誌》未就，屬余修葺，復出其所撰詩文集五十卷，屬爲序。余讀之，而竊有慨也。古來詩文宗匠，竭一生之力，未能至此。和尚二十年來住持，與千五百人俱，法語將等尺，而文集又裒然如是，其大天下不朽事，都被和尚一人占盡，獨不爲吾輩留餘地耶？吾嘗從事於詩矣。詩本性情，復有一定之法則，三百篇而降，漢魏古詩樂府，無不造極。歌行近體，盛唐爲最，中晚漸澆，宋元來不可言矣。近世詩文，狃於習見，畧不師古，小山岈嵻，不知五岳爲何物，而況須彌山王？細流差池，不知百川爲何物，而況薩婆若海？余嚮評選《元氣集》，周櫟園先生謂余曰：『世安得有如是幾十人詩，供君論定？』近余好遊名山，往往於方外遇之。雖然，亦有才情學力氣魄，光燄廣大赫奕如吾和尚者乎？嘗評和尚匡廬詩，不從眼中看來，亦不從筆端寫出，和尚胸頭自有一座匡廬山在。橫揮直灑，蒼氣充溢，廬山有盡，筆墨無窮，和尚其可以止乎！其他所作，數十倍於廬山。人患才少，公患才多，錦心繡口，鬱成卍字之輪；毫相珠光，悉本浩然之氣。和尚所爲古文，抑又難言之也。古文之盡美盡善，莫如《左》、《國》，其法變化不測。其次莫如《史記》、《前漢書》，《史記》崢嶸，《漢書》整密。唐推昌黎、柳州，宋稱六一、東坡。然東坡之一筆直掃，而欲如昌黎多方出奇，不可得矣；六一之清流縈折，而欲如長沙一氣渾成，其又可得耶？元明以來，多出摹仿，窠臼餖飣，紛然疊見。有博學者束於典故，前賢所未及者，則不敢言；寡學者溺於流俗，前賢所已道者，又不能省。貿貿焉無不以壇坫自雄，輒爲高論，亦知墻外籬間，有曉事者從而竊聽之，以嗤其後乎？生前以勢位流通，末後與眼光消殞，比比然也。和尚爲諸生時，既多讀百家書，又透向上一着，故信手成文，處處臻全，如岱宗出雲，層層動蕩；滄溟浴日，轉物光華，然未能盡其形容也。和尚平日，好誦《華嚴》大經，自在萬花樓上建瓴出水，一滴成大法雨，一四天下無不周遍，銀面阿難亦當韜翰。復工臨池，得晉唐神骨，偶落一字，人爭寶之，智永、懷素又在下風。總之，在和尚光明中，悉爲餘事矣。

嗟乎！和尚與梅村，同一諸生也。一以諸生而爲祭酒，一以諸生而爲法王；一在水天玉振金聲，一在法窟孤松峭壁。梅村或有並馳，和尚永無第二。和尚較梅村，止少廷對一策；梅村較和尚，失却法語一大帙矣。然二公道義水乳，始終無間，不啻如道林、玄度，遠公、柴桑，永叔、明教，子瞻、佛印而已也。余今幸得親見序其集，因并及之。

濟顛本傳序

晦山顯

維摩云：『菩薩住於生死，不爲汙行。』而布袋濟顛，酒仙蜆子，竟爲汙行者何耶？良以既證果人，欲度執相凡夫，不得不隱聖現劣故也。濟顛，本天台羅漢，示跡塵中，出家靈隱，繼遷净慈，踪跡最爲奇特。予嘗謂因中、果地二種行事，迥不相同。果地中人，示爲汙行，便顯神通，貌混凡夫，旋彰靈異，决不與癡闇愚夫同一顛倒而迷惑也。今以因中人冒果地相，不過獅蟲狐種，敗壞僧儀而已，何足爲正人所齒録哉？近世有等魔禪，口説宗教，妄飡酒肉，以爲吾學濟顛也。此雖可學，而濟顛來踪去跡，種種奇特，能學否耶？濟顛示夢太后，口吐佛金，乃至觸境逢緣，現種種神通三昧，能學否耶？濟顛錦繡蟠胸，出口珠玉，盡大地儒釋，皆讓一頭地，能學否耶？此不能學，而徒學其飡酒肉一種，真泥蛇學龍，必至全身敗露，識法者懼矣。濟顛行實，杭地向有小説，語雖近俚，事事皆實。余門人𩲡堂，删其俚俗，彙成本傳，以流布道俗，則又爲靈隱、浄慈增一段佳話也。

跋

跋中興靈隱寺碑

晦山顯

名山祖席，方内星列，然當門奇石堆青，冷泉漾碧，景地絶勝，未有過靈隱者。住持禪祖，諸方以代著者，皆百數以内，獨此山大老，如文喜、明教、瞎堂、密菴等，至百三十餘代，禪祖鼎盛，亦未有過靈隱者。古人稱天下勝處，良不虛也。余乙酉春，初至靈隱，寺適中衰，殿堂荒落。邂逅五松房萬壑公虔，向余禮拜，請余後必住靈隱，余心異之。己丑，寺中衆耆宿請先師具老人重興祖席，余以板首，依輔兩春，私慮功業浩大，落落難合。庚寅，上匡廬，旋住雲居十載。己亥歸，祝老人六旬壽，則法堂、各堂寮，大半改觀矣，獨大雄殿燬，道俗寒心。余返雲居，又遷四祖，復八載，奉老人命，歸補靈山，則殿閣嵯峨，金碧瑰麗。天王殿、方丈，同日鼎興；各堂寮、從室，四望鱗砌，即鬼輸神運，捷不至此。嗚呼！以老人苦心於上，寸椽口瓦，罔非血汗；衆執事戮力於下，手瘏足裂，盡瘁一時，卒致重興偉勣，蓋天蓋地；口碑賛頌，亘古亘今，豈非曠世奇功也哉？兹三韓護法瑞丘王公爲文，樹豐碑，頌老人功績，佐以天璧胡公妙筆，鳳彩黄君佳勒，並堪不朽。余喜老人事竟成，萬壑公先見，越二紀有餘，至今方驗也，皆靈山異事，敢志顛末，以告來者。

啓

杭城衆護法請晦和尚住持靈隱啓

寶鐸淩空，法海之金城永峙；翔雲巫顯，珠林之香樹嘗森。在西土之給園，望南州之法象，鷲嶺仰賴，大衆騰歡。恭惟願雲大和尚，藝苑雄師，琅琊舊姓，精心白業，實廬壑之遠公；砥柱洪流，比天台之智者。况臨濟之真傳在此，兼萬峯之乳水昭然。自昔松源之祖孫，繫一絲於九鼎；嗣後竹泉之兄弟，炳三乘於五銖。在臨濟宿有傳燈，于今日允祈嗣法。唯和尚寶筏金輪，蚤照耀於三千大衆；慧雲布則我等青鞋布襪，將從事於十八高賢。屆兹日吉，佇候雲軿，將見飛雨彌天，永明之書不墜；

野，契嵩之道攸傳。某等無任翹籲之至。

徑山兩序請啓

竊惟無文印子久模糊，新恃天山之洗刷；有待插竿方建竪，共欣月窟之莊嚴。業期纘述西江，開讓老之傳；功在成褫滹沱，大運公之後。恭惟四祖和尚猊座，泗水遺珠，靈山聖箭，句呈銀椀，赴雲門之迅機；力坐金輪，通楊岐之正脉。王老師兒孫，定徧天下；大醫祖門户，已壓人寰。不獨山頭老漢，屬意川勤；凡在室内雁行，羣推文邃。茲者靈隱名藍，虎林大刹，風雨拮据。老人二十年之堂構，山川形勝；臨濟千百世之箕裘，堂頭扶筇。苕水已入山深，大衆泥首冷泉，共祈流遠，用是衆等仰承師命，俯率同參。虚直指之法席，佇俟飛錫淩空；輔徑塢之祖庭，會望全身就父。貴胤分宫，銀鶴高衝霄漢；强枝内附，瑶闈勢不他祟。野猿拱筆，好賡駱丞風雅之音；巖桂雨華，更續理公燕寂之説。拂峯頭之雕鷲，無虞無貳；敢煩卧而治之，寄江上之鯉魚。既再既三，惟冀至則行矣。臨楮無任瞻企之至。

杭城衆護法紳衿請晦和尚回靈隱啓

瓣蘆流去，相傳波上之杯；老石飛來，應伴鶴前之錫。靈山勝會，在靈鷲以重開；西土樂邦，到西湖而儼在。珠霞駐彩，華雨懸空，必瞻白氣於眉間，用展紅香於足下。恭惟願雲大師，心印千江，德先四道，詩攢墨繡，正未醉之東皋；梵響燈寒，比乞閑之輞水。種根清妙，謾勞换骨出空聲；果腹文章，乃效洗腸昭大法。非才子之數獨窮，洵禪宗之教將溥。杖挑明月，將尋歸去之猿；磬擊冷泉，常問落時之桂。幸從雪立，悵爲雲征，携金縷之傳衣，就匡廬之瀑布。般若高臺，既增惠遠；蓮華舊社，不共陶潛。某等石共三生，人思七咏，欲挽笠鞋于鷲嶺，橋久署夫迴龍；遥瞻缾盋于香爐，寺原名爲遺愛。敬然紫露之燈，爰聽青獅之吼。伏願弼時祖席，締結婆心，風吹舟葉，飄行千里之瓢；位定瑠璃，化出五方之座。威儀遍於虎象，歡喜動乎人天。臨啓無任翹企。

塔銘

重建靈隱具德大和尚塔銘[一〇]

吴偉業祭酒梅村

自佛法入中國，漸被江南。宋元以來，浙河東西，分立五山十刹，靈隱實居其最。歷代禪祖，如無着喜、永明壽、明教嵩、密菴傑諸老，百四十代，雲興川湧，甲冠諸方。本朝御籙之初，我具德大和尚用臨濟宗旨，敷揚正法眼藏，而靈隱廼熾然其復興。其既也遷席於雙徑，順世於天寗，而道價攸崇，靈骨是妥，始終於此山爲不朽。於是嗣法弟子晦山顯公，件繫梵行，屬其友吴偉業曰：『子屬與吾師遊，塔有刻文，非子不足傳信。石已具，敢請。』偉業遜謝弗獲，伏而思曰：『夫像法之有盛衰，猶生相之有起滅也。興復則重來懸記，坐脱則末後證明，皆所以開導有情，表彰正覺。今以和尚之功用莊嚴，遷化殊特，烏可不標舉大端，昭示來禩乎？且偉業稱同學於晦山者四十年矣，猶記晦山初經薙染，和尚結制甫里之海藏，時緇素大集，余隨衆禮足，開誘殷勤，自慚鈍根，無能追隨參學。今竊有餘幸，獲以世諦文字，效奉揚于萬一，晦山之師，猶吾師也，其何敢辭？』

按，師諱弘禮，號具德，生於紹興山陰之張氏，世稱著姓，明狀元陽和先生元忭，其族也，從祖父徙會城。幼好與黄冠遊，有紫陽洞蘇道者，教以息養方，頗本天台小止觀，與《首楞嚴》脗合。師因讀是經，而發正信，遂投普陀寶華菴仲雅師祝髮，三峯漢月藏禪師則所從記莂，授以臨濟正宗者也。濟宗在明初法運中微，漢公出，從折竹洞悟徹盡法淵後，乃得源流於金粟悟和尚，而其始終加護者，則在乎綱宗。綱宗者，全提五家宗旨，而於臨濟，則從一句中分賓主、玄要、照用、料揀，堂奥森嚴，俾學者不滯鑑覺，洞抉佛祖心髓。漢公以尊奉源流，又不得已而至于辨難，以佛祖慧命所繫，匪細也。師聞，亟往參叩。時漢公開法安隱，師於座下苦參本來面目，偶窺鏡見影，被同參驀背一推，猛然有省。又以宗旨未明，復晝夜服勞，飽參力究，凡歷三峯、鄧尉者，十有七載。一日，擔糞下坡陁，放眼虚空，忽悟自家活計，而臨濟全機大用，當前畢現矣。師面貌清稜，口機迅利，在函丈前竪義嶽，嶽不下，漢公輒痛加錐箚，最後乃許爲鐵骨禪，授以衣拂，而謂吾宗到汝大興，其師弟機緣如此。

三峯殁，同參潭吉忍公，著《五宗救》，師賛助居多。書成而闡揚綱宗，三峯道法始曉然於天下，雖當時辨難三峯者，持論不無異同，是書一出，淆訛永息矣。潭公告寂，師歸隱雲門，御史念臺劉公請出世住廣孝寺，烹鍛衲子，名動諸方。繼遷安隱、顯寧，復應江北請，説法泰興之慶雲、秦郵之地藏、維揚之天寧，嗣居佛日、靈隱、會稽華嚴，最後徑山。先後十坐道場，開大法門，雷震海内。在天寧日，湖海浩歸，學侣奔湊，盛至五千，所云『五千衲子下揚州』者也。

靈隱鼎建巨功，事同開創。大殿火，重新之，王公大人，施者坌集。購殿材于大山深谷，鉅數十圍，人力罕致，一夕雷雨大作，暴水泛漲，浮湧畢出。缺一石柱，五顯神示夢募至，遂以辛丑七月，大殿與天王殿同日鼎興。殿成，鉅麗甲天下。餘五百羅漢殿及法堂、方丈、羣寮、從舍，重樓複閣，次第布置，繡錯星羅，自有靈山以來，興建稱絶盛矣。又斥其餘力，葺浙之廣孝、安隱、法相、靈峯、正等諸寺，而徑山頻以興復請，師乃招晦山于黄梅四祖，以靈隱付之，自住徑山，將大興法席。爲巨渤公封塔，再往天寧，臨行機語，皆似息機投老報齡將近者。既至，甫七日，預刻晷爲齋期，寂前一日，搭衣禮佛，夜過半，談笑如平時。五鼓，易新衣，呼侍司：『隨我上方去。』從者到遲，頓足一下，端然坐逝，時丁未十月之十九日也。

最師之生平，有奮迅之力，有漚和之智，有真實了義，有無礙辯才，故能上以承當佛祖，下以興建巨功，而鍛鍊學人，尤推爲莫及。蓋佛法自馬祖以後，大慧以前，正令接物，皆顯大機大用。三峯始修舉行之，而師更極變化於莫測，故淺學初機與大乘法器，舉不能越其範圍。師嘗語晦山曰：『綱宗者，人能講，我能用。先師當日鉗鎚，晚年始獲其益，此即我三峯家法也。』嗟乎！今人以分別覺路者曰『知解』，建立行業者曰『有爲』，師講求宗旨，分條析理，不落言詮，千差萬別，總歸一源，故能超情離見，迥脱生死，不可謂之知解也；師願力廣大，攝受經營，能以無著心應一切物，視飛樓湧殿、食輪萬指與單丁草舍，了無以異，功德克就，蹄屣去之，不可謂之有爲也。若師者，豈非天縱，以開闢宗乘，搘拄末法，爲當代第一宗匠也哉！得法弟子，首巨渤恒，主天寧；次晦山顯，今補位靈隱；次剖[二]玉璞、紫蓋衡、三目淵、若相有；最後御宗聖膺付囑者，共六十八人。當靈龕東歸，徑山固請，晦山及諸弟子念師二十年拮据，大功托於此山，且枚筮之，亦惟靈隱慧日軒吉，爰用戊申八月二十六日，奉全身入塔，緇素畢會，咸嘆爲允。嗚呼！法席有盛衰，而大道偕此山無終極。和尚至德豐功，固無假於斯文，乃千百世下，摩挲其日月，考較其行履，并余與晦山世[三]出世之交，亦得附佛法以垂永久，則此碑之作，又烏可弗詳乎？師世壽六十有八，僧臘四十七。銘曰：

靈鷲何年來？玲瓏入佛智。幸遭威音喝，故得不飛去。龍湫日噴薄，徹骨松風寒。清冷常不竭，師心如此泉。小悟攬鏡光，大悟擔夯杖。覿面更轉肩，有相參無相。乃復三玄要，乃用五綱宗。千聖縱復出，此理罔不同。建瓴決懸河，辯才信無礙。不現文句身，而得大自在。白椎告四衆，佛法無容情。手持吹毛劍，把定迷塗津。願以清浄心，而作廣大事。於一彈指頃，攝受緣孔熾。公侯諸宰執，都護大將軍。橐駝載法施，解放韝中鷹。香華結慈雲，鐘魚答天籟。婦孺布金錢，屠沽請法戒。壇柘三十圍，絶壑封雲烟。越氓聞鬼語，將以供諸天。八龍騁威神，夜半雷雨送。涌水巉巖齊，邪許力不用。觚棱截虹霓，丹艧蒸雲霞。變現兜率宫，遍滿恒河沙。祝鼇聳丕圖，皈依發正信。白象捧金輪，青蓮演佛乘。功成已不有，道在我且行。泊然入滅度，便是娑羅林。是謂大堅忍，是謂正知覺。世幻等微塵，去住總不著。顧惟有情衆，俯仰於兹山。拳石本灌莽，冷泉空潺湲。念以何因緣，成此功德聚。靈骨於焉藏，理在不思議。日色起滄海，潮聲來浙江。吉祥殊勝地，寂滅光明幢。我爲作此銘，刻諸無縫塔。曠劫長不磨，烱烱照塵刹。

塔表

重興靈隱具德老和尚全身塔表

張立廉

惟臨濟第三十二傳，有應期挺生，現大人相，以山海爲胸襟，視道俗如一子，徧塵徧界，普利含生，成始成終，得全善逝者，爲靈隱具德禮和尚。迹其椎拂之下，波沸雲蒸；杖履所臨，天垂地湧。不起寂滅安居之座，變現釋梵龍天之宫。辨鐵石身心，爲人天師表。故十坐道場，不以爲煩；五千參徒，不以爲衆。繁興大用，不爲疲勞；撒手便行，不爲迅疾。應機則玉轉珠回，卻物則飈馳電掃。風雷動地，更呈鱗爪之威；杯勺皆霖，況鼓滄溟之勢。四攝周足，三學浩歸，法運奮興，化儀斯在。

師諱弘禮，字具德，族姓張氏，世籍會稽，裔出紫巖，里名移貴。幼躭道術，篤好參尋，初依玄教以發機，繼讀《楞嚴》爲了義。旋窮梵册，博究圓宗，悟念想根，爲生死本。采菽初從外道聞法，回心釋尊始學阿藍。知非便捨，於是陟普陀嶺，依仲雅師，始預僧流，旋歸講肆。適先三峯漢老人開法安隱，遂詣力參。初究本來面目，從窺鏡處照破娘生面皮；復研向上綱宗，於扁擔頭悟得自家活計。從上作略，一時現前；徵詰横機，神鋒迅發。運鎚腦後，室中呼聱頭之禪；挂劍眉間，諸方傳鐵嘴之號。馬駒蹴踏天下，大樹蔭覆域中。三峯遂以源流，殷勤囑累。經藏禪海，賞物外之南泉；彩風鐵蛇，識滅宗之佛果。師受最後記莂，荷出格成褫，盛美多端，非人能及。撮言大節，略有其五：得法以後，下扳雜務，備歷炎霜，混跡服勤，不辭荼蓼。灰頭土面，隱在窟之嚬呻；槽廠磨坊，戢摩空之毛羽。如昔者踏碓求師，負舂續祖，大潙契機於典座，雪峯密證於飯頭。古有其人，乃今親見。師之晦跡退藏，真實妙行，爲不可及者一。

初住持坪，旋居廣孝，其傾身就鍛之衆，皆忘形死心之徒。尅究先宗，激揚本分，學徒近百，省發多人。即屋撒珍珠，儼楊岐樹下之韻；而人多瑰瑋，有妙喜洋嶼之風。已而寺逕交争，鄰僧構訟，乃應請而主安隱，復受囑而莅顯寧。行道維揚，旺化江北，若興化之昭陽、天長之毘尼、秦郵之地藏，學衆翕集，禪風盛行。次住天寧，萃五千衲子之緣，拈百億瓊花之偈。後受請靈隱、佛日二大祖庭，分化兩山，衆恒萬指。住靈隱日，於廣大林中，插標結界；衝繁窟内，敷座安居。馴致革心，彌興悲願。法堂甫就，大殿告災，師奮身營構，庀材鳩工，神物護呵，遐邇輻輳，三載奏績，百廢具興。梯山通道，致材木者千章；崩角投懷，效技能者億計。六種翕應，四部奔騰；兩殿上樑，傾城畢赴。殷雷震谷，邪許沸天，締構之緣，近古鮮覯。時當像季，塔寺靡堅，兹乃能移浮幢于掌上，湧寶刹于毫端；緬鷲嶺之莊嚴，奉優填之相好。界内堂閣，位置綿連；門外坊亭，次第鼎建。復以餘力，分應他方，殿宇需材，隨宜散布。師之苦身戮力，感殊勝報緣，爲不可及者二。

洪、永以來，宗風如綫。至先天童，單拈一棒，直捷提持。三峯乃剖抉綱宗，譏防訛濫。自是緇林禪會，撥草憧憧； 浙水吴山，趨風浩浩。顧以宗旨詰難，彼此辯争，雖兩世應機，不無少異； 而濟宗再起，話乃大圓，皆間出偉人，弘竪末法者也。師以苦身操履，初不留意辭章，而天資絶人，慧辯無礙。據座説法，缾瀉河懸，矢口成篇，波瀠綺互； 稱性吐露，縱奪望洋，深辨來風，窽綮洞中。至普説大篇，如長江萬里，巨浪千尋，擬諸大慧中峯，庶幾生瑜生亮。一向吹毛運握，灼然七事隨身； 有時合水和泥，不妨千仞壁立。師之善説法要，洞鑒機宜，其不可及者三。

師既苦參廓然，復究先德洪規，一生苦心，尤工鍛鍊。座下常餘千衆，室中曲被三根。打鎖敲枷，多方剥换，驅耕奪食，不主故常，爐鞴一開，英靈麕集。常以雲門拄杖、高峯枕子話，激發英衲，扶竪法幢。箭定天山，籌盈石室，死偷心於鐵牛機下，放全身於汗馬叢邊。師之爲法求[三]人，光前啓後，其不可及者四。

師最後應徑山請，即以靈隱院事，囑法嗣四祖顯公，繼席得人，成功不處。丁未十月，言從雙徑，前往天寧，普接群機。甫經七日，忽爾設供禮佛，易衣辭衆。臨化隔宿，垂誡學衆，劇話三更，遂以十九日丑時，言往上方，端坐告寂。化後頂門火熱，面目如生，兩山禪衆争迎，究竟龕闔靈隱。遂定基方丈東之慧日軒，以戊申八月入塔。全身不散，光流雙樹之園； 爪髮中分，花雨諸天之座。師之預知報謝，脱灑自由，初終一如，首尾端正，又末法所僅見也。

師生於萬曆庚子，終康熙丁未，世壽六十有八，僧臘若干。嗣法得人最盛，自己丑歲，囑巨渤恒、晦山顯二人，厥後相續，付授六十餘人，多分化一方，紹隆不絶。而師深慈平等，洞無町畦，同門法屬，視均真子。參學萬指，利鈍千差，誨誘忘疲，解推無間。遇有疾者，輒處方用藥； 即乍到者，亦旦過如歸。故得百城傾心，萬衆竭力，間有颺去，仍復來歸。師之菩薩行願，平等垂慈，其不可及者五。

廉昔從甫里海藏，依止一期，晨夕提持，開我蒙吝，因得預聞横説竪説之奇，用鈎用錐之捷，密果葫蘆之移换，萬頃百折之汪洋，故得霆震大千，風行無兩。衆務紛應，神觀湛然，攝受彌寬，威稜莫犯，而總銷鎔於大悲願海，信乎其不可及也。已新靈隱顯公現居冢嗣，安奉窣堵，因瞻禮山頭，深詳化蹟，兼以狀示，且命撰篇，不揣荒愚，詮次如上。適有持師頂相屬題幀首者，復述贊云：

雨爨霜薪，服勞第一。嶽倒湫傾，説法第一。地負海涵，安衆第一。雲輸川委，福報第一。鳳翥龍騫，得人第一。更有一事稱第一，妙德空生讚不及。無夢無想恣掀騰，明如日兮黑如漆。於戲！示生乘願，鴈留寒水之蹤；削牘摅詞，鳥鸞飛空之跡。徒勞描邈，曷測高深？續譜傳燈，特標僧寶，更以俟之具眼操筆若大年寂音者。

行狀

本師具德老和尚行狀

戒　顯

師諱弘禮，字具德，生緣會稽張氏。張爲越州巨族，系出西蜀，實紫巖先生後也，居地名移貴。明中葉，殿元張元汴號『陽和先生』，爲理學名臣，餘通籍爲名人者，指不勝屈。幼從父兄家杭之郡城，業傾銷性，不好章句，獨喜與黄冠道[一四]引之士遊，然宫觀挂籍羽流，又所竊鄙。後於吴山紫陽洞，見一蘇姓者終日瞑目危坐，或與語，不顧；見男女圍繞，揮令退，咸莫測所爲。師熟視，喜曰：『此真吾師矣。』乃數數潛往，咨修煉之術，不數月，遂盡其底藴。蘇君大喜，以爲此真仙骨，非凡流也。然蘇君息養之方，一本天台小止觀。昔智者大師著《止觀》既成，遇西天梵僧，謂暗合《首楞嚴》，大師由是向西頂禮十有八年，冀經東來，一爲印證。師默計云：『彼未獲《楞嚴》，尚勤求如此，今現流通，何爲不觀覽修習乎？』即覓《楞嚴》讀之，憬然悟悔，曰：『吾所守者，正生死本，非出生死之正路也。』遂力辭蘇師，登普陀，依寶華菴仲雅師薙削，日習《楞嚴》。一日，以經中疑義質本師，師曰：『吾僅知句逗，焉能會義？』師又歎曰：『若不解義，習讀何益？』於是又辭師，渡海依仲菴法師於玉山，聽講《楞嚴》，復聞雲門湛和尚於安隱起禪期，師先渡江求單，屆期，湛和尚忽圓寂，時座元漢老和尚新受囑於金粟，四衆即請開法。師於堂中晝夜苦參本來面目，逈無入處，計窮力盡，疑悶不已。偶案頭有鏡，師俯首一窺，忽有同參背後一推，云：『照破你老面皮。』師猛然開悟，疑團頓豁，入方丈呈解，大爲稱賞。自此機思迅利，應對敏捷，儕輩皆憚之。

期畢，隨漢老人入三峯，凡叢林力作苦務，無不身任，仍不廢參請。一日，漢老人上堂，師出云：『一箭射紅心，請師高着眼。』老人回頭問侍者事，師云：『機輪轉處，作者猶迷。』老人云：『你試轉轉看。』師云：『九烏射盡忘俱喪，鋒鏑消爲日月光。』老人連打三棒，師云：『一柄干將劍，惟師用得親。』禮拜歸衆。又一日，老人舉藥山弄獅子話，師出作禮，老人云：『我今要弄一出底。』便打。師云：『着忙作麽？』老人云：『諸人要會弄獅子尾巴麽？』便下座，師云：『大衆，要會臨濟賓主句，看取雙獅輥繡毬。』時宗門久衰，禪風初唱，大畧所重，單在根本，謂之鑑覺。而於從上諸祖大機大用、五家綱宗、臨濟七事，尚未提起，如漢家禮樂未定，初事綿蕞，所謂雲雷屯而天造草昧時也。三峯老人從折竹聲中大徹根本後，痛救五家宗旨與臨濟賓主、料簡、照用、玄要等法，廓然通貫，首尾洞達，始知古人於向上眼目，重封密鎖，不露毫芒，於鍛煉機用，陷虎迷獅，不留朕迹，轟雷掣電中，仍藏鋒斂鍔，而宗門極則事在矣。師始聞其説，時時究心，昏悶莫入。後充圊頭，忽一日運糞至園房，以用心太過，誤走向太湖，肩重擔，下高坡，力疲不能下，驀於轉肩時，扁擔頭跳幾跳，擡頭見太湖，忽然悟得自家活計，而於綱宗手眼臨濟機用，若十日並照矣。自是機鋒迅捷，莫能抵觸，隨口啐啄，洞中肯綮，同輩皆稱『具鐵嘴』，即於漢老人，亦橫機無所讓。一日，老人喚師入方丈，垂數百問，師矢口立應，一無折挫。老人竪鐵面不許可，師心亦不服，語人曰：『七佛以來，無此問法也。』老人又命侍者撾鼓，當堂詰辯，如是者再三。時師充維那，因牴牾而去。師自重重透入後，具大機用，牙爪毒辣，能擒啄龍象。在三峯老人會下稱飽參者，經師旁敲暗擊，一捱一拶，豁然脱韝者，不知凡幾。間有一二承付、囑竪門庭者，初扣關擊節，皆出師手也。師雖去，念老人法乳，時時反顧。後老人入死關，復奔回玄墓，老人遂以衣拂并源流法偈付之，勉師收鐵骨徒，破斷法魔，爲吾宗作大諍子，偈曰：『住山養得機緣熟，多覓真真鐵骨禪。莫負老僧珍重付，痛除魔外作真傳。』付畢，老人旋示寂。

師守喪畢，輔安隱潭吉忍和尚爲西堂。時潭師負恙，師爲調治内外，錐鍛衲子，致道風藹著。因太白有七關之説，師與安隱口授筆記，著《五宗救》，以扶三峯法道，海内衲子始知正法眼藏。臨濟一宗，綿亘古今，自有七事手眼。溈仰、曹洞、雲門、法眼，開宗垂久，自有五家宗旨，不止一機一境，單提鑑覺，可以唐突從上諸老也。潭和尚逝後，師回會稽，住静雲門山。時念臺劉公請住廣孝寺，師進住，刀耕火種，人雖止百，皆諸方角立真參衲子。師握竹篦，下手烹鍛，朝椎暮拶，省悟多人。時天童密老人門庭浩大，雷震寰中，師孤撑爐韝，門風壁立，祖孫甘露，門不多讓也。後因闢寺路，鄰僧構訟，司理卧子陳公直其事，師拂衣過東陽，住寺基坪。旋應請，住臨平安隱，值同法澹予垣和尚臨寂，囑住皋亭顯寧。師住後，爲創建大雄、天王兩殿，百廢具舉。甲申冬，顯初參師，於此入門，禪風凛然，道氣徹骨，雖頹垣敗屋，衲子愛戴，傾動諸方，仰師法道者，遍大江南北。已而，師渡江説法興化黎家菴，次開期天長毘尼菴、泰興慶雲寺。丙戌，於秦郵地藏菴開大禪期，龍象鱗集，三冬了悟者三十餘人。次春，應維揚天寧大刹請，衲子聞風奔驟，聚至五千，師偈曰：『五千衲子下揚州，百億瓊花笑點頭。七尺烏藤行活計，憑何面目得風流？』此一偈薄海内外，無不流布。是夏，師受江北請，轍環一轉，所至萬人擠擁，揮汗成雨，至洗浴水一時呷盡，蓋宋明以來，爲法門罕見事也。秋歸顯寧開戒，次年，受戒顯請，赴蘇州甫里海藏菴結冬，遠邇排闥擁觀，墻壁崩倒。次歸武林，以現成顯寧，舉法姪豁堂喦公，扶令出世，自受靈隱、佛日兩刹請。己丑春，進靈隱説法三春夏，復過天寧，度五十誕，付首座巨渤恒兄嗣席天寧。冬赴杭州佛日結制，臘八日，囑付戒顯，次春解制，復回靈隱，嗣後衆恒踰萬指。

師錐鍛衲子外，奮興土木，拾瓅購壤，舉薈蔚宿莽之地，尺寸而鼎興之。東西殿堂，布置鱗次，各有成局。建大法堂，雄冠東南，靈隱已大改觀矣。戊戌，大殿燬，師與各執事奮身戮力，除煨燼，庀木石，從徽、閩、温、嚴老山中，判數百年巨材，積疊如山，非人力能致，一夕雷雨，大水暴漲，浮湧畢出。少一石柱，峩冠者五人，自稱五顯，示夢杭城，屠成鳳募至，恰稱師與衆執事，經營締構，備嘗荼苦。辛丑七月，大雄殿與天王殿同時日昇樑，遠近緇素，捨工者、施財者、助壺漿者、擲簪珥者，邪許號踴，傾動鄉城，百戲攢賀，晝夜騰踏。飛來峯外市肆，盃酒盂飯，踊貴百倍，亦自古迄今，無此盛舉也。又以重貲易妙應房，建華嚴閣、伽藍殿，又於北高峯建華光殿，又建合澗橋與飛來峯牌樓，而旁及于廣孝、法相、正等、安隱、靈峯諸寺，一一皆助財建殿。蓋因師誓願廣大，因緣輻輳，不過二十年，而殿閣巍峩，金碧瑰瑋，壯麗甲于神州，雖曰重興，實同開創。繇是諸方道俗，推海内龍象都會、廣大門庭，必以靈隱稱首；即數寺宇崢嶸，梵宫壯麗，亦必以靈隱稱首。而師實銖積寸累，聽緣自至，成大功勳，遂至蓋天蓋地，此豈非天授而兼之道力、法力也哉！

丙午冬，上乘和尚親到靈隱，力請師住徑山，師再四遜謝。乘翁四番削牘，併携衆檀護書幣，堅決敦請。師不獲已，以季冬望登山，振揚祖令，累命使至黄梅四祖，促顯東歸，補住靈隱。顯苦辭不允，以丁未清和月進院，師親爲交代，乃回雙徑。八月下浣，靈隱以普同塔告成，復迎師回寺説法，送衆靈骨入塔。住七日，復返徑山。至九月下浣，以先許維揚天寧請，送巨渤兄入塔，遂於廿五日出山，至十月十二日入天寧。上堂，有公案上重添公案語。次日，上方碩揆弟請齋，求師自命日，師沉吟曰：『十九日去。』十七日堪輿，殷自行居士至，囑以卜塔後事。十八日，碩弟復具儀，請師陞座，師笑曰：『儀物我收，你代我說法，我不說法了。』午後，忽命侍司發白金三兩送庫司，令備各殿供。傍晚，師自搭衣，至各殿禮拜，示辭謝意。夜分，猶與各執事談至丙夜，迨五更，聞鐘即起，命以新衣服帽履，從頂至踵，一一更換，呼侍者云：『隨我上方去。』坐半餉，復呼云：『說道往上方去，還不來？』頓足一下，端然坐脱，時丁未十月十九日丑時分也。

師生平勝心悲願，在建功利生，凡衰颯退步話，素不喜聞。獨南嶽老和尚到山，師引座，有隱身不現語。又圓話付法畢，忽令衆參船子覆舟公案，天機觸發，俱異平昔，大衆頗驚疑，遂以無疾，陡然脱化，亦異矣哉。又六七年前，接一長老訃音，師嫌其去不脱灑，一侍者問：『某和尚捉鼻而去，如何？』師云：『也涉做作。』進云：『鄧隱峯倒化，如何？』師云：『太煞顯奇。』進云：『和尚百年後，作麼生？』師頓足云：『便與麼去。』又臨出山，上堂説偈，末二句云：『莫道武陵無覓處，一條歸路各家分。』果符所言，又異中之異也。

師幼失學，不攻習章句，而慧辯天縱，每登座説法，河懸缾瀉，千言不竭，起結承接，皆有關鍵，似精通文字三昧者。又悟處超特，自性宗通，凡接機言句，隨扣即應，尖新奇巧，出自天然。又敲擊衲子，下刃緊湊，皆出人頭地，不可方物者。禪道佛法，馬祖至臨濟，東山演以及大慧，皆顯大機用，盛行煆煉。元明以降，其説久息，至三峯老人恢復五家綱宗，復握竹篦，重興煆煉。至我先師，爐鞲愈廣，啐啄愈靈，擒拏愈辣，如五花八門，變化錯出。故出師門者，皆經毒罵險擯，深遭移換，而卒成大器。有時愛護一人，任衆人深排痛詆，而恬若不知。有時無端譏訶一人，橫加詬詈，致令反唇投[一五]謗，而猶然不衈。故淺根學者，每望崖退去，師却冷眼竊笑，決其必返，已而果然。師嘗語顯曰：『諸方是講底綱宗，我是用底綱宗。』故鍛煉鉗鎚，稱方内獨步，慈明楊岐、五祖妙喜而後，一人而已。師敦友愛，好扶植法屬，以横山一默和尚爲三峰冢的，乃力鍛豁堂兄，扶令出世，以續其後。受顯寧澹和尚託，既爲興建叢席，又鍛就仁菴義梵、音詠兩兄以接之。餘瑞光、靈峯、高麗諸法姪，皆與的嗣平等一視，極力成褫也。師又知醫，能切脉，每日常苦心看病，即乍到挂單有病者，亦垂慈診視，雖方丈中重價藥味，亦不惜也。師儉約樸素，不好享用，自從苦行力作，深錐毒鍛，得大徹悟，故不自處閒寂，亦不喜人燕佚，不自嬉戲山水。習詩歌文字，亦不以此教人，日以搬土運甓，與學者相擊撞，每日波波走各堂寮，警策放逸，安慰執事，不以爲勞。晚至徑山，愈矍鑠，能徒步高山四五十里，推本色宗匠，亦區内無兩也。

師化後，供天寧三日，頂門火熱，挺身端坐，面目如生，邗人千萬擠擁，稽首號慟，諸弟子輩以陶龕封函。顯忝居長，又嗣席靈隱，念先師二十年血汗大功在靈山，仝闔院弟子，恭迎靈龕，回法堂供奉。遵師遺囑，請殷自行居士卜塔基於方丈東之慧日軒，以戊申年八月二十六日入塔。師自廣孝、顯寧、安隱、天寧，并江北之慶雲，高郵之地藏，紹興之華嚴，杭州之佛日、靈隱、徑山，凡十坐道場；而天長之毘尼，蘇州之海藏，又在外也。付囑法嗣，己丑，付巨渤恒兄與戒顯；次庚寅冬，付剖玉璞、紫蓋衡、三目淵、若相有四兄；嗣後，漸次付囑眗杲照、靈沼淵、笑魯賢、十力潤、五岳玹、巢山至、堅忍鎧、聖可凡、白谷裔、乾菴賢、碩揆志、牗明本、懷宗隆、在明德、卓靈長、晏巖清、天彌廣、穆文德、衲華貫、載一晉、佛眉惺、慧聞圓、豁一慶、乾敏證、開之韶、大賢静、微旨朗、諦輝輅、雪澗顯、轉凡禧、汝水維、栗菴乘、獨任雲、達方界、誠一清、句玹日、履先緒、石語音、青震指、洪遂泰、介華潔、慈月時、鶴風悟、笑拈岳、素菴仁、岸廣殊、谷菴萃、鵬雲宏、子樵如、天越潛、靈陌敏、曇璽印、霓菴奇、圓石寧、天南臨、弗爲祚、古喬通、憨愚慧、御宗聖、無歇恒、慧燈紹、珂雪禎。法孫開法者，上蔭元鵬、興源圓極等。參上乳，如元海、瀛鐙、普上思、溥受、元孝、超宗、智鎔、元器、元輿、元海，并未開法者若干人。師世壽六十有八，生於明萬曆庚子六月十六日戌時，示寂於清康熙六年十月十九日丑時，僧臘四十七，《十會語録》共三十餘卷，盛行於世。伏覬當代鴻儒鉅公，法門碩匠，得賜塔銘，刊垂慧日，永耀靈山，顯等鏤心剔骨，頂戴高深於無極矣。謹狀。

校勘記

〔一〕「記」字《武林掌故叢編》本作「文」。

〔二〕「李」字《武林掌故叢編》本作「孚」。

〔三〕「爲大師」《武林掌故叢編》本作「大師爲」。

〔四〕「而」字《武林掌故叢編》本作「人」。

〔五〕「易」字《武林掌故叢編》本作「此」，義長。

〔六〕「記」字《武林掌故叢編》本作「疏」。

〔七〕「菁」字《武林掌故叢編》本作「荇」。

〔八〕「摩」字《武林掌故叢編》本作「磨」。

〔九〕「李」字《武林掌故叢編》本作「季」。

〔一〇〕吴偉業《梅村家藏稿》卷五十一收《靈隱具德和尚塔銘》一文，但内容多有不同。

〔一一〕「剖」字《武林掌故叢編》本作「部」。

〔一二〕「世」字《武林掌故叢編》本作「締」。

〔一三〕「求」字《武林掌故叢編》本作「來」。

〔一四〕「道」字《武林掌故叢編》本作「導」，是。「導引」是古代一種以呼吸吐納、活動關節等活動爲主的養生術。「道」、「導」形近而訛。

〔一五〕「投」字《武林掌故叢編》本作「授」。

武林靈隱寺誌卷之八

詩詠

詩乃心聲，有觸即發，此風人之旨也。凡世間嬉笑唾駡，與夫飲食宴樂，皆足以陶寫性靈，琢磨新句，而况名勝莊嚴，有如武林靈隱者乎！鷲峯小朶，載二猿以西來；慧理大師，懸一瓢於東土。冷泉亭下，泉响淙淙；桂子月中，天香冉冉。仰殿閣之宏制，不信人間；禮金像之慈容，儼然天上。其他一石一樹，一鳥一花，今今古古，往往來來，接引多端，暢滌人意，興至詩隨，沉吟良久，有意無意，固已得之，不即不離，其有會矣。爲誌詩詠十二。

五言古

三生石[一]　謝靈運

四城有頓躓，三世無極已。浮歡昧眼前，沉憂[二]貫終始。壯齡緩前期，頹年迫暮齒。揮霍夢幻頃，飄忽風雷[三]起。良緣殆未謝，時逝不可俟。鷲[四]擬靈鷲山，尚想祇洹軌。絶溜飛庭前，高林映窓裏。禪室棲空觀，講宇析妙理。

與從姪杭州刺史良遊天竺寺唐以前，靈鷲稱南天竺，有論在首卷。　李　白

挂席凌蓬丘，觀濤憩樟樓。三山動逸興，五馬同遨游。天竺森在眼，松風颯驚秋。覽雲測變化，弄水窮清幽。叠嶂隔遥[五]海，當軒瀉歸流。詩成傲雲月，佳趣滿吴州。

題天竺寺　崔　顥

晨登天竺山，山殿朝陽曉。澗泉争噴薄，江岫相縈繞。直上孤頂高，平看衆峯小。南州十二月，地暖冰雪少。青翠滿寒山，藤蘿覆冬沼。花龕瀑布側，青壁石林杪。鳴鐘集人天，施飯聚猿鳥。洗意歸清浄，澄心悟空了。始知世上人，萬物一何擾！

北高峯　蘇　軾

言遊高峯塔，蓐食治墊裝。火雲秋未衰，及此初旦凉。霧霏巃谷暝[六]，日出草木香。嘉我同來人，久便雲水鄉。稍觀小舉足，前路高且長。古松攀龍蛇，怪石坐牛羊。漸聞鐘磬音，飛鳥皆下翔。入門空無有[七]，雲海浩茫茫。唯見聾道人，老病時絶糧。問年笑不答，但指空[八]藜床。心知不復來，欲歸更

傍徨。贈別留匹布，今歲天早霜。

靈隱寺[九] 林逋

山堂[一〇]氣相合，旦暮日秋陰。松門韻虛籟，静[一一]若鳴瑶琴。舉目羣狀動，傾耳百慮沉。按部既優遊，此時[一二]振衣襟。泓澄冷泉色，寫我清曠心。飄飄白猿聲，答我雅正吟。經臺復丹井，捫蘿嘗遍臨。鶴蓋青霞映，玉趾蒼苔侵。温顔照[一三]喬[一四]木，真性訝[一五]幽禽。所以仁惠政，及物一何深！灑翰嶙峋壁，近[一六]駕栴檀林。回瞻窣堵峯，天半千萬尋。

靈隱寺 梅詢

詢，知仁和，有靈隱寺詩十首，勒石冷泉亭上，今存七首。

千峯凌紫烟，中有梵王闕。靈昑[一七]樹幽棲，塵心自超越。松篁發春靄，桂實墜秋月。争得謝人世[一八]，兹焉老華髮。右本寺。

古竇鳴幽泉，蒼崖結虛宇。六月期客遊，披襟苦徂[一九]暑。開窓弄清淺，吹鬢疑風雨。不見白使君，烟蘿爲誰語？右冷泉亭。

竺慧指此峯，飛來自靈鷲。猿鳥曾未知，烟嵐尚依舊。興亡謾千古，天地豈關紐？秖恐丹[二〇]壑移，他年却西走。右飛來峯。

鶴髮山中人，流水[二一]鑿幽石。如凭青玉案，分遞白雲液。泠泠濺鼎[二二]俎，琴瑟穿瑶[二三]席。醉坐三伏中，煩襟自消釋。右曲水亭。

蟜蟜淵下龍，潛神在靈府。雲興雖有時，泥沙可長處。陰崖寒氣腥，峭壁灼[二四]痕古。何當救旱暵，奮起爲霖雨。右龍泓洞。

巨石如芙蕖，天然匪彫飾。磊礴峯頂邊，嬋娟秋江側。涉川試誰探，作礪當自惜。坐與榮華[二五]同，正心未嘗易。右蓮華石。

古澗飛白雲，寂歷不知處。風激石上泉，僧疑月中樹。微茫認松雪，髣髴横樵路。悵望增爾思，蒼蒼奈烟霧。右呼猿洞。

靈隱寺[二六]　遵　式

乾坤持中樞，動運非物圖。鬱鬱彼靈鷲，飄飄如飛凫。層空累怪石，古木生石膚。仁虎終安棲，白猿時號呼。錢源注蛟室，謝月揚天衢。囊喆多遺塵，清風來四隅。

白猿峯

人死猿亦亡，碧峯空崔嵬。六龍馭圓景，巨壑流紅埃。今亦看誠古，後還思悲哀。茲山俯南澗，水潔影如頹。春篠生嫩筠，秋蘭變枯荄。方新林下寺，吟此心悠哉。

飛來峯　慧　洪

意行忽出門，欲留聊執杖。雲間飛來峯，巋然眉睫上。氣勢欲翔舞，秀色無千嶂。萬物皆我造，何從有來往？大千等毫末，今古歸俯仰。心知目所見，皆即是[二七]幻妄。如窺鏡中容，容豈他人相？頗怪胡阿師，乃作去來相[二八]。此意果是非，一笑聲輒放。但復臨冷泉，舉手弄清漲。

飛來峯　陳剛中

寒峯插天出，玲瓏萬菡萏。微風起松際，怪石勢搖撼。上有百尺松，幽花綴紅糝。埜猿忽躍出，滴下露千點。回首冷泉亭，天鏡光瀲瀲[二九]。平生山水癖，如人嗜昌歜。對此一壺酒，玉色翻醉臉。路逢老祝髪，絳袍金光閃。茲山信自佳，恨爲緇塵染。置之且復醉，天竺鼓紞紞。

冷泉亭　白珽

靈山本清浄，一泉渟其中。靈山孤飛來，此水將無同。山影厭[三〇]不盡，照見天玲瓏。分明千尺冰，不獨疑寒蟲。京洛多風塵，到此一洗空。炎寒無二心，凜有操者風。留[三一]然守空梵，萬劫豈終窮？驪山有温泉，虛築華清官。

翠微亭　張履信

朝朝鳥北去，夜夜鳥南歸。所謀在一食，所息在一枝。人生竟何得？與鳥同此機。身世與思慮[三二]，泉石良自怡。月上飛來峯，更誰登翠微？

同項可立宿靈隱寺[三三]　黄　溍

薄遊厭人境，振策窮幽躅。理公所開鑿，遺蹟在巖麓。秋杪霜葉丹，石面[三四]寒泉緑。仰窺條上猿，攀蘿共[三五]相逐。物情一何適，人事有羈束。却過猊峯迴，遥望松林曲。前山夜來雨，濕雲漲巖[三六]谷。縹緲辨朱甍，禪房帶修竹。故人丹丘彦，抱被能投宿。名篇聊一咏，異書欣共讀。蹉跎未聞道，黽勉尚干禄。夙有丘壑期，吾居幾時卜？

飛來峯　顧　璘

靈峯自何來？嶔嶔峙[三七]蒼鳳。羽翮不肯斂，時時欲飛動。海雲結輪菌[三八]，峆岈互勾控。虚房綴懸蜂，横梁亘垂蝀。巨靈若雕削，真宰資玩弄。初臨側躬入，稍深復軒洞。蹈危若浮槎，瞰空疑覆甕。霳深日影墜，谷轉風馭送。陰深[三九]絺衣寒，躋躅芒履重。班荊跌舊席，剜苔記新頌。歸來眠不穩，一夜勞噩夢。

靈隱寺　顧　璘

水泛趣已綿，山行路仍窕。迤邐經層巒，花宫冠林杪。峭壁槩微霄，下映樓觀小。崖傾樹孤撑，亭遠泉重繚。蕭條僧氣閒，肅穆人聲悄。來遊屬秋暮，蕉葉青嫋嫋。入徑薫名香，憩澗狎幽鳥。顧瞻桃源深[四〇]，捐佩苦不早。寄言都城子，來者一何少！誅茅[四一]倘吾遂，庶離寰中擾。

飛來峯　蘇濬

吾聞靈鷲峯，乃在渤海濱。天然不雕琢，抱朴全其真。夜半有力者，負之置江津。六龍無停轡，徙倚若有神。泠泠羣籟響，粲粲百花新。鬼鑿詎不工，象罔已沉淪。玄黄實災木，翡翠豈藏身？曷若摧毛羽，元丘絶世塵。

上北高峯　黄省曾

半涉神已慄，極振且逾眩。分埜照可捐，山雲詎能辨？藩周縣界絡，江木海光見。松表踞見清，崖間羽棲晏。東月已吐暉，西飁將隕觀。創覩世可遺，薄迎情猶眷。翠微構翳隱，初春沃葱蒨。飧霞哂彼晚，遯谷矜我先。物軌諒有齊，意適無所羨。逍遥兹永言，抒心布明彦。

靈鷲看紅葉期沈無回不至同吴伯霖鄒孟陽方回嚴印持聞子將飲冷泉亭同邵古菴江邦申分韻得山字[四二]　李流芳

故人紅葉下，頻期來此山。經旬始載酒，惆悵不同攀。邂逅愜心賞，歡焉開容[四三]顔。寒巖愛晚氣，移席臨溪灣。泉光照酒白，木葉上衣斑。况接隱者論，暫令人意閒。

冷泉紅樹圖[四四]

二十日西湖，領畧猶未了。一朝别子歸，使我意悄悄。當我欲别時，千山秋已老。更得少日留，霜深[四五]變林杪。子常[四六]爲我言，靈隱楓葉好。千紅與萬紫，亂插向晴昊。爛然列錦繡，森然建旂旐。一生未得見，何異説食飽？至今追昔遊，懊殺歸來早。豈意今復爾，萬事有魔嬈。相牽可奈何？是身如籠鳥。歸來千日餘，昨日試閒眺。澗[四七]邊小紅樹，向人亦嫋嫋。轉憶故人游[四八]，西湖攬[四九]懷抱。開緘讀素書，因風爲子道。

萬曆癸丑季秋與丹陽周仲純來遊韜光静坐三七日而去書二詩紀勝遊云[五〇]

高攀龍

偶來山中坐，兀兀二旬餘。心中澹無事，宛若生民初。流泉當几席，衆山立庭除。高樹依巖秀，修竹夾路疏。所至得心賞，終日欣欣如。流光易蹉跎，此日良不虚。寄言養性者，速駕深山居。

其　二

落日在平埜，悵然懷千秋。緬彼臨安區，當年棲王侯。樓臺何鬱鬱？冠蓋紛相酬。一朝世事盡，百代成荒丘。徒存指點迹，令人心傷[五一]憂。何如蓬廬士，偃息巖壑幽。詩書共朝夕，花木遞春秋。

觴酌洽朋好，卧起親鳧鷗。豈不念世故？中心自有求。生有無窮娱，既没名長流[五二]。

和高忠憲公韜光菴二首　沈　捷大匡

結伴巖上宿，夢魂恬有餘。曉起更清曠，再逢開闢初。振策登危峯，緩步如堦除。嶔崎六七人，高下密復疏。三休竹樹間，共笑畫不如。廓然至其頂，仰面親太虚。歷覽不欲去，欲息難久居。

開帙遇前輩，慄然悲九秋。先生不朽人，腐鼠嗤公侯。矢志踵其韻，高言誰能酬？今日復何日，社屋齊蒿丘。異代嗟興亡，何如身世憂。乾坤一漆室，俯仰白日幽。綰彼二三子，登眺延窮愁。我師佛圖澄，狎虎如狎鷗。何必去五嶽，目前縱所求。當年三七日，鴻名千載留。

重登韜光步韻七言律

山中雪後溜春泉，竹筧清泠高下眠。日上海門懸玉斗，山臨江岸漾清蓮。琳宫已占大千界，仙宅應標尺五天。莫笑老人詩思怯，近來筋力減于前。

九日同諸友登飛來峯　查繼佐伊璜

扶笻峯頂快登高，千里湖山一望遥。黛色敲開靈鷲石，波光飛到浙江潮。圖攢翠壑看三竺，錦醉青楓見六橋。狂嘯直舒天地外，滄洲共訂老漁樵。

七言古

丁隱君歌　陸龜蒙

華陽道士南遊歸，手中半捲青蘿衣。自言逋客持贈我，乃是錢塘丁翰之。連江大抵多奇岫，獨話君家最孤秀。盤燒天竺春笋肥，琴倚洞庭秋石瘦。草堂暗引龍泓溜，老樹根株若蹲獸。霜濃果熟未容收，往往兒童雜猿狖。去歲猖狂有黄寇，官軍駭[五三]散無人鬬。滿城奔迸翰之閒，只把枯松塞圭竇。前度相逢正賣文，一錢不值虚云云。今來利作采樵客，可以抛身麋鹿羣。丁隱君，丁隱君，昂[五四]頭且莫變名氏，即日便尋丁隱君。

和李杞題靈隱寺　蘇軾

君不見，錢塘湖，錢王壯觀今已無。屋堆黄金斗量珠，運盡不勞折簡呼。四方宦遊散其孥，宫闕留與人間[五五]娱。盛衰哀樂兩須臾，何用多憂心鬱紆。溪山處處皆可廬，最後[五六]靈隱飛來孤。喬松百丈[五七]蒼髯鬚，優優[五八]下笑柳與蒲。高堂會食羅千夫，撞鐘擊鼓喧朝晡。凝香方丈眠氍毹，絶勝絮被縫海圖。清風時[五九]來驚睡餘，遂超[六〇]羲皇傲几蘧。歸時棲鴉正早[六一]逋，孤烟落日不可逋[六二]。

冷泉亭送唐林夫　蘇　軾

靈隱前，三竺後，兩澗春淙一靈鷲。不知水從何處來，跳波赴壑如奔雷。無情有意兩莫測，肯向冷泉亭下相縈迴。我在錢塘百六日，山中暫來不暖席。今君欲就靈隱居，葛衣草履隨僧蔬。肯與冷泉作主一百日，不用二十四考書中書。

靈隱寺　恭行己

靈山鑿開山骨路，慈雲側把黄金布。峯擎小朶凝華烟，井暗葛洪煉丹處。洞猿抱子隨人呼，竹龍弄珠愁水枯。列刹相望五天近，梵僧往還無時無。埽石雲堆命分坐，展眼三生容易過。李源别棹上瞿塘，牧竪唱歌天人和。西風昨夜吹蚤秋，千年辛苦驚白頭。耆婆樹下客歸去，茶瓢打翻方自由。

虚白亭　見心復

洞然一室生虚白，包括須彌百千億。卧遊恍訝玻璃宫，幻出諸天帝青色。常作清静觀，廓達含太空。水晶寒映座上月，玉氣晴射窗間虹。神光圓照徹中外，萬物朗融無隔礙。空明一色鏡涵天，觸目如居焰摩界。我光此室依靈光，閻浮大樹多陰凉。門開冷泉境，路入無何鄉。道人不起那伽定，夜明簾捲當銀潢。扶過毘耶城，超出摩竭方。身本無來亦無住，那用三萬二千獅子牀。了知有相皆非實，明暗色空誰辨的？莫教童子窺習禪，誤作水光投瓦礫。掃除聖解并凡情，純清絶點泯見精。忽驚兜率夢覺海天曉，紅輪輾破琉璃青。

北高峯　洪　鍾

策杖直上北高顛，俯視萬象皆茫然。螺攢翠擁互起伏，芙蓉朶朶相争妍。江流東去自今古，山勢飛來如鳳舞。湖光十里傍城開，畫船日日聞簫鼓。簫鼓聲中[六三]發浩歌，人生志節當如何？功成身退有明訓，乞歸便向山之阿。山中風景真堪樂，朋徒詩酒常相約。香山洛社有遺芳，誰謂今人不如昨？

岣嶁山房　皇甫涍

虎林勝擅飛來峯，谽谺亘度名迴龍。蒼松迎風鼓琴瑟，巧石向日開芙蓉。中隱仙人錬鉛蕊，虛調橐籥分金水。週行神火退陰魔，幻出神珠細如米。赫奕光騰五色霓，服之壽與天皇齊。驅雷逐電護丹鼎，竊取應防后羿妻。我是青城鶴背客，洗頭猶怪南溟窄。攀翻靈鷲挹少微，暖烟蒸發山花赤。仿佛身遊何有鄉，萬竿修竹披雲房。劈芝饌玉奏鶯簧，瓦爐將爇柏鈴香。蟠桃酒瀉癭瓢滿，醉卧山中歲月長。

贈靈隱晦山大師歌

柯維楨翰周

我昨登匡阜，秀絶不可名。香爐五老得髣髴，屏風九叠烟嵐横。宗雷慧遠逝[六四]已久，東林精舍誰尋盟？攬師匡廬咏，奇偉洵可驚。奔騰飛瀑數千仞，矯矯筆力雄相争。前聞黄鶴曾題句，蟻視禰衡鸚鵡賦。崔顥當年浪得名，却笑青蓮投筆去。武林湖山最明秀，西域飛來有靈鷲。禪席東南説五山，祖庭法乳親承授。去年持盋來嘉禾，余方鼓枻湘江波。猊座獅音空逖聽，自憐學道常蹉跎。頻年苦行役，萬里信南北。屢欲從師杖履遊，心胸一爲開茅塞。今朝挈侣過雲棲，叠嶂迴巒迥欲迷。冷泉亭下還相訊，應許追蹤舊虎谿。

五言律

題靈隱山頂院

綦毋潛

招提此山頂，下界不相聞。塔影挂清漢，鐘聲和白雲。觀空静室掩，行道衆香焚。且駐西來駕，人天日未曛。

候仙亭[六五]　白居易

蹇步垂朱綬，華纓映白鬚。何因駐衰老，只有且歡娱。酒興還應在，詩情可便無？登山與臨水，猶未要人扶。

請韜光齋

白屋炊香飯，葷膻不入家。濾泉澄葛粉，洗手摘藤花。青芥除黄葉，紅薑帶紫芽。命師相伴食，齋罷一甌茶。

宿靈隱[六六]

月色荒城外，江聲梵寺中。貧知交道薄，老信釋門空。露葉凋堦蘚，風枝戛井桐。不妨無酒夜，閒話值生公。附録權德輿《下竺詩》：「暮過潭上寺，獨宿白雲間。鐘磬遥連寺，星河半隔山。石中泉暗落，松外户初關。却憶終南裏，前秋此夕還。」[六七]

飛來峯　貫休[六八]

元是西天住，飛來莫去休。未辭[六九]仙佛國，好是[七〇]帝王州。彼樹亦如寄，吾生應更浮。白猿呼不應，松露滴獼猴。

寄杭州宋震使君[七一]

罷郡歸侵暑，仍思靈隱居。僧房謝朓語，寺額葛洪書。月樹獼猴睡，山池菡萏疏。吾皇愛清静，莫便結吾廬。

登北高峯塔　潘閬

高峰峰[七二]上塔，竟上最高層。常謂人難到，何當我獨登。天香聞不斷，海月見微稜。懶下紅塵路，重來恐未能。

冷泉放閘　陸務觀[七三]

泉聲飛出閘，逶迤[七四]緑陰間。此地原無暑，多時不入山。草欹疑石墜，水定見魚還。誰[七五]得同龜[七六]鶴，遊吟半日閒。

飛來峯　林景熙

何年移竺國，秀色發稜層。清極不知夏，虚中欲晤[七七]僧。樹幽嵐氣重，泉落乳花凝。猶憶烹茶處，閒來話葛藤。

北高峰[七八]　唐玄英

絶頂無煩暑，登高[七九]三伏中。深蘿斜[八〇]透日，喬木更含風。山疊雲霞際，川傾世界東。那知茲夕興，不與古人同。

靈隱蓬萊堂[八一]　孫　雄

堂開金色界，梵客好[八二]鈎簾。山影碧侵座，水聲清遶簷。彩[八三]雲埋石脚，珠露泣[八四]松髯。終擬携孤笛，凭欄唤玉蟾。

遊靈隱寺　道謙

長吟遊古寺，九里入青松。鳥向花間語，僧從月下逢。陰廊連碧殿，清磬雜疏鐘。回首夕陽晚，烟霞鎖亂峯。

冷泉夜坐　趙師秀

衆境碧沉沉，前峯月正臨。樓鐘晴聽響，池水夜觀深。清浄非人世，虚空見[八五]佛心。却尋來處宿，風起古松林。

冷泉亭　知圓

幽亭[八六]無俗狀，清駛[八七]滌煩襟。砌壓寒流淺，簷分積翠深。晚花閒照影，古木冷垂陰。凭檻不能去，澄澄發静吟。

宿靈隱寺曉起　王問

看山逢雨色，猶得住招提。獨悟虚爲性，方知往是迷。澗從窗下落，鶯在霧中啼。微梵來金界，冥冥隔竺西。

宿歸雲菴　孫一元

獨坐山中寺，境閒真意存。瓦燈然石壁，松葉暗柴門。夜久無羣動，詩成偶自言。上方鐘磬[八八]蚤，山月落前軒。

靈隱寺　孫　枝

谷口隱青松，深山路幾重。高峯停落日，流水和疏鐘。樹古殘霞斷，雲歸一雁銜。冷泉亭上坐，歌嘯每從容。

秋日鷲山雨後作

金風臨北牖，蕭瑟動輕衣。雨歇千峯翠，烟飛萬木稀。殘紅挂秋水，獨鳥下荊扉。欹枕長歌罷，悠然月色微。

飛來峯　黄省曾

洞室曲仍曲，峯椒奇復奇。賦華形不似，遊習勝還迷。西鷲應宜記，東壺諒可齊。至今盤鬱境，猶似衆靈棲。

韜光菴　田汝成

高閣迴塵氛，迢遥積翠分。漁歌湖上起，夜梵谷中聞。竟夕唯清籟，諸天盡白雲。倘逢鸞鶴侶，從此更離羣。

至靈隱寺　王穉登

改朔逢流火，輕舠湖上行。兩峯争出没，一水隔陰晴。寺寺藏雲氣，家家枕澗聲。不辭沾法雨，來謁古先生。

靈隱寺　謝肇淛

兩僧飛錫地，鷲嶺幾時分？古寺唯黄葉，秋山自白雲。雨花空外落，潮信定中聞。便欲吹笙去，清霄鸞鶴羣。

韜光菴

虛閣倚岧嶤，高秋氣泬漻。亂山圍郭小，一水接江遥。峯勢全欺寺，鐘聲半雜潮。平生丘壑興，齋罷宿僧寮。

岣嶁山房　黄汝亨

窈窕此山中，巖房一徑通。飛泉時帶雨，拂響坐臨風。人静禪初梵，天高月正空。凄清聊奏曲，人世已鴻蒙。

岣嶁山房　沈明臣

吴越新投社，山中覓故侯。白雲僧借榻，黄葉客登樓。月出境逾静，溪深水自流。翻憐鐘磬發，破此一林幽。

韜光菴　張蔚然

空王臺殿後，何意有珠宮？山轉疑無徑，樓高望不窮。江濤流日夜，海色上虛空。秋月懸孤嶂，婆娑滿樹風。

五寺橋望諸雲泉怡老處　陳　實

瀑水當禪境，流雲度石橋。松杉晴作雨，唄梵夜聞潮。謝朓空文藻，鍾期又寂寥。迴觀飛鶴去，莫負白雲招。

靈隱寺暮歸　白　珩[八九]

山色晚蒼蒼，山門下夕陽。栴林飄槲葉，新月到禪牀。逕出千峯秀，亭迴一澗長。淹留不可極，露濕薜衣裳。

贈僧住靈隱　虞淳熙

象王[九〇]來石室，寶跡繫金繩。六度初行忍，三皈始見僧。松雲空宿障，鷲日望朝升。桂子秋風裹，披衣拜駱丞。

送僧住靈隱　夏　衡

尋芳來上國，振錫復南還。一鉢隨緣飯，孤燈到處禪。晚風青荳雨，秋水白蘋烟。後夜鐘聲斷，相思湖水邊。

靈隱寺　葉向高

山行情不厭，暑入景偏宜。古刹依靈壁，閒雲近酒卮。逢僧能識字，對客善題詩。蹤跡能如此，吾生媿鹿麋。

遊靈隱寺　王思任

靈隱一孤峯，菴菴叠翠重。僧泉衣[九二]竹驛，仙屋破雲峯。緑暗天俱貴，山寒月不濃。澗橋秋倚處，忽一響溪鐘。

飛來峯　晦山顯

何代飛來此，空濛鬱亂青。千奇靈鷲石，一碧冷泉亭。壁破盤螺髻，幢高湧梵經。有僧孤頂住，夜半火浮星。

冷泉亭

靈鷲真丘壑，當門水石香。亭幽人影静，泉冷客心凉。古碧澄毛髮，空青照殿堂。高賢時策杖，一坐到斜陽。

慧理開山祖塔在迴龍橋道左

欲表靈峯異，迦維特地來。雙猿呼洞出，五寺鑿雲開。石塔當溪口，全身聽壑雷。到山先覿面，誰慮没荒萊。

明教嵩禪師塔在寺西永安塢

五相傳堅固，遺幢號永安。鴻文三藏吼，鐵骨一龕寒。佛日弓裘在，靈山風樹看。法王留王氣，萬古卓雲端。

蓮華峯

崔嵬最高頂，奇石《水經》傳。亂吸千峯翠，平開十丈蓮。冰霜鮮臘月，臺座逼空天。信是靈山物，拈來不記年。

神尼舍利塔

塔在飛來峰巽角，尼名智仙，曾撫隋文帝，帝即位，勅建塔，藏其舍利。

插漢浮圖古，傳來隋代尼。神通仙佛母，繈褓帝王兒。鬧市知天子，深宫禮聖師。靈山藏舍利，斑剥故朝碑。

殿前石塔

五代錢鏐王爲永師大師建。

矗立如雙闕，浮圖聳殿陰。悉檀錢氏物，標榜永明心。八面雕鏤古，千齡剥繡深。巨鰲擎不倦，劫海擁獅林。

山門外石幢

高幢垂五代，端拱寺門雄。地湧虬螭角，天成神鬼工。蓮花開仰覆，佛頂峙西東。卓出靈峯半，招摇雲霧中。

五羅漢松

古寺青垂蓋，崢嶸秀五松。似浮羅漢影，幸免大夫封。冰鐵開禪虎，支離類老龍。一株臨濟後，高蔭屬靈峯。

濟顛祖師

怪爾真羅漢，縱横魔佛間。師尊一瞎老，顛盡兩名山。詩偈天然韻，神通半雜頑。金身披破衲，頂禮欲開顔。

韜　光

盛伏投精舍，居然到冷扉。一池龍噴雪，四座瀑侵衣。金地蓮時放，晴堦雨暗飛。真禪高韻在，嘆息仰餘暉。

石笋峯

何人輪巨斧，斬劈卓雲峯？玉扳[九二]撑孤壑，蒼烟破幾重。抽條難宿鳳，篤雨欲成龍。怪絶懸崖處，偏留此異蹤。

冷泉亭　奕山萃

滴瀝辭雲竇，泓澄北磵陰。亭餘玉局墨，記載樂天唫。影浸松杉古，光回殿閣沉。軒[九三]軒如到此，六月已寒心。

慧理祖塔　慧麟瑞

爲問開山祖，雙猿洞未封。全身當谷口，一塔壓迴龍。錫挂西天月，雷轟鷲嶺鐘。欲知真面目，溪水盡朝宗。

七言律

靈隱寺[九四]　司空曙

青[九五]山古寺遶烟[九六]波，石磴盤空鳥道過。百尺金身開鑿[九七]壁，萬龕燈焰隔烟蘿。雲生客到侵衣濕，花落僧前[九八]覆地多。不與方袍同結足[九九]，下歸塵世竟如何？

靈隱寺[一〇〇]　賈島

峯前峯後寺初[一〇一]秋，絶頂高牕見沃洲。人在定中聞蟋蟀，鶴曾[一〇二]棲處挂獼猴。山鐘夜渡空江水，汀月寒生古石樓。心欲懸帆身未遂，謝公此地昔曾[一〇三]遊。

靈隱寺[一〇四]　白居易

一山分[一〇五]作兩山門，兩寺元從一寺分。東澗水流西澗水，南山雲起北山雲。前臺花發後臺見，上界鐘聲下界聞。遥想吾師行道處，天香桂子落紛紛。

辭白太守齋[一〇六] 韜光

山僧埜性好林泉，每向巖阿倚石眠。不解栽松陪玉勒，惟能引水種金蓮。白雲乍可來青嶂，明月難教下碧天。城市不能飛錫去，恐驚[一〇七]鶯囀翠樓前。

立秋宿寺[一〇八] 蘇軾

百重堆案掣身閒，一葉秋聲對榻眠。牀下雪霜侵户月，枕中琴筑落堦泉。崎嶇世味嘗應遍，寂寞山棲老漸便。惟有憫農心尚在，口[一〇九]占雲漢更茫然。

中秋分桂贈楊元素[一一〇]

月缺霜濃細蕊乾，此花元屬桂[一一一]堂仙。鷲峯子落驚前夜，蟾窟枝空記昔年。破裓山[一一二]僧憐耿介，練裙溪女鬬清妍。願公採擷紉幽佩，莫遣孤芳老澗邊。

汎舟入靈隱 林逋

水天相映淡溆溶，隔水青山無數重。白鳥背人秋自遠，蒼煙和樹曉來濃。桐廬道次七里瀨，彭蠡湖邊[一三]五老峯。輟棹遲回歸[一四]未得，上方精舍動疏鐘。

宿永安遇雨[一五]　楊　蟠

九里松門雪過時，籃輿孃孃礙松枝。雨留宿客還斜落，風送行人却[一六]倒吹。華表忽驚黄鶴過，耳中猶聽[一七]白猿悲。來朝弗着登山屐，恐被人[一八]呼謝客兒。

和楊蟠宿永安遇雨[一九]　契　嵩

巖維靈徹出山時，被雨曾聞礙木枝。樹[二〇]杪霜寒何足畏，管中春色亦[二一]堪吹。風寒鐘韻疑[二二]還散，水激溪聲咽又悲。鬭草埜童君莫笑，初平原是牧羊兒。

歲暮值雪焚香獨坐有懷章安楊公蟠錢湖草堂沙門惟悟[二三]　契　嵩

檐外驚風幽鳥歸，窓前[二四]獨坐事還稀。初看曆日新年近，喜見山林驟雪飛。但憶故人能有詠，寧懷久客此無衣。鮑昭湯老能乘興，城郭何如在[二五]翠微！

和契嵩有懷二公之作[一二六]　惟悟

道安獨繼襄陽踵，詩好慵窺晝清[一二七]評。竹屋數間經幾載，草衣三事傲平生。縱陪林下收孤迹，難學人間走大名。燈火已殘談未倦，曉風斜雨打窗聲。

見山亭　張商英

簾捲疏煙醉眼開，浮雲飛盡見崔嵬。苦遭嵐氣[一二八]遮藏久，深謝清風引[一二九]致來。丹桂有時明月滿，舊山無路白猿哀。禪僧詰[一三〇]我真空理，心火茫茫一夜灰。

靈隱訪舊　恭行己

西風倦客懶馳奔，今日扶藜偶出門。未學道林歸養馬，且尋慧理去呼猿。早行九里松多老，舊坐三生石尚温。勸爾更添茶一盌，此情須向此時論。

泛舟入靈隱寺　楊維楨

九里松關一逕深，修廊千尺晝沉沉。佛安瑪瑙沉香座，僧住栴檀紫竹林。南北高峯天外筆，東西流水屋頭琴。冷泉亭畔閑盤礴，洗盡平生名利心。

過鷲峯贈勤上人　楊維楨

高林初日散煙霏，謝客亭前多翠微。潮[一三一]上海門獅子吼，山來天竺鳳凰飛。胡僧譚咒花生舌，木客題詩葉滿衣。誰識道人真樂意，九溪溪上御風歸。

集慶寺[一三二]　仇仁近

半生三宿此招提，眼底交遊更有誰？顧愷謾留金粟影，杜陵忍賦玉華詩。旋烹紫笋猶含籜，自摘青茶未展旗。聽徹洞簫清不寐，月明正照古松枝。

送復見心返杭兼柬張伯雨[一三三]　虞集

春雨西江漲百川，袈裟又上浙東船。行尋龍卧雲生徑，坐聽猿吟月浸泉。客裏有詩煩爲寄，山中何法可相傳？故人或者尋[一三四]張拙，鼻涕垂頤雪滿[一三五]肩。

飛來峯　朱　衮

每怪青山行不動，誰傳靈鷲遠飛來？　地幽合得芙蓉朶，神異真疑鬼物胎。　碧玉洞虚留日月，黄金世近拱樓臺。　年來悟得推移訣，時把乾坤運一廻。

贈靈鷲勤上人[一三六]　張　紳

靈鷲禪房我所思，可堪春晚送勤師。　半山啼鳥烟霞裏，一路落花風雨時。　定有猿看窓外筆[一三七]，應知苔護壁間詩。　門前曲逕通三竺，欲向中天采石芝。

觀魯侍郎冷泉亭放猿　錢思復

飛來峯上又成羣，好事誰無魯使君。　金鎖曾經湘岸雨，黑衣猶帶峽山雲。　不廳淚落舟中聽，只許禪餘石上聞。　千尺長松挂孤影，夜深山月白紛紛。

靈隱寺[一三八]　張　翥

石梁濺水濕蒼苔，陰洞旁穿澗底回。　殿閣瓊瑤[一三九]從地湧，山林圖畫自天開。　龍隨僧到分雲住，猿認[一四〇]人呼下樹來。遊興未闌斜日盡，馬頭呼酒尚徘徊。

贈來復[一四一]

蓮華峯下天香樹，吹老西風幾度秋。僧寶師真弘[一四二]覺範，詩窮我亦孟參謀。文章宇宙[一四三]千年事，身世江湖萬里舟。甚欲相期石橋路，更須同訪羽人丘。

靈鷲山

西湖之西天竺深，天香滿峯多桂林。老猿引子下高樹，流水興[一四四]雲來遠岑。上方已變劫灰黑，古洞[一四五]長帶秋嵐陰。清輝娱人且歸去，後夜月明重來[一四六]尋。

冷泉亭　董嗣杲

小朵峯前玉鏡寒，幾回倚杖聽潺湲。箕公飲澗非凡水，惠理呼猿在此山。亭角静依金刹古，樹深涼卧石闌間[一四七]。無因可洗人間熱，時御清風照影還。

靈隱寺[一四八]　張　寧

秋日秋山景色微，秋來風景解人稀。泉通金谷[一四九]清偏冷，峯出雙林峻欲飛。黄葉下封遊客路，白雲閒護定僧扉。人生晚節須當惜，暢飲何妨到[一五〇]夕輝。

呼猿洞　高德暘

冷泉亭外松千樹，時有老猿啼樹間。逐侣出雲風動壑，呼兒歸洞月横山。曉空蕙帳人初去，秋入荷衣客未還。清響不聞[一五一]巴峡怨，時聽嫋嫋和潺湲[一五二]。

九里松[一五三]

喬松萬樹總良材，九里青松[一五四]一逕開。雲氣直從天竺去，濤聲長傍海門來。人行道上依濃樾，子落僧前點嫩苔。山水清暉增佛[一五五]觀，托根元不限[一五六]徂徠。

北高峯　鄧　林

捫蘿百折上嶙峋，世界凡仙到此分。小朵岳蓮來異域，孤撑天柱入層雲。江湖俯看盃中瀉，鐘磬回從地底聞。借問須彌在何處？老僧留客且論文。

北高峯 姚 肇

高峯千仞石[一五七]嶙峋，曲[一五八]磴躋攀霄壤[一五九]分。一路松聲長帶雨，半空嵐氣總成雲。上方樓閣參差見，下界笙歌遠近聞。誰似當年蘇學士[一六〇]，登臨處處有遺文。

送無杰師住靈隱寺 宗 啓

鷲峯遥想景依然，捧檄欣師赴冷泉。觸石碧流珠噴雨，漫山瑶草玉生烟。位高曾比中書考，任重當知少室禪。歸去若逢同社問，爲言九鼎一絲懸。

九里松 夏 言

百盤雲磴入千峯，飛蓋行穿夾道松。長晝風雷驚虎豹，半空鱗甲舞蛟龍。江濤夜合秋聲壯，湖雨春添黛色濃。欲藉丹青圖直幹，恨無韋偃得相從。

九里松次夏公謹韻　楊一清

出林遥見兩高峯，又歷周行九里松。午後烟雲來埜鶴，四時風雨撼遊龍。孤根拔地疏仍聳，秀色參天老更濃。若遺移栽向吾土，賓車無日不過從。

九里松二首[一六一]　李攀龍

三天嘉樹儼成行，下接枌榆即故鄉。遠勢不隨雙澗盡，層陰並落二峯長。葉棲金掌仙人露，幹挺烏臺御史霜。孔雀東飛煩再顧，欲從威鳳托清光。

其　二

武林佳氣日蕭蕭，夾道長松入望遥。黛色疑從天目雨，寒聲不辨浙江潮。含悽風與枯鱗起，倒影雲隨偃蓋飄。非直有心同竹箭，懸籬[一六二]争敢附高標。

九日靈隱[一六三]　王世貞

秋山鐃吹擁登臺，龍藏含雲鬱未開。天際兩高風雨色，客中重九弟兄杯。茱萸插罷偏成感，竹葉飛時不待催。昏黑上方那可到，諸君虛有大夫才。

九里松[一六四]

偃蓋垂髯一萬株，鬱葱佳氣冠江湖。長依漢地三天竺，不數秦時五大夫。永夜濤聲遥自合，高秋嶺色未全孤。無勞白眼輕人世，雨後芝蘭好更鋤。

宿靈隱寺　王穉登

寄宿招提不裹糧，自慚玄度友支郎。樓高隔海猶看日，臘盡空山未有霜。烏鳥慣聽齋後偈，白雲長和佛前香。新成十丈琉璃殿，夜夜長依慧火光。

靈隱社集得峯字　李維楨

松風謖謖水溶溶，茗盌薰爐埜衲供。社按蘭亭修禊節，石移靈鷲削成峯。英詞注射霞餘綺，欵語流連日下春。信美東南饒竹箭，漫隨春草鬬丰茸。

李本寧觀察招同徐馮諸公集靈隱寺　屠隆

使君暇日訪山靈，太史遥瞻聚德星。磴灑飛流和衆樂，松含返照入孤亭。曉坐香冷龍衣盍，夕殿風生虎扣扃。物外勝蓮真境在，坐令心骨轉清泠。

前題得泉字　馮夢禎

使君張樂借諸天，接武名流不偶然。寺影直懸江樹外，松聲常樂海潮邊。年衰幸齒人如玉，春老欣逢酒似泉。且喜東南饒勝集，還愁兩北有浮烟。

訪李峋嶁山人於靈隱寺公自注：時被縶暫放。先是，寓杭時稍暇，則扁舟湖上，故有末句。　徐　渭文長

峋嶁詩客學全真，半日深山説鬼神。送到澗聲無響處，歸來明月滿前津。七年火宅三車客，十里荷花兩槳人。兩岸鷗凫渾似昨，就中應有舊相親。

遊靈隱登韜光望見江海　張嘉禎

招提側畔涉岧嶢，萬竹層陰曲磴遥。怪石每扶山閣出，驚潮時逐埜雲飄。烟霞仙窟藏真隱，臺殿

晴空見遠潮。却憶昔人滄海句，當年靈隱在山椒。

岣嶁山房　沈明臣

白石青松古道幽，憐君消盡百年愁。相逢不用通名姓，坐嘯真能任去留。竹暗泉聲來北澗，月明人語在西樓。無眠共作雲門客，趺坐微吟擁敝裘。

韜先　王思任

雲老天高結數楹，濤呼萬壑盡松聲。鳥來佛座尋花去，泉入僧厨漉菜行。一捺斷山流海氣，半株殘塔插湖明。奇峯占絶杭州勝，留與韜光作隱名。

三生石　袁宏道

此石當襟尚可捫，石旁斜插竹千根。清風不改疑圓澤，素質難雕信李源。駈入烟中身是幻，歌從川上語無痕。兩言入妙勤修道，竹院雲深性自存。

飛來峯　徐　增子能

竺僧到此忽停笻，曾在西天見鷲峯。香水海中留過影，妙高山頂透來龍。大生佛石苔攢髻，洞有神猿臂挂松。風起還愁飛欲去，武林雲護幾千重。

飛來峯　晦山顯

不是雙猿突杳冥，何人信得此山靈。浮來洞壑三天遠，削出芙蓉萬朶青。舍利塔連慧理塔，冷泉亭對翠微亭。他鄉遥望如蓬島，六載雲瓢寄浪萍。

蓮花峯

捫蘿千尺類飛猿，怪石蓮花聳獨尊。何代巨靈揮玉斧，突然泰華走雲根。六橋湖翠呑山市，萬里江濤接海門。兀坐山椒空外望，烟巒猶似昔乾坤。

贈北高峯念響佛僧

僧新安人，號玉真，居半山元帥殿。每夜半唱佛，山谷震動，聲聞數里。或擊板經行衆峯，時遇大蟲，亦無損，真異人也。

藥山清嘯露真風，佛號高提見此公。半夜鯨鏗青嶂外，一聲鶴唳白雲中。擊開大夢湖山動，喚醒沉迷世界空。行遍衆峯狼虎避，回頭滄海日初紅。

靈隱寺　獨任雲

峯高南北望曾收，峯下瀟瀟水自流。烟裏鐘敲松徑晚，雨中幢插寺門秋。僧因定起尋花遠，客爲雲開步月幽。天際渾疑兜率界，樓臺百二見江洲。

前　題　奕山萃

鈴鐸遥新晋覺場，巍然屹峙兩峯陽。幢扶玉樹雲垂蓋，泉浸金蓮石溜香。龍爲法調親寶座，虎因機息伴繩牀。天山赫奕傳家遠，鐵鶻風高亘古揚。

前　題　迂叟賢

寺對泉亭水石香，川原埜色曉蒼蒼。樓臺北枕高峯險，谿路西連大滌長。松際鶴鳴千嶂月，洞中猿嘯一天霜。信知勝地無塵染，到此煩心頓覺凉。

前題　慧麟瑞

靈山此日快初逢，九里松陰古徑通。自昔飛來峯突兀，至今不改石玲瓏。寒生佛面雙谿月，幽鎖猿聲一洞風。最是深秋開繡谷，層層紅葉向珠宮。

秋日宿靈隱寺　嵇宗孟淑子[一六五]

寶刹崔嵬霄漢間，羣峯鵠立洞門閒。泉聲日咽千岊雪，樹杪雲封萬叠山。好月當頭看不厭，清談徹夜俗俱删。曉天鐙火芙蓉岸，趂有漁人理棹還。

五言絶

望海亭[一六六]　蘇軾

漸聞鐘磬音，飛鳥皆下翔。入門空有無，雲海浩茫茫。

客兒亭　楊蟠

昔日林間興，風流謝客兒。春山花又發，不見屐來時。

韜光[一六七]

寂寂階[一六八]前草，春深鹿自耕。老僧垂白髮，山下不知名。

游北高峯

杳杳孤峯上，寒雲帶遠村[一六九]。不知山下雨，奎斗自分明。

九里松　道濟

九里松陰路，青泉映白沙。誰知三伏暑，小草有幽花。

了義塔院[一七〇]　守嶂

草深烟際[一七一]重，林茂夕陽微。不雨花猶落，無風絮自飛。

賜德光[一七二]　宋孝宗

大暑流金石，寒風結凍雲。梅花香度遠，自有一枝春。

飯猿臺　張光弼

僧既非昔年，猿亦異往日。惟有飯猿臺，猶是當時石。

合澗橋

兩澗何年合，一橋終日閒。桃花逐流水，未覺是人間。

冷泉亭　姚　鉉

水石一欄杆，僧歸四山静。携琴譜澗泉，月浸夜深冷。

靈　鷲[一七三]　皎　然

山頂東西寺，江中旦暮潮。歸心不可到，松路在青霄。

呼猿洞　張履信

飛來何處峯，木杪過[一七四]千尺。愁猿唤不應，月色同一白。

靈　鷲　湯　漢

問禪去靈隱，聽法[一七五]去天竺。還有無求人，來尋靈鷲宿。

韜光三首[一七六]　張鼐

結茅倚長松，松濤徧[一七七]幽壑。山僧何處來，坐久松花落。

其　二

萬山看不盡，獨樹意相親。自是東籬叟，翻來蓮社人。

其　三

花徑宿烟霞，柴門來杖履。枳殼自春風，芭蕉又秋[一七八]雨。

飛來峯　晦山顯

尚有凌空勢，驚看洞壑懸。只疑山未[一七九]久，飛到自西天。

冷泉亭

雪練來何急？衝烟下碧湍。亭前藍靛水，萬古逼人寒。

七言絶

飛來峰[一八〇]　方　干

邃巖喬木夏藏[一八一]寒，床上[一八二]雲溪枕上看。臺上[一八三]漸多山更拙[一八四]，却令飛去即應難。

靈隱寺　楊巨源[一八五]

石路泉流兩寺分，尋常鐘磬隔山聞。山僧半在中峯住，共占青猿與白猿[一八六]。

靈隱寺[一八七]　權德輿

曾過靈隱江邊寺，獨宿東樓看海門。潮色銀河鋪碧落，日光金柱出紅盆。

北高峰[一八八]　王安石

飛來山上千尋塔，聞説雞鳴見日升。不畏浮雲遮望眼，自緣身在最高層。

題了義塔院二首[一八九]　宋高宗

古寺春山青更妍，長松修竹翠含烟。吸泉擬欲增茶興，暫就山[一九〇]房假[一九一]榻眠。

其　二

久坐[一九二]方知春晝長，静中心地自清涼。人人[一九三]圓覺何曾覺，但見塵勞盡日狂[一九四]。

九里松[一九五]　楊萬里

被[一九六]雨遊山也莫嫌，却緣山色雨中添。人家屋裏生松樹，穿出茆簷却覆簷。

冷泉亭　林丹山

一泓清可沁詩脾，冷煖年來只自知。流出西湖載歌舞，回頭不似[一九七]在山時。

宿靈隱寺[一九八]　恭行己

天竺雨花飛講[一九九]臺，北山門對冷泉開。石擎老樹無人識，時有黄猿抱子來。

呼猿洞二首[二〇〇]　周紫芝

呼猿洞口水濺濺[二〇一]，忽見奔流下九天。乞得少陵三峽句，爲君題作倒流泉。

其　二

萬里西興浦口潮，浪花真似海門高。誰將一夜山中雨，换作三[二〇二]江八月濤？

飛來峯　西　郇

何處飛來息羽衣，我來唯恐又驚飛。葛陂拾得仙人杖，不敢提携上翠微。

香林洞　黄初菴

日射巖扉曉霧開，杖藜挂[二〇三]石破蒼苔。一雙蛺蝶隨人去，知是香林洞裏來。

冷　泉　張　輅

躡屩捫蘿上翠微，緑雲深處叩禪扉。老僧能誦香山句，驚落松花坐客移。

冷　泉　張　輿

小朵峯巒擁翠華，倚雲樓閣是僧家。憑欄盡日無人到，濯足寒泉數落花。

聽猿　吴大有

月照前峯猿嘯嶺，夜寒花落草堂春。同來蜀客偏腸斷，曾是孤舟渡峽人。

冷泉[二〇四]　陸圭

雨過山頭夜氣清，天風吹下步虛聲。道人酒醒推窗看，月在琅玕茆[二〇五]上明。

飛來峯　湯節

何處飛來小朶峰，冷泉亭伴數株松。黄猿引子隨僧去，知在雲山第幾重？

呼猿洞[二〇六]　李草閣

靈隱寺外冷泉亭，蘿風吹日盡[二〇七]冥冥。猿啼一聲松子落，無數白雲生翠屏。

韜光[二〇八] 王順

瘦藤拄到古韜光，分得山房半榻凉。白髮老僧從定起，斷雲漠漠護殘香。

冷泉亭 曹既明

朱簷日静[二〇九]軒窓冷，碧嶂雲低草樹香。山影倒沉波底月，夜闌相對瀉寒光。

靈鷲山[二一〇] 孫一元

露下蟪蛄空砌[二一一]鳴，山僧[二一二]不問短長[二一三]更。天風吹人酒欲醒，北斗插江河半明。

飛來峯 張瀚

蓮華峯下石嶙峋，一派寒泉繞緑筠。猶有紅香凌白雪，山中疑是四時春。

送祥都綱兩住靈隱　吴遵晦

琅玕萬疊映瀟湘，一片清秋占上方。高節昔年曾挂錫，又看枝畔起新篁。

韜光泉　李芳春

危亭海氣直飛來，點點江帆出斷崖。一匝光收千里意，神山十二鏡中開。

登北高峯　孫日章

攀藤獨上最高峯，絶壁危巖路未通。我自登臨何處望？白雲秋色大江東。

靈鷲山月歌　孫日隆

西山樹色滿高秋，曲澗潺潺抱石流。月出飛來連叠翠，羣峯不斷古杭州。

庚午初冬遊韜光遇憑虚上人　文震孟

斜陽竹樹影蕭蕭，獨有幽蛩破寂寥。萬境不波心似水，滿庭紅蕊映山椒。

冷泉亭　晦山顯

飛泉兩道寺門收，湛碧堆藍萬壑秋。六月空亭遊客到，颯疑冰雪滿林丘。

呼猿洞

雙猿呼出駭奇聞，驗得靈峰鷲嶺分。黑白不知今在否？長留幽洞冷藏雲。

靈隱寺石　嵇宗孟淑子

碧殿金鋪十二重，講筵坐遶萬芙蓉。道人不解風旛論，獨愛門前六六峯。

冷泉亭

萬丈懸崖百丈泉，玉簫吹徹洞中天。正愁明月寒侵骨，却被青松遮半邊。

飛來峯

一洞相鄰一洞幽，探奇得得買燈遊。不須更問生公法，滿腹機鋒是石頭。

呼猿洞

劃地掀翻獅子窟，撩天鼻孔眼如燈。猿公莫證慧公法，一笑山門長葛藤。

靈隱寺　張新標鞠存

天開鷲嶺佛圖遥，玉埒金鋪接絳霄。鼇祝太平無細響，鐘聲殷入浙江潮。

冷泉亭

千峯礙日樹參天，望入空亭已冷然。雨後還逢飛瀑急，泉聲百道不聞喧。

飛來峯

誰謂飛來法象奇，穿雲裂石影離離。風雷洗剔靈根見，萬朵芙蓉盡倒垂。

韜光菴

靈岩西上萬峯懸，小徑深藏不及巔。山半看山山色異，層層白雪界青蓮。

五言排律

遊靈隱寺　駱賓王

鷲嶺鬱岧嶤，龍宫鎖寂寥。樓觀滄海日，門聽浙江潮。桂子月中落，天香雲外飄。捫蘿登塔遠，刳木取泉遥。霜薄花更發，冰輕葉互[二四]凋。夙齡尚遐異，披對滌煩囂。待入天台路，看余度石橋。

宿靈隱寺[二五]　白居易

在郡六百日，入山十二迴。宿因月桂落，醉爲海榴開。黄紙除書到，青宫詔命催。僧徒多悵望，賓從亦徘徊。寺暗煙埋竹，林香雨落梅。别橋憐白石，辭洞戀青苔。漸出松間路，猶飛馬上杯。誰教冷泉水，送我下山來？

遊靈隱寺[二六]　張　祜

峯巒開一掌，朱檻幾環延。佛地花分界，僧房竹引泉。五更樓下月，十里郭中煙。後塔聳亭後，前山横閣前。溪[二七]沙涵水静，澗石點苔鮮。好是呼猿久，西巖深響連。

飛來峯[二八]

西南山最勝，一境是諸天。上路穿巖竹，分流入寺前[二九]。躡雲丹井畔，望月石橋邊。洞壑江聲遠，樓臺海氣連。塧明春嶺雪，鐘散暮松煙。何處去猶恨，更看峯頂蓮。

月桂峯 慈 永

丹桂生瑶實，千年會一時。偏從天竺路[三〇]，祇向月宫知。出海光輪滿，當軒月[三一]樹欹。嬋娟含素影，凌亂下宫[三二]墀。泉客珠連並[三三]，秋荷露忽垂。林間僧共拾，猶頌[三四]樂天詩。

靈隱寺 王世貞

步屧徑隨[三五]盡，招提天忽開。山驅丹鷲下，泉捲白龍迴。石氣清僧席，藤陰裊佛臺。鐵衣雙大士，金粟萬如來。寺愧題名隱，詩憐異代才。遊人日何限，無地著蒼苔。

韜光菴 朱之俊

阿曲遵途遠，巖空積樹危。叠臺侵石骨，架塔暗雲枝。竹窨泉聲細，林深磬響遲。青川千里目，緑嶂百重思。海月江心動，松風麥壟吹。蒼烟隨谷長，碧葉倩雲滋。溜滴多新致，人來非昔時。凭高僧氣盡，坐久道心期。銀燭消殘唄，金蓮冒小池。山將情共寂，莫謂有文移。

韜光

連雨催遊興，登臨及小晴。嵐開群樹出，湍響衆山鳴。江水雲間起，湖光竹外平。卧橋虹屢飲，踏石虎前迎。衲[三六]子渾如舊，神仙若可成。扶携行碧落，憩息坐青屏。更上奇難盡，盤旋趣轉并。悵然天欲雨，啜茗説長生。

遺事

孫宇台之誌靈隱也，有《山林碎録》一卷，其言曰：『高僧之迹名賢之槩，既詳之矣，而遺言逸事，亦何可廢耶？』宇台之好賢樂善，舉前人之一言一動，不敢遺漏，用心良苦矣。爲誌遺事第十三。

飛來峯下，龍泓洞側，或云有洞通浙東蕭山，徹浙江下。有採石乳者，入洞不已，聞波浪篙櫓之聲，懼而返。

新城縣有靈隱洞，在新安鄉，高十丈，濶五丈，深莫測，中有澗水，四時不竭。昔有人游洞中，逾三日不出，忽見坐洞前石上，問之，曰：『入洞深處，逢神人叱之，不覺身出至此。』

月中桂子，見唐天寶年間。宋天聖丁卯秋七月、八月十五兩夜，皆雨桂子，已詳慈雲詩序。又，張君房爲錢唐令，夜宿月輪山，寺僧報曰：『桂子下塔。』遽起望之，紛如烟霧，回旋成穗，散墜如牽牛子，黄白相間，咀之無味，則桂子之落，往往有之。《本草圖經》註云：『江東諸處，多于衢路拾得桂子也。』今北高峯後名月路[三七]，以此也。

邵山子曰：『唐九里松，今將千歲，大者五六人抱，虬枝偃蹇，龍幹攫拏。有一根雙幹挺然者，有苓窠蒼翠鬱茂者，有繆[三八]枝下垂可手接者，奇形怪狀，爲海内異觀。數年之間，所存略盡，已絶無極大可入畫者。此山後桐村塢土穀祠，有松六株，甚奇古，好事者欲觀九里舊松，于此地訪之可也。」

下竺，古名天竺，其地其景，蓋皆靈隱也。如李太白、崔顥之詩，皆可入誌，而以天竺限之。李詩有『桂子落秋月』，崔詩有『青翠滿山，藤蘿覆沼』之句，非靈隱而何？或謂宋時，以南山演福寺爲南天竺，以北山靈峯寺爲北天竺，以西方爲尊，而三竺同謂之西天竺，似三竺與靈隱無與。不知上竺剏于石晋，中竺開于唐時，而下竺則與靈隱同建于慧理，故凡古人之稱天竺者，當與靈隱同稱也。

天目山有二水：一條東流，經於潛、臨安百五十里，至餘杭，爲苕溪，又東三十里，抱錢唐，又東北流六十里，過湖州，入太湖；一條西趨於潛，爲紫溪，合桐廬之水，匯於錢唐，此郭璞所謂『天目兩乳』也。南山如龍，北山如鳳，此郭璞所謂『龍飛鳳舞』也。海門一日兩潮，日輪正從鰲子門上，此郭璞所謂『金星』也。其塊土爲帝王都會，璞留讖記，蓋預知五百年潮打西興，然後爲帝王都會也。夫自郭璞以前，南北皆爲武林山，嗣後始有龍飛鳳舞之目。然南山有鳳凰山，是南山亦可曰『鳳』；而北山有橋曰『迴龍』，有洞曰『龍泓』，是北山亦可曰『龍』也。

宋僧祖秀所撰《華陽宫艮嶽記》曰：『因土積爲岡陵，山骨暴露，峯稜如削，飄然有雲姿鶴態者，名飛來峯也。』才人文士之品題飛來峯者多矣，未若『雲姿鶴態』四字爲能得其神也。

楊應詔先生記飛來峯曰：『側見諸洞窟玲瓏，余穿崖隙入，恍石乳垂垂，其上石青紫，有光。每窟穴處，雲瀌瀌[三九]然起，至此不覺神怡氣釋。』此可謂得其狀者矣。

葛稚川隱於飛來峯，故有稚川亭畔，而唐時又有葛道人，隱居於飛來峯仙去，故唐人有詩云：『二葛已仙去。』是飛來峯有二葛也。

道濟化後，有人遇於六和塔，《寄嵩少林書》有『空屋退還主人，衣鉢任人將去』。僧之神通，莫可端倪，未有如濟顛也。

贊寧博聞多識，雖張茂先不能遠過。徐常侍鉉仕江南日，嘗襆被入直澄心堂，至飛虹橋，馬輒不進，裂鞍斷轡，箠之流血，掣韁却立。鉉遺書贊寧，贊寧答曰：『下必有海馬骨，水火俱不能毁，惟漚以腐糟隨毁者是也。』鉉劚之，去土丈餘，果得巨獸骨，上脛可長五尺，膝面下長三尺，髀骨若段柱然，積薪焚三日不動，以腐糟漚之，遂爛焉。徐謂[二三〇]嘗得畫牛一幅，晝嚙草欄外，夜則歸卧欄中，持以獻後主煜。煜獻之宋，太宗以示諸臣，無能辨其理，贊寧曰：『南倭海水或滅[二三一]，灘磧微露，倭人拾方諸蚌，腊中有餘淚，和色著物，則晝隱夜見。沃焦山或風燒飄擊，有石落海岸，滴水碧色，染物則晝見夜隱。此二形，殆二物所畫也。』

錢王有鐵幢三：一在舊便門東南小巷，一在舊薦橋門外，一在利津橋。蓋其時塘未成也，盧潮蕩幢，用鐵輪護其趾，而以鐵綆貫幢幹，且引綆維於上下之楗，然後實土築塘，蓋其難也。然不如六和塔成，而潮可平、塘可就也。爲之者，僧都統贊寧、禪師延壽也，皆靈隱知識也。

錢王以强弩五百人射潮而使之平，欲以就塘也，然不如炬菩薩咒龍而使之聽法也，又不如曇超之能致吴行人之以形見也。甚矣！靈隱僧之多奇也。

三竺靈隱屢有高僧，然不如靈隱爲盛也。即以著書而言之，如所謂《宗鏡録》、《證宗論》、《三教編》、《十地歌》、《輔教編》、《定祖論》、《正宗記》、《鐔津集》、《高僧傳》、《内典集》、《靈苑集》、《林道集》、《蒲室集》、《倦遊集》、《奏對録》，皆斌斌可觀也。甚矣！靈隱僧之多奇也。

禪家之于詩，偈頌之餘也，而靈隱僧之以詩名者，自清晝而外，不能悉數。即如延壽《夜坐》詩曰『孤猿叫落中巖月，野客吟殘半夜燈』，即詩人亦當遜步。契嵩與章安唱和詩，皆清新不媿古人。至惠遠奏對九重，鐵牛、咸傑皆有遺句，若見心、守仁，以能詩著名，又不必言矣。如無文、景隆，皆深透宗旨，而詩都雅可觀。豁公爲三峯嫡孫，其佛法舉世共推，而詩名蚤已著海内，有《破堂》諸詩，尤膾炙人口。可貴哉！靈隱僧之能詩也。

歐公《集古》最富，其『靈隱最勝幢，寶大二年歲次乙酉』，未之見也。《五代史》謂錢氏有改元，而無稱帝之事。然獨得其封落星石制書，稱寶正六年辛卯耳，不知其先朱梁篡唐之明年爲戊辰，改元天寶。臨安府尊勝幢云『時天寶四年歲次辛未』，此一證也。歐陽見其一，而不知其猶有二也。要以錢氏當朱梁、李唐，有用正朔、不用正朔之時。至漢、晋、周，則無不奉正朔者矣，若清泰、廣福、開運、會同、乾祐、顯德諸石刻，皆可見。

《廬山記》云：『謝靈運見遠公而異之，以北本《涅槃經》繙爲南本，三十七卷。』則臺在廬山，而茲山更見，豈後人希謝氏之高蹤而托名耶？邵古菴曰：『不然也。廬山之所謂繙經者，繙譯也；此所謂翻經者，翻閲也，義各不同。』

至正壬辰，月中娑羅子隨雨而落，仁如松子，與張君房、慈雲懺主所見桂子又異，是月中有桂，又有娑羅也。

賷神尼舍利至靈鷲者，隋時慧誕法師也。誕，當時有名，講席高流也，所發石函與舍利函，不差尺寸，又何奇也！

神尼名智仙，相傳爲神尼舍利塔，然當年塔舍利，非塔神尼也。按，釋迦舍利珠八斛四斗，其三之一住人間。阿育王置塔八萬四千，東震旦得塔十九，其粒不可得計也。康僧會懸佛七日得七粒，曇榮懇之，自三粒至三百粒。隋文帝遇阿羅漢，授舍利一裹，與法師曇遷數之數多數少，莫能定，乃七寶函致雍、岐等州，州各一塔，則靈鷲亦其一也，安得謂爲神尼耶？邵古菴曰：『七寶厢，或尼督造，有名而訛，至今亦未可知。』雖然，他州不言神尼，而此獨言神尼，則又安知其不爲神尼而塔也？

天醫波利多，乃天醫菩提化身，淳熙間居飛來峯。天台臨海婁氏子，年十五，厭俗來參，師問云：『何來？』對曰：『從緣來。』師曰：『是何姓？』對曰：『是佛性。』師曰：『子身尚俗，安識佛性？』對曰：『我身雖俗，因俗符真，真俗圓融，洞然無二。』利多異之，乃與落髮受戒，名善戒，世稱戒闍黎，後住兜率院。按，戒闍黎與炬菩薩，皆古佛下生，而爲靈隱散聖也。

南齊時，嵩山寶公向林慮白鹿山行，忽聞鐘聲，見一寺，題曰『靈隱』。寶入寺法堂坐，闃焉無人，仰視屋上，開孔如井，徐有僧從孔飛下，次第至六十衆。坐已，各問今日何處齋，或言豫章、成都、嶺南、冀北、五天竺，動千萬里。最後一僧至，衆問何遲？答曰：『相州彼岸寺鑒禪師講法，有一僧難問蜂起，聽之，不覺日已暮。』寶起曰：『鑒師是我和尚。』遂失寺與僧，乃獨坐柞木上。出山，問大統法尚，尚曰：『此廢寺佛圖澄造，賢聖居之，至今往往聞鐘聲。』夫林慮之與武林遠矣，乃佛圖澄之址，而寶公恍惚所見寺題『靈隱』，抑所不解。

稽留峯下，許玖、許現墓在焉。玖，許遠子，以遠死節，拜婺州司馬。現，遠他子，貞元中復官之，皆葬于此。許爲鹽官人。

吴説書『九里松』，高宗欲易己書，命筆數十幅，嘆曰：『無以易説所書。』未幾，吴授信州守，陛辭，高宗因語之曰：『「九里松」是卿書乎？朕嘗書此，終不如卿。』吴益遜謝，即令復揭之，勅賜填金。説，吴師禮子，王安石之外孫也。

光堯鑿大池於宫内，引水注之，叠石爲山，象飛來峯，名其堂曰『冷泉』。孝宗嘗賦詩曰：『山中秀色何佳哉，一峯獨立名飛來。參差翠麓儼如畫，石骨蒼潤神所開。忽聞倣像來宫囿，指顧已驚成列岫。規模絶似靈隱前，面勢恍疑天竺後。孰云人力非自然，千巖萬壑藏雲煙。上有峥嶸倚空之翠壁[三三]，下有潺湲漱玉之飛泉。一堂虚敞臨清沼，密蔭交加森羽葆。山頭草木四時春，閲盡歲寒長不老。聖心仁智情優[三三]閒，宮[三四]中天地非人間。蓬萊方丈渺空濶，豈若坐對三神山。日長雅趣超塵俗，散步逍遥快心目。山光水色無盡時，長將挹向杯中淥。』光堯覽之欣然。

淳熙十一年六月初一日，車駕過宫，至冷泉堂，早膳訖，太上宣諭云：『今歲與常年熱甚。』上起答云：『伏中正要如此。』太上云：『今日且留在此納凉到晚去，或三省有緊切文字，不妨就幄次進呈。』上領聖旨，遂同至飛來峯看放水簾。時荷花盛開，太上指池水云：『此種五花同幹，近伯圭自湖州進來，前此未見也。』堂前假山、修竹、古松，不見日色，並無暑氣。後苑小厮三十人，打息氣唱道情，太上云：『此是張掄所撰鼓子詞。』後苑進沆瀣漿、雪浸白酒，上起奏曰：『此物恐不宜多喫。』太上曰：『不妨，反覺爽快。』上曰：『畢竟傷脾。』太上首肯，因閒説宣和間[三五]公公，每遇三伏，多在碧玉壺及鳳泉館、萬松庄等處納凉。此處凉甚，每次侍宴，雖極暑中亦着衲襖兒也。命小内侍宣張婉容至清心堂撫琴，并令棋童下棋，及令内侍投壺，賭賽利物則[三六]劇。官家進水晶提壺連索兒，可盛白酒二斗，白玉雙蓮杯柈、碾玉香脱兒一套六箇，大金盆一面，盛七寶水戲，并宣押趙喜等教舞水族。又進太皇后白玉香珀扇柄四把，龍涎香珠佩帶五十副，真珠香囊等物，直至一月初還内。

宋吴郡王益，憲聖太后之弟，一日，竹冠、練衣、芒鞋、筇杖，携一童縱行靈竺，濯足冷泉，磐石之上，遊人望之，儼若神仙，邏者奏聞。次日，德壽以小詩召之，曰：『趂此一軒風月好，橘香酒熟待君來。』王亟往，光堯迎笑曰：『昨日冷泉之遊樂乎？』王頓首謝，光堯曰：『朕宫中亦有此景，卿欲見之否？』蓋疊石引泉，象飛來、香林之勝，架堂其上，曰『冷泉』。而亭中揭一畫，乃圖王野服濯足之狀，且御製一賛云：『富貴不驕，戚畹稱賢。掃除膏粱，放曠林泉。滄浪濯足，風度瀟然。國之元舅，人中神仙。』盡醉而罷，因舉圖以賜之。

瞎堂嘗侍孝宗幸飛來峯，上曰：『既是飛來，如何不飛去？』對曰：『一動不如一靜。』至上竺，上曰：『觀音亦持數珠，念誰？』對曰：『仍念觀音。』上曰：『何也？』對曰：『求人不如求己。』

嘉定中，進士錢唐范師孟遊靈隱，忽覩五福祠後石松奇古，賦詩曰：『根盤巨石四時青，陌上香泥豈敢侵？不但詠誇奇異迹，也須珍重歲寒心。』既歸未久，隱几間，忽見二吏控馬來，師孟隨至冷泉亭，下馬登山，至絕頂大殿，六人環坐，皆起迎，獨末坐者款師孟。至一堂，曰『聚星』，謂師孟曰：『適見佳篇，欽公達者，故托素懷。余，婺原人，慕錢唐名都，靈隱古刹，高峯冠絕，故擇居焉。然昆季素性公直，福善禍淫，奉天之道，而世人妄意，謂福可邀，是速罪戾耳。且奉西竺教，久無他嗜，幸君白之人間，勉爲善而已矣，賽余何益？』師孟既受教，請曰：『聞神昆弟五，今六，何也？』神曰：『是能賦「踈影横斜」句處士也，陰間尤重文學，故與爲好耳。』乃命竹輿送歸，隱約由六橋，舁人失脚而覺，猶曲肱几上焉。高峯祈夢，從此始。

唐時有李源者，京洛人，父憕，死安禄山之難。源悲憤，不仕不娶，居惠林寺三十年，與僧圓澤友善，相約遊蜀峨眉山。源欲自荊州溯峽，澤欲取長安斜谷路，源不可，曰：『吾已絕世事，豈可復道京師哉？』澤默然久之，曰：『行止固不由人。』遂自荊州路。舟次南浦，見婦人錦襠負瓮而汲，圓澤曰：『此吾託身之所也。』源驚問之，澤曰：『婦人姓王氏，吾當爲之子，孕三歲矣，吾不來，故不得乳。今既見，無可逃者，公當以符咒助我速生。三日浴兒時，公臨視，公以笑爲信，後十三年中秋月夜，當與公相見於杭州天竺。』源悲悔，爲具沐浴易服，至暮，澤亡，而婦乳。三日，往視之，兒見源果笑，源遂不果入蜀，反居惠林。後十三年，自洛適杭州赴其約，聞葛洪川[三三七]畔有牧童，菱髻騎牛，歌竹枝，隔水呼源，覩之，乃圓澤也，歌曰：『三生石上舊精魂，賞月吟風不用論。慚愧情人遠相訪，此身雖異性常存。』源問：『澤公健否？』答曰：『李公真信士，俗緣未盡，慎勿相近，願勤修之。』又歌曰：『身前身後事渺茫，欲話因緣恐斷腸。吴越山川尋已徧，却回烟棹上瞿塘。』遂拂袖入烟霞而去。

三生石在下竺，總屬靈鷲，此真古逸事也。

世言風僧葉守益，于冷泉亭譏秦檜，死後見所親者云：『寄語夫人，東窗事發。』東窗事，蓋王夫人謀殺岳侯，非世所知也。鬼神之事，亦可畏哉！守益，相傳地藏菩薩化身隱迹靈隱者，至今羅漢殿有塑像存焉。

雷院部神有主壇總化九天雲路急捉大將徐天君，嘗從一白犬。楊璉真伽發陵肆惡，人莫敢問，又欲毁雷院，夜夢有白犬噬之，不可解，大懼懺禱，其惡少戢。則雷院之爲威神，大也。

履泰將軍姓孫，名顯忠，錢唐人，仕吴越。宋嘉熙中，趙與懽尹京，禱雨應，奏聞，敕封護國天澤侯，廟在金沙灘。萬曆時，某年旱，太守張振之虔禱未應，憂悴成疾，忽神降乩，具示禱雨所嚮，曰：『吾助若雨，若新吾廟。』且推張長者，而自叙隱約數百言。張異之，適詢邑祠廟，既得，遂如所指請禱，公車未入郭門，而甘霖隨澍。

僧子捷建北高峯浮圖，有一花犬，隨工徒銜運磚瓦。既而，工徒于荒莽間劚得石佛，而耳相不全，惜之，犬忽掘土，深三尺許，得一石耳，合之竟是。塔成，乃斃。

宋僧遠瞎堂所畜猿，頗知人意，因衣之，號『黑猿行者』，每侍側終日。瞎堂化時閉門，人莫能見，惟猿行者執辭世偈，侍於側。自理公呼猿，有呼猿洞；知一畜猿，有白猿峰；瞎堂又有黑猿行者。靈隱之猿，何其奇也！

妙峯和尚住靈隱，嘗有四鬼移之而出，梁楷畫《四鬼夜移圖》，中峯爲之跋曰：『昔南泉謂王老師修行無力，被鬼神覷破，殊不知鬼神不着，便白日被王老師熱瞞。相傳妙峯和尚住靈隱時，爲四鬼所肩而出，當時賴遇妙峯，若是王老師，未免又作修行無力會也。一種是謾神嚇鬼，顯異惑衆，今又被人描邈〔三三八〕，將來不知面皮厚多少。』

宋孝宗宣召惠遠，惠遠有詩記曰：『盍盂走馬向天庭，謾踏天街馬不驚。回首飛來峯上望，白雲包盡帝都春。』

五代時，靈隱行人道忠，布施一錢不私，但日求麵供寺衆，每會必盛麵食，人往赴齋，皆曰：『今日赴道忠蒸雪會去也。』

靈隱寺大松樹，圍數丈，正與月波亭相對，史彌遠伐取之。僧元肇，號淮海，有詩云：『大夫去作棟梁材，無復清陰覆綠苔。惆悵月波亭上望，夜深惟有鶴飛來。[三三九]』

嘉靖時海寇之亂，督府胡公嚴造海舟，凡故家丘墓大木，皆不能免，獨下令曰：『靈隱九里松，唐時古蹟，不許擅伐。』故得保全。舊時有僧補種，賦詩曰：『不爲栽松待茯苓，只圖山色四時青。老僧終不將歸去，留與錢唐作畫屏。』

明海寇亂，督府取寺鐘，僧苦不能守，僧真祥以詩上獻云：『百八鯨音吼地鳴，篁溪檀越鑄還成。曾聞兵器爲農器，豈忍慈聲作惡聲。一統大明何及此，千年常住敢云爭。山僧最苦多遭[三四〇]譴，遊宦從今失送迎。』此鐘賴以得存。

山中有寺基久圮，勢家欲規爲葬地者，僧亦有詩云：『一帶空山已有年，不須惆悵起頹磚。道旁多少麒麟塚，轉眼無人挂紙錢。』勢家卒不敢取。

形家謂北高峯爲真武展旗形，洪武初右武，一時勳臣武職，多營墓于此，則鐵舌菴、遠瞎堂之塔，以祭臺得存，猶爲幸也。胡尚書世寧嘗卜瑞光址，後即遷去，可謂君子矣。無何，沈長史又遷葬焉。於乎！唐宋以來，其宗師遺塔，堙没于勢家宦族者，亦豈可勝道哉！

明天啓時，有縉紳欲規取蓮華峯，其時豁堂大師猶爲祇園僧也，以死争之，曰：『昔癡絶禪師不畏天子，吾獨畏貴人哉！

易菴通于萬曆辛卯重建靈隱，與羅公處約爲月菴禪師撰碑年同，相去六百一載，爲辛卯者十一，而復得辛卯。既竣工，治地得斷碑，原建寺僧亦號易菴，斯亦奇也。今斷碑亦未之見，而前之易菴，不知何代何年。

上虞令朱衮至靈隱寺，寺僧乞書『飛來峯』，命筆將書『來』字，問：『公等欲人來乎？米來乎？』僧曰：『有人此有米。』因以三『人』字書之，今存有飛來峯七言律詩。

『絶勝覺場』是葛洪書，而龔憲使冕以『絶』字不宜，改『最勝覺場』。按《楞伽》，佛地名『最勝』，僧號『最勝子』，梵語『瞿曇』。此云地最勝，易『絶』爲『最』，亦無不可，但《宗鏡録》言：『絶是妙之異名。』此絶非是斷絶，以無盡爲義，其義更勝耳。

許遠遊以下，葛洪、杜治，皆道士也。嗣後，杜京產、陳紫芝之流，間一見焉，然亦微矣。武林秦麒，號見峯，特建棲真院于飛來峯下，延盧真空鍊師修鍊焉。見峯孫心卿先生，高尚之士，有文集行世。

僧如璧者，本名饒德造，有文名，撫州士人，與曾布論不合，便落髮爲僧，《廣冷泉記》是其筆也，又有《贈勤上人》詩。余嘗論賈島之改佛，由于韓公之獎許；德造之爲僧，本于曾布之不合。以出世法論之，是韓爲美疢，而曾爲藥石也。

恭行己與趙子昂同時，其《思母》詩曰：『霜殞蘆花淚濕衣，白頭無復倚柴扉。去年五月黃梅雨，曾典袈裟糴米歸。』可謂有陳尊宿之風矣。

慈雲懺主正色不阿時好，有一貴客註《楞嚴經》，求師印可，先命熾烈焰，謂曰：『今申三問答，如契理，當爲流通。如其不然，請付此内。』乃問曰：『真精妙元，性浄明心，如何註釋？三四四三，宛轉十二，流變三叠，一十百千，爲是何義？二十五聖，所證圓通，既云實無優劣，文殊何以獨取觀音？』其人罔措，師即火之，以此處不知而作者，殊爲快也。

高僧荼毘獲舍利者，靈隱爲多。至若契嵩舌、眼、頂骨、童真、念珠，火真不燼，謂之五種不壞；惠遠舌不化，故名鐵舌，斯又不止舍利也。

洪有竹，名瀾，字子長，弱冠，卜築青蓮山居，在蓮華峯之陰，年四十卒。詩才清俊，頗有可觀，其《山居》數首，其一曰：『嘒嘒寒蟬急，翩翩過鳥飛。晚涼風動竹，久坐露沾衣。招隱期忘世，投禪願息機。山童沽酒去，未遣掩柴扉。』夫靈隱固隱者之所棲也，而隱者又難其人。以李元昭之棄官，結廬虎菴，譏其立行非真，洪瀾又以隱德未竟死，甚矣！隱者之難其人也。

魯半閒，諱安，字端明，宋肅簡公裔也。弘治間，年八旬，諭諸子曰：『吾處世甚達，今將絶俗以娛餘年，但不知死何如生。世人引棺營葬，皆身後事，目一瞑，誰見知者？吾欲歷歷預觀之。』於是擇日具儀，同發引狀，鼓吹導之，令五子縗絰斬然，已乘白騾隨其後，遂隱靈鷲山，身若隔世。時有所需，緘封附騾耳遣之歸，載物聿來，都無失候。閱十有三祀，一夕端坐以逝，騾是夕亦化去。嗟乎！此可謂有楊王孫之達矣。其時有胡元洲者，善飲作達，自署『酒泉郡太守』，祔葬于其父長史墓側，墓在上竺路，嘗有《山中》詩曰：『老鶴一聲天欲墮，山人自枕寒流卧。起來北斗正當胸，山鬼攝伏我獨坐。』其卒，遺命其子，喪車出郭門，凡山水佳處必三奠，亦曠達士耶。

他處祀伽藍，不過五位，而靈隱兼靈鷲，故有十伽藍焉。蓋靈鷲寺廢而伽藍不廢，故知靈鷲之統于靈隱也。伽藍十數，有龍王居其一焉，此大小龍泓洞得名之祖也，且以知靈隱之有關于江潮也。

靈隱向有本山土地，而無本寺土地，以配本山土地。伽藍之位既畢，特設本寺土地，以配本山土地，是爲十二神。雲間有許介甫者，許譽卿先生之子，博聞絶俗，性愛靈隱山水。一日，寢病于家，見有旗旐繽紛，則神言[二四二]迎其爲靈隱本寺土地也，遂以是卒。

東坡云：『契嵩常嗔人，未常見其笑。辨才常喜人，未嘗見其怒。予親見二人皆趺化，乃知二師以嗔喜作佛事也。』

東坡《送人游浙東》云：『靈隱寺高峯，一上五里，有僧不下三十餘年矣，不知今猶在否？』

雜紀

嘗觀古聖賢作經著傳，必有體裁，其法大概有三：單提、雙開、雜紀是也。單提所以立體，雙開所以顯用，中有未暢者，乃拉雜以言之，謂之雜紀。今志靈隱寺，上來若開山，若車輿，若山水，若梵宇，若尊像，若楗槌，若古塔，若古蹟，若勝概，若傳持，若檀越，若文藻，若詩咏，若遺事，一一分列，又終之以雜紀者，或有遺漏且不必另列者，皆綴于此，庶使華藏海中，不失一花；帝珠網内，不落一珠也。爲誌雜紀第十四。

題名

韶光石：元豐二年己未二月十二日壬戌，資政殿大學士、太子少師、南陽郡公趙抃閲道，謁韶光菴主佐光，留題。

又，蘇軾、楊傑、王瑜，元祐五年二月二十，同遊韶光。

靈鷲寺後小石塔：楊繪元素、魯有開元翰、陳舜俞令舉、蘇軾子瞻同遊。熙寧七年九月二十日。

靈山翠微亭址：紹興十二年，清凉居士韓世忠因過靈隱，登覽形勝，得舊基，建新亭，榜名『翠微』，以爲遊息之地，待好事者。三月□□日立，男彦直書。

龍泓洞内：　陳思退來、蘇子容頌。　熙寧□年。

○蘇浩然、楊景略、胡宗師、范峋、黄頌、彭汝礪、王祖道、林希逸，元年七月十二，遊靈隱洞。

○錫山安國七遊于此。

龍泓洞外：　蘇頌子容、蔣之奇穎叔、李杞堅甫、傳法僧慧日禪師延珊。　熙寧□年二月二日刊。

○又太子太保嚴起。

青林洞外有詩：　『一片巫山十二峯，飛來何年不飛去。』明進士唐鵬。

又别小洞詩：　『吟屐一雙千里，洞天萬億幾年。　蒼龍偃蹇鱗豁，紅日掩映光寒。　白玉坐來欲化，天風吹出行仙。』臨海張瑞。

青林洞口：　嘉靖壬辰夏初伏，癖竹居薛東泓來遊于此，竹鄰與子希元至。

理公巖洞口：　正德庚辰正月六日，按察于鏊、張淮、劉大謨、刑部方豪遊。

○正德十五年人日，庶吉士江暉、進士陳直，載酒來訪方豪于飛來洞，因遊天竺。

○嘉靖丙辰，五几山人張庭有詩二首：　『鏡裏湖光畫裏山，竹西茅屋有無間。　泉聲不斷雲霞爛，仙子騎羊自往還。』『一生落落好清狂，過眼烟雲木挂陽。　試上北高峯頂上，與君携手看扶桑。』

理公巖洞内：　不有地仙福，不到此洞中。　飛山子。　○臨安錢德範、蒲陽僧貽孫同遊。　皇祐二年六月一日。

○癸卯重午，與王伯虎來，二弟遨、逌偕行，沈遼題。　石景衡叔平、杜僎叔陽同遊。　直翁翼道、林夫吉甫同遊。　乙卯，閩山王元晋耕雲、陳詩坐憩于此。　嘉靖二年，金臺邵盛紀。

飛來峯頂：　朱裳。公爲方岳，裘褐不備，故題亦質，惟示姓名。

伏犀泉上：　連道善鵬舉、張文蔚同遊。　建炎三年閏八月二十五日。

石衖：　李公謹唐卿、楊泊損之，慶曆六年七月十二日來。

又題漫滮，止存七年二月清明日也。八字。　虞用晦。　元豐二年七月二十一日。

靈山塔側：　陳古平甫同德甫遊。

翻經臺石上：　淳祐丁未立秋二日，天台李良[二四二]、夏紹基、武夷翁孟寅、金華何子舉、嘉禾葉隆福[二四三]、宛陵吴□[二四四]來，喜雨。

至正六年秋九月朔，太史楊瑀、翰林張翥謁福初上人，因登蓮華峯，留名崖石。同遊者，施維才郯韶。

○泰定五年春二月，吴郡王連、莫維賢、葉森、陸友同遊。

下天竺後石壁：　吴棫、周之翰、史范雲、程敦厚，紹興壬戌同校藝。

題　額

絶勝覺場：　晋葛洪書。

佛國山門：　唐锺權書。

冷泉亭：　唐白居易書上二字，宋蘇軾補書下一字。　今爲明雲間董其昌書。

法安堂：　唐白居易書。

覺皇殿：　宋理宗皇帝書。

妙莊嚴域：　宋理宗皇帝書。

直指堂：　宋張即之書。

面壁軒：　明四明陳理書。

輪藏殿：　明董其昌書。

選佛場：　婁東王時敏書。

是佛國：　三韓佟有年書。

飛來峯：　明上虞令朱衮書。　三韓佟彭年又書。

慧日塔院：　射州宋曹書。

慧日高懸：　在新建塔院，光禄大夫周方蘇題。

永鎮靈山：　王時敏書。

正法眼藏：　王時敏書。

最勝覺場：　錫山龔勉書。

九里松：　宋吴説書。

理公巖：　唐尚書令楊遵篆。已下在石。

龍泓洞：　元江淮釋教都總統所經歷郭□書。

玉乳洞。

金光洞。

射旭洞：　俱明方豪書。

天削芙蓉：　在理公巖，不知何人書。

古存物

上堂椎：明教嵩禪師上堂白椎遺物。

照佛鑑：寶達遺蹟。後鑑空遇僧，囊中取一鑑，曰：『要知貴賤修短，佛法興替，以此鑑焉。』亦曰『照佛鑑』。

印沙牀：亦寶達遺蹟。

直指堂印：宋孝宗賜靈隱，銅鑄。

范公牀：在靈隱方丈，乃良用貞所造，良乃范公孫也。希文蒞杭郡時所遺。乙酉春，戒顯至靈隱，猶見此榻，相傳人有卧在上者，醒即身在地下，想神物呵護也。

龍文拜石：有龍鱗隱見石，長八尺，濶六尺。

秦檜齋僧鍋：秦檜因風僧激礪[二四五]，心懷恐怖，發心齋僧。此爲遺物，現在雲厨。

靈隱著述

《金光明忏儀》；《浄土懺法》慈雲撰；《宗鏡録》智覺撰；《證宗論》、《三教編》、《十地歌》俱清覺撰；《輔教編》、《定祖論》、《正宗記》、《鐔津集》俱契嵩撰；《高僧傳》、《内典集》贊寧撰；《弘宗説》弘禮撰；《正訛説》弘禮撰；《禪門鍛錬説》十三篇、《現果録》、《佛法本草》俱戒顯撰。

已上皆内篇。

《天竺別集》；《正觀集》；《靈苑集》；《採道集》遵式撰；《蒲室集》笑隱撰；《夢觀集》守仁撰；《奏對録》慧遠撰；《奏對録》德光撰；《蒲菴集》；《澮游集》來復撰；《外學集》贇寧撰；《鷲峯集》戒顯撰。

已下皆外篇。

前賢撰文遺失者附存篇名。

陸羽《靈隱寺碑記》；梁簡文《石像記》；《冷泉亭碑》寶大二年；李淑《重修靈隱寺記》；薛志《靈隱山資聖院記》。

本寺二十四房今缺一。

東廡：

東庫司房瞎堂禪師舊庫房也。

西廡：

蒙堂房　僧堂房

妙應閣向在伽藍殿基上。

五松房

正濟房　祇園房

清隱房　幻東房

幻西房　石佛菴

普覺房　普東房

上東房　上西房

西南房　西北房

西緒房　澗西房

涵澤房　韜光房

雙桂房

本山物産

西栗樹：　係慧理祖西天携來，種實小而味美，惟靈隱有數十本，移他處則不生。大樹堂一株最大，乃慧祖手植，西晋時物也，至今鬱茂。

重榮檜：　在金光明懺堂後，隋朝所植，高數丈，大十圍，後爲兵火所燎，至大中祥符間，復茂。

石面靈桃：　在翻經臺側，生于石面，結果甚大而甘，宋政和間，取植上苑。

無根藤：　往往被墻砌，無根自茂。

紅辛夷花：　似杜鵑、躑躅花，俗稱『紅石蕎』，樂天有《靈隱寺紅辛夷戲光上人》詩。

天親竹：　出武林山西雙竹院，皆雙枝對抽并胤，又名『扶桑竹』，言如海上扶桑，兩兩相比也。

石面竹：　鷲山多有之。

藥王樹：　在靈隱山門外，大三圍，乃香樟也，有僧過之曰：『此藥王樹，可治心病。』由是遠近椎剥其皮，未幾死。數年復生，人復來取，寺不禁，尋復枯。每久雨，其空皆出黑色烟。

方竹：出飛來峯，今在澗西房。

曲竹：出靈山，一名『唐公竹』，又名『鶴膝竹』，節曲突如鶴膝狀。

枇杷：寺大殿下有枇杷樹，花實異于他所。

龍：龍泓洞本龍所藏，靈隱寺伽藍祀龍。

龍子：北高峯澗中，有如蜥蜴，長二寸，黑色，腹有紅點，四足五爪。

花犬：即僧子捷含磚砌浮屠者。

靈隱重興紀異

具德大和尚以佛法蔭覆天下，若象王獅子，超軼前後，靈隱一席地，千百年來奇異獨萃，有非偶然者。蓋和尚固絶不言，而事在耳目者，亦不得而閟也。今紀數端于左，方知天人之拱護于大法王者，夫固有以耳。仁和孫治識。

葉子緯如，錢唐人。嘗夢靈隱金銀宫闕，白玉階塗，法幢寶相，迥異恒觀，已見和尚曰：『此其是矣。』今從己丑至甲辰，却計十六年，變榛莽萑蕪爲莊嚴華藏，錢唐第二名山，稱第一伽藍，其形見于夢兆，固然哉！

金子靖思，新安人，下帷靈隱，夢寺中鼓吹迎大慧禪師至，及見和尚陞座説法，儼然大慧禪師也。夫宋以來，佛法之盛，未有如大慧者，其壚鞲犀利，與今和尚無異，故衲子咸以和尚爲大慧後身也。

宋時，明教大師契嵩者，耿介絶俗，不假聲色，東坡稱五公之一，以嗔爲佛事者也。和尚未至靈隱也，有數輩僧夢契嵩囑迎和尚，其僧不知契嵩爲何如人，後乃訪耆宿，知爲明教大師也。夫契嵩生則著書明宗，死留舍利，其欲和尚之住持靈隱，預先幽贊，固有以也。

和尚庚寅冬始事土木，時吴興沈長者，以病寓居其間。締造之夕，見神人金甲而幘者以百數，睨睨在梲柱間。時沈卧病，牀有帷帳，户有簾幙，而沈徹視于外，纖悉無遺焉。未幾，沈病亦愈。

錢唐邑侯慕公，諱天顔，其初蒞任，勤恤民隱，未暇遊觀，而先夢至靈隱，拜琉璃佛。惟中一尊，光明洞徹無際，餘金身者無數，或半或全，皆不能徹視也。後見和尚，即恍然所拜琉璃佛、光明洞徹無際者。侯在錢唐七年，多惠澤，以此敬事和尚，佛教益興焉。

和尚在佛日也，靈隱敦請不已。一日，四禪寂静，至夜半，咸聞伽藍殿鬨然，細聆之，則靈隱伽籃與佛日伽藍相争不已也。人或謂和尚神之遠至者，不可以莫之慰也。後和尚竟[二四六]住靈隱，人言靈隱伽藍爲有靈也。

大殿既災，僧至桐君之深處名瑣細龍者，得大木數千章，然不能以出山也。大殿建期有日矣，庚子夏，水大發，千章之木數百年不能出者，一旦湧于峯巒之上，乘流而下，辛卯得以告成，非佛力不至此。古所謂浮梓柱于洪濤，飛梅梁于遠道者，於此益信。

大殿將建，缺一石柱，杭城居士名屠成鳳，夜夢峩冠五人來，募其祖遺劉家園内石柱。問何用，答曰：『助建靈隱大殿。』問：『菩薩何神？』答曰：『吾等北高峯五聖也。』居士夢覺，到寺訪之，果缺一石柱，立即捨到，今西南殿角一柱是也。

西山多虎患，和尚既至，虎猶一至殿墀之下，今十餘年絶跡矣。宋均爲守，虎渡河，大扇禪師號伏虎，於和尚尤足徵也。

《三輔黄圖》謂漢造未央，如巧匠胡寬不少。靈隱建置，多出于和尚之規畫，其前後布置，皆若天成。和尚尤有先識。如移置大鍋，則掘下，果見舊基；　大殿未災，則先令僧遍書水星。其靈奇天縱，有不自知其然而然，非更僕所能悉數也。

己丑，僧解制閒步冷泉亭，有白猿立於棧上，如聽泉者，皎月當空，毫髮畢見，約長五尺。辛卯冬，衆集青蓮閣下，疑閣上有人聲，即而求之，見有黑猿荷笠而走，移時乃去，此黑白二猿皆見也。夫理公時，洞有黑白二猿，呼之即出。其後有智一飯猿臺，遠瞎堂時有猿侍者，甚矣！猿之於靈隱多奇也。夫今日之猿，未必即理公時之猿，然而黑白皆見，不可謂非理公之猿也。天將興此蘭若，物應運焉，其理與數皆如是。

理公之至靈隱，咸和三年，歲在戊子。吴越王之重興靈隱也，在寶正以後，其戊子、己丑之間耶？今和尚之住此，實以己丑，固知數有相符也。羅公處約之建碑也，以淳化辛卯；　而范公楷之跋碑也，以紹定庚寅；　明張公瀚之爲僧通立碑也，以萬曆戊子。古今廢置不一，而興建者卒在此數年之間，噫！　亦奇矣。

具老和尚丙午冬應徑山請，未一年往揚州，爲法嗣巨渤和尚封塔，纔到七日，無疾坐脱。靈隱與徑山争往迎龕，一路風逆，自靈隱人登船，忽發順風，一夜遂至北關，衆歎神助。

戊申年，因徑山争龕，鬨鬧不決。正月廿五日，集滿漢護法同兩山禪衆公議，拈鬮定奪。固山大高及之居士，預先申誓，三番禱祝，竟鬮在靈隱，由此息諍[三四七]，真身永供慧日塔院，爪髪塔在五峯開山嶺之陽。

跋

昔世尊不舍穿針之福，賢于特標插草之功，要知善固緣生，須識根從信入。先師具老人生魔强際，值法弱時，苟非克己踐形，説尺行丈，人溺己溺，人饑己饑，又安能鞭撻域中之象龍，奔馳海外之麟鳳哉！是以及門皆命世之鴻儒，入室多過量之漸子，而能成祧兩脉，檄號五宗，振興十一座祖庭，恒侍五千員衲子，擁檀波，浮山岳，流梓柱，塞洪濤，俾横目者格非心，令慳惜者傾囊橐，此雜華所以云『信爲道元功德母』也。至于建摩霄干漢之殿閣，懸星接斗之堂樓，盲啓聾聰，頑廉懦立，雖機用開百代昏昧，而侖奂屬千秋勝緣。古云：『非常之人，能建非常之業；非常之業，必待非常之人。』非常者，豈常人之所能爲也？吾于先師亦云。奕山小師濟萃謹識。

山地

常住供衆僧田，宋時最多，數不可考。迄明宣德年間，尚存山田一百九十餘頃，至順治初，田土悉歸烏有。先師入院時，止存案山殿基。自法席崇敷，德風廣被，感發檀信助施，并方丈香資，續置山地，詳載《永充樵採接納雲流須知》。尺地寸金，匪易得也，後之尸席者，慎毋忽諸。爰先舊存，次檀施，次續置，列後。

舊存

具老和尚于順治六年二月十三日入院，衆房公共交出率字號山地數：

案山一百三十畝。

坐山十五畝三分。

大殿、天王殿基地二十一畝一分五厘一毫。

法堂洎東西兩禪堂基地六畝七分六厘五毫。

直指堂洎兩軒基地三畝六分八厘三毫。

冷泉亭松路地三畝六分八厘三毫。

計共一百八十畝五分八厘二毫。

檀施

具老和尚入院後，檀施山地數：

率字號山七十畝。

羌字號山四十八畝。

毀字號山八百畝零七分。

垂字號山一百二十畝。

養字號山二百零三畝三分。

率字號地二畝八分五厘。

毀字號地十畝三分九厘七毫。

調字號地一畝四分六厘六毫。

計共一千二百五十六畝七分一厘三毫。

續置[二四八]

具老和尚入院後，續置山地數附蕩：

率字號山一百六十六畝九分二厘。

養字號山五百八十九畝六分九厘。

垂字號山一百三十五畝。

羌字號山二十四畝。

毀字號山四十六畝。

率字號地一百二十畝零九分四厘。

王字號地八畝五分。

王字號蕩二畝五分六厘九毫。

外體字號地十畝四分八厘五毫。

率字號地三分六厘三毫。

率字號蕩一畝二分六厘一毫。

計共一千一百零五畝七分二厘八毫。

本寺禪堂濟上户每年完正額條銀三十二兩五錢八分七厘三毫。

每年完實徵糧米一十七石六斗五升五合三勺。

每年完漕截銀四兩六錢三分九厘四毫。終。

校勘記

[一] 謝靈運《謝康樂集》卷三收此詩，詩題爲『石壁立招提精舍』。

[二] 『沉憂』兩字《謝康樂集》作『沈照』。

[三] 『雷』字《謝康樂集》作『雹』。

[四] 『驚』字《謝康樂集》作『敬』，是。『敬擬』與下句『尚想』義同，均爲『嚮往』、『崇慕』之意。

[五] 『遥』字《武林掌故叢編》本作『瑶』。

[六] 『巃谷暝』三字《全宋詩》作『巖谷暗』。

[七] 『無有』蘇軾《東坡集》卷六作『有無』。

[八] 『空』字蘇軾《東坡集》卷六作『穴』。

[九] 《林和靖詩集》卷四録此詩，詩題爲《和運使陳學士游靈隱寺寓懷》。

[一〇] 『堂』字《林和靖詩集》作『壑』。

[一一] 『静』字《林和靖詩集》作『錚』，是。『錚』是象聲詞，形容金玉等物的撞擊聲。倘作『静』，則與『鳴瑶琴』相戾也。

[一二] 『此時』《林和靖詩集》作『時此』。

[一三] 『照』字《林和靖詩集》作『煦』，是。此處蓋恭維陳運使仁澤及物，『煦』爲『温暖』意，『照』字不通。

[一四] 『喬』字《林和靖詩集》作『槁』。

[一五] 『訝』字《林和靖詩集》作『馴』，義長。

[一六]「近」字《林和靖詩集》作「返」，是。「返駕」與下句「回瞻」相應。

[一七]「盻」字《咸淳臨安誌》卷八十引作「眄」。

[一八]「人世」《咸淳臨安誌》卷八十引作「世人」。

[一九]「徂」字《咸淳臨安誌》卷二十三引作「阻」。

[二〇]「丹」字《咸淳臨安誌》卷二十三引作「舟」。

[二一]「流水」《咸淳臨安誌》卷八十引作「疏泉」。

[二二]「鼎」字《咸淳臨安誌》卷八十引作「雕」。

[二三]「瑶」字《咸淳臨安誌》卷八十引作「吟」。

[二四]「灼」字《咸淳臨安誌》卷二十三引作「烟」。

[二五]「華」字《咸淳臨安誌》卷二十三引作「落」。

[二六]《全宋詩》卷九十八收此詩，詩題作「飛來峰」。

[二七]「是」字《石門文字禪》卷三作「自」。

[二八]「相」字《武林掌故叢編》本作「想」。

[二九]《陳剛中詩集》于此下有「游姬長眉青，嬌童兩髻髽」兩句。

[三〇]「厭」字《湛淵集》作「壓」。

[三一]「留」字《湛淵集》作「泊」。

[三二]「與思慮」《咸淳臨安誌》卷二十三引作「忽過慮」。

[三三]黄溍《文獻集》卷四收此詩，詩題爲「游西山同項可立宿靈隱西菴」。

[三四]「面」字《金華黄先生文集》作「而」，文義不通，蓋因「面」、「而」形近而誤。

[三五]「共」字《金華黄先生文集》作「去」。

[三六]「岩」字《金華黄先生文集》作「崖」。

[三七]「峙」字顧瑛《顧華玉集》作「待」。

[三八]「菌」字《武林掌故叢編》本作「困」，是，「輪困」意謂屈曲貌。

[三九]『深』字《顧華玉集》作『森』。

[四〇]『深』字《顧華玉集》作『幽』。

[四一]『茅』字《顧華玉集》作『茆』。

[四二]李流芳《檀園集》卷一收此詩，詩題爲『靈鷲看紅葉，期沈無回不至，同吴伯霖、鄒孟陽、方回、嚴印持、聞子與小飲冷泉亭，解後（邂逅）邵古菴、江邦申，分韵得「山」字』。

[四三]『容』字《檀園集》作『客』。

[四四]《檀園集》卷十一收此詩，詩題作『冷泉紅樹』，題下有小序。

[四五]『深』字《檀園集》作『酣』。

[四六]『常』字《檀園集》作『嘗』。

[四七]『澗』字《檀園集》作『深』。

[四八]『游』字《檀園集》作『言』。

[四九]『攬』字《檀園集》作『攪』。

[五〇]《高子遺書》卷六收此詩，詩題爲『韜光静坐』。

[五一]『傷』字《明詩綜》作『悲』。

[五二]『流』字《明詩綜》作『留』。

[五三]『駭』字陸龜蒙《唐甫里先生文集》作『解』。

[五四]『昂』字《唐甫里先生文集》作『叩』。

[五五]『人間』《東坡集》卷三作『閑人』。

[五六]『後』字《東坡集》作『愛』，是。

[五七]『丈』字《補注東坡編年詩》卷七作『尺』。

[五八]『優優』《東坡集》作『擾擾』

[五九]『時』字《補注東坡編年詩》卷七作『徐』。

[六〇]『超』字《武林掌故叢編》本作『起』，誤。此處借用陶淵明之典，意謂在靈隱寺中『睡餘』的樂趣超過羲皇之樂。陶淵明《與子儼

等書》謂：　『常言五六月中，北窗下臥，遇涼風暫至，自謂是羲皇上人。』《補注東坡編年詩》亦作『超』。

〔六一〕『早』字《全宋詩》、《西湖遊覽誌》皆作『畢』，是。『畢逋』出自《後漢書》卷二十三《五行誌》：『桓帝之初，京都童謡曰：　城上烏，尾畢逋，公爲吏，子爲徒。一徒死，百乘車，車班班，入河間。（略）案：　此皆謂爲政貪也。城上烏尾畢逋者，處高利獨，食不與下共，謂人主多聚斂也。』此處指栖鳥在樹上貪食。

〔六二〕『逋』字《補注東坡編年詩》、《西湖遊覽誌》皆作『暮』，是。此句言靈隱薄暮之景，難以描繪。蓋涉上一句『逋』字而誤。

〔六三〕『中』字《武林掌故叢編》本作『和』。

〔六四〕『逝』字《武林掌故叢編》本和『近』，誤。東晉時高僧慧遠曾結廬廬山，故曰『逝已久』。

〔六五〕《西湖遊覽誌》、《白氏長慶集》詩題作『醉題侯仙亭』。

〔六六〕《浙江通誌》卷二百七十四收此詩，詩題爲『秋夜宿靈隱寺師上人』，作者張祜，《全唐詩》亦作張祜詩。

〔六七〕《浙江通誌》卷二百七十四收此詩，作者爲鄭巢。《全唐詩》同。

〔六八〕《咸淳臨安誌》卷二十三收此詩，作者爲朱繼芳。

〔六九〕『辭』字《咸淳臨安誌》作『憑』。

〔七〇〕『是』字《咸淳臨安誌》作『似』。

〔七一〕此詩作者貫休，《禪月集》收此詩，詩題爲『寄杭州靈隱寺宋震使君』。《全唐詩》同。

〔七二〕『高峰峰』《逍遥集》作『北高峰』。

〔七三〕『陸務觀』《武林掌故叢編》本作『陸游』。

〔七四〕『透迤』《咸淳臨安誌》卷二十三引作『委折』。

〔七五〕『誰』字《咸淳臨安誌》卷二十三引作『難』。

〔七六〕『黿』字《宋詩紀事》卷六十二引作『猿』。

〔七七〕『晤』字《霽山集》卷一、《西湖遊覽誌》卷十皆作『悟』。

〔七八〕《西湖誌纂》卷十二、《浙江通誌》卷九收此詩，詩題爲『夏日登靈隱寺後峰』，作者方干，《全唐詩》同。

〔七九〕『高』字《西湖誌纂》、《浙江通誌》、《全唐詩》皆作『臨』。

〔八〇〕『斜』字《西湖誌纂》、《浙江通誌》、《全唐詩》皆作『難』。

［八一］《咸淳臨安誌》卷八十收此詩，詩題作「靈隱蓮峰堂」，作者爲孫雄飛。

［八二］「好」字《咸淳臨安誌》作「爲」。

［八三］「彩」字《咸淳臨安誌》作「粉」。

［八四］「泣」字《咸淳臨安誌》作「綴」。

［八五］「見」字《清苑齋詩集》作「是」。

［八六］「幽亭」《閑居編》卷四三作「亭幽」。

［八七］「駛」字《閑居編》卷四三作「景」。

［八八］「磬」字孫一元《太白山人漫稿》作「意」。

［八九］白珽《湛淵集》卷一收此詩，「珩」字疑爲「珽」字之誤。

［九〇］「王」字《武林掌故叢編》本作「工」，誤。「象王」是佛教語，喻佛或菩薩，《涅槃經》卷二三：「大象王者，謂諸佛也。」詩中以此指僧人。

［九一］「衣」字《武林掌故叢編》本作「依」，義長。

［九二］「扳」字《武林掌故叢編》本作「版」。

［九三］「軒」字《武林掌故叢編》本作「高」，誤。「軒軒」此處意謂洋洋自得貌，晋傅玄《傅子》：「王黎爲黄門郎，軒軒然得志，煦煦然自樂。」

［九四］按，此詩《唐百家詩選》卷八收作「題陵雲寺」，《方輿勝覽》卷五十二在嘉定府「淩雲寺」下收有此詩，《全唐詩》卷二百九十二亦作「題淩雲寺」，作者皆爲司空曙。《文苑英華》卷二百二十五則作「題靈雲寺」，作者不詳。詩中所寫景致，與靈隱不合，當是由「淩（陵）雲」訛爲「靈雲」，再訛爲「靈隱」也。

［九五］「青」字《文苑英華》、《唐百家詩選》、《方輿勝覽》皆作「春」。

［九六］「烟」字《文苑英華》、《唐百家詩選》、《方輿勝覽》皆作「滄」。

［九七］「鑿」字《文苑英華》、《唐百家詩選》、《方輿勝覽》皆作「翠」。

［九八］「前」字《文苑英華》、《唐百家詩選》、《方輿勝覽》皆作「禪」，是。「禪」即静坐參禪之意，「花落僧禪」與上句「雲生客到」結構相同。

[九九]『足』字《文苑英華》、《唐百家詩選》、《方輿勝覽》作『社』。

[一〇〇]賈島《長江集》、《文苑英華》皆題作『早秋寄題天竺靈隱寺』。

[一〇一]『初』字《長江集》作『新』。

[一〇二]『曾』字《長江集》皆作『從』。

[一〇三]『曾』字《長江集》皆作『年』。

[一〇四]《白香山詩集》作『寄韜光禪師』。

[一〇五]《咸淳臨安誌》作『門』。

[一〇六]《全唐詩》卷八百二十三作『謝白樂天招』。

[一〇七]『驚』字《全唐詩》作『妨』。

[一〇八]《東坡集》卷五作『立秋日禱雨宿靈隱寺同周徐二令』。

[一〇九]『口』字《東坡集》卷五作『起』。

[一一〇]《補注東坡編年詩》作『八月十七日天竺山送桂花分贈元素』。

[一一一]『桂』字《補注東坡編年詩》又作『玉』。

[一一二]『山』字《補注東坡編年詩》又作『高』。

[一一三]『邊』字《林和靖詩集》作『間』,《咸淳臨安誌》同。

[一一四]『歸』字《林和靖詩集》作『比』,《咸淳臨安誌》同。

[一一五]《鐔津文集》卷二十一收此詩,題作『游山歸遇雨呈仲靈沖晦』。

[一一六]『却』字《鐔津文集》作『亦』。

[一一七]『聽』字《鐔津文集》作『帶』。

[一一八]『恐被人』三字《鐔津文集》作『可避君』。

[一一九]《鐔津文集》卷二十一題作『次韵和酬』。

[一二〇]『樹』字《鐔津文集》作『幾』。

[一二一]『亦』字《鐔津文集》作『已』。

［一二二］『疑』字《鐔津文集》作『凝』，是。『凝還散』狀風中鐘聲，與下文『咽又悲』狀溪聲相對。

［一二三］《鐔津文集》卷二十一題作『歲暮值雪，山齋焚香獨坐，命童取雪烹茗，因思「柳絮隨風起」之句，遂取《謝道韞傳》讀之，見其神情散朗，故有林下風氣，益發幽興，乃爲詩，兼簡居士公濟、彼上人沖晦。』

［一二四］『前』字《鐔津文集》作『間』。

［一二五］『在』字《鐔津文集》作『大』。

［一二六］《鐔津文集》卷二十一收此詩，題作『次韵唱和』。

［一二七］『清』字《鐔津文集》作『雪』。

［一二八］『遭嵐氣』三字《西湖遊覽誌》作『嗟霖雨』。

［一二九］『引』字《西湖遊覽誌》作『列』。

［一三〇］『詰』字《西湖遊覽誌》作『指』。

［一三一］『潮』字《武林掌故叢編》本作『湖』。

［一三二］《元詩選二集》卷一收此詩，題爲『宿集慶寺』。

［一三三］虞集《道園遺稿》卷三收此詩，題爲『重贈復見心游浙兼柬張貞居』。

［一三四］『尋』字《道園遺稿》作『詢』。

［一三五］『滿』字《道園遺稿》作『兩。』

［一三六］《浙江通誌》卷二百六十七引作『送勤上人歸靈鷲山』。

［一三七］『筆』字《浙江通誌》作『果』。

［一三八］張翥《蛻菴集》卷五收此詩，題作『游天竺寺』。

［一三九］『瓊瑤』兩字《蛻菴集》作『金銀』。

［一四〇］『認』字《蛻菴集》作『任』。

［一四一］《蛻菴集》卷三收此詩，題作『答復見心見寄』。

［一四二］『師真弘』三字《蛻菴集》作『真同洪』。

［一四三］『宙』字《蛻菴集》作『内』。

[一四四]『興』字《蜕菴集》作『與』。
[一四五]『洞』字《蜕菴集》作『磵』。
[一四六]『重來』《蜕菴集》作『來重』。
[一四七]『間』字《西湖百咏》卷下引作『閑』，是。『石闌閑』與上句『金刹古』相對，『閑』、『古』詞性相同。『閑』、『間』形近而訛。
[一四八]《西湖遊覽誌》卷十三引此詩，題作『九月初八日霜降同友人游靈隱』。
[一四九]『谷』字《西湖遊覽誌》作『水』。
[一五〇]『到』字《西湖遊覽誌》作『醉』。
[一五一]『聞』字《西湖遊覽誌》卷十二引作『同』。
[一五二]『潺湲』《西湖遊覽誌》作『潺潺』。
[一五三]《西湖遊覽誌》卷十二引此詩，題爲『九里雲松』。
[一五四]『松』字《西湖遊覽誌》作『雲』。
[一五五]『佛』字《西湖遊覽誌》作『偉』。
[一五六]『限』字《西湖遊覽誌》作『愧』。
[一五七]『石』字《西湖遊覽誌》卷十引作『玉』。
[一五八]『曲』字《西湖遊覽誌》引作『石』。
[一五九]『霄壤』《西湖遊覽誌》引作『翠靄』。
[一六〇]『學士』《西湖遊覽誌》引作『内翰』。
[一六一]李攀龍《滄溟集》卷十收此詩，題作『九里松圖爲馬侍御作』。
[一六二]『籮』字《滄溟集》作『蘿』，是。蘿即松蘿，是一種蔓生植物，緣松柏或其他喬木而生，枝體下垂如絲狀。詩中謂『争敢附高標』，『高標』，指詩中所咏九里松。『蘿』與『籮』形近而訛。
[一六三]王世貞《弇州四部稿》卷四十收此詩，題作『九日省中諸公邀游兩高，遇雨不遂，小酌靈隱』。
[一六四]《弇州四部稿》卷四十題爲『題馬大夫九里松隱居』。
[一六五]『淑子』二字《武林掌故叢編》本無。

〔一六六〕此詩系從蘇軾的五言古體詩《游靈隱高峰塔》中截出，原詩二十句，一百字。

〔一六七〕《咸淳臨安誌》卷七十九引此詩，題作『法安院』。

〔一六八〕『寂寂階』三字《咸淳臨安誌》作『寂寞菴』。

〔一六九〕『村』字《咸淳臨安誌》作『城』，是，『城』、『明』屬八庚韵。

〔一七〇〕《咸淳臨安誌》卷七十引此詩，題作『晚春』。

〔一七一〕『際』字《咸淳臨安誌》作『景』。

〔一七二〕《咸淳臨安誌》卷四十二收此詩，題作『賜靈隱主持德光』。

〔一七三〕皎然《晝上人集》卷三收此詩，題爲《五言界石守風望天竺靈隱二寺》。

〔一七四〕『過』字《咸淳臨安誌》卷二十三引作『夜』。

〔一七五〕『法』字《咸淳臨安誌》卷八十引作『講』。

〔一七六〕《御選宋金元明詩》卷九十九選其中二首，題爲『題劉錦衣扇山居對僧話圖』。

〔一七七〕『偏』字《御選宋金元明詩》作『散』。

〔一七八〕『秋』字《御選宋金元明詩》作『春』。

〔一七九〕『末』字《武林掌故叢編》本作『永』。

〔一八〇〕按，此詩方干《玄英集》題作『題寶林寺禪者壁』，《浙江通誌》、《全唐詩》等同，《萬首唐人絶句》卷五十九收作『題飛來峰』。然寶林寺屬會稽，《會稽誌》卷十五載：『釋慧基自錢唐渡江，栖會稽山陰法華寺，學者千人。元徽初，即龜山建寶林寺。』此詩題爲何訛爲『飛來峰』且收入《靈隱寺誌》中？蓋因會稽龜山亦名『飛來』，《浙江通誌》卷十五『龜山』下謂：『《嘉泰會稽誌》：在府東南二里，一名飛來，一名寶林，一名怪山。』而龜山之所以又名『飛來』，是因《水經注》縣西門外有怪山，本琅琊郡之東武縣山也，飛來徙此』。《靈隱寺誌》編者誤把會稽『飛來』當作靈隱『飛來』，遂將此詩移花接木，誤收于此。

〔一八一〕『藏』字《浙江通誌》卷二百七十七引作『生』。

〔一八二〕『上』字《玄英集》作『下』。

〔一八三〕『上』字《玄英集》、《萬首唐人絶句》等作『殿』。

〔一八四〕『拙』字《玄英集》、《萬首唐人絶句》等作『重』。

［一八五］『權德輿』三字《武林掌故叢編》本無。按，此詩《權載之文集》卷四題作『戲贈天竺靈隱二寺寺主』，作者是唐代詩人權德輿。《全唐詩》同。《萬首唐人絶句》卷二十八亦將此詩系于權德輿名下，唯詩題中無『戲』字。

［一八六］『青猿與白猿』句《權載之文集》等均作『青巒與白雲』。

［一八七］《全唐詩》、《唐百家詩選》、《西湖遊覽誌》等收此詩，題爲『送章孝標校書歸杭州因寄白舍人』。原詩七律，寺誌只截前四句。

［一八八］王安石《臨川先生文集》卷三十四題作『登飛來峰』。

［一八九］此詩《咸淳臨安誌》卷四十二收爲宋孝宗詩，題爲『賜圓覺寺僧德信詩』，《西湖遊覽誌》卷十則作宋高宗詩，未知孰是。

［一九〇］『山』字《咸淳臨安誌》、《西湖遊覽誌》皆作『僧』。

［一九一］『假』字《咸淳臨安誌》、《西湖遊覽誌》皆作『借』。

［一九二］『久坐』《咸淳臨安誌》作『坐久』。

［一九三］『人』字《武林梵誌》作『言』。

［一九四］『狂』字《武林梵誌》作『忙』。

［一九五］楊萬里《誠齋集》卷二十收此詩，題作『寒食雨中同舍約游天竺得十六絶句呈陸務觀』，這是第四首。

［一九六］『被』字《誠齋集》作『破』。

［一九七］『似』字《西湖誌纂》卷八引作『是』。

［一九八］《御選宋金元明四朝詩》卷七十九收此詩，作者與恭，題爲『冷泉亭』。

［一九九］『講』字《御選宋金元明四朝詩》作『寶』。

［二〇〇］周紫芝《太倉稊米集》卷二十六作『冷泉亭放閘』。

［二〇一］『濺濺』《太倉稊米集》本作『潺潺』。

［二〇二］『三』字《太倉稊米集》本作『滄』。

［二〇三］『挂』字《咸淳臨安誌》卷八十引作『柱』。

［二〇四］《浙江通誌》卷二百二十六引此詩，題爲『韜光菴』。

［二〇五］『茆』字《武林掌故叢編》本作『竹』，《浙江通誌》作『節』。

［二〇六］李昱《草閣詩集》卷六收此詩，題作『冷泉亭觀猿』。

〔二〇七〕『盡』字《草閣詩集》作『書』。

〔二〇八〕《浙江通誌》卷二百二十六收此詩，作者楊蟠（宋代）。

〔二〇九〕『静』字《咸淳臨安誌》卷二十三作『轉』。

〔二一〇〕孫一元《太白山人漫稿》卷八作『宿西山韜光菴』。

〔二一一〕『蟪蛄空砌』四字《太白山人漫稿》作『庭空蟪蛄』。

〔二一二〕『僧』字《太白山人漫稿》作『深』。

〔二一三〕『短長』《太白山人漫稿》作『長短』。

〔二一四〕『互』字《駱賓王文集》卷四作『未』。

〔二一五〕《白氏長慶集》作『留題天竺靈隱兩寺』。

〔二一六〕張祜《張承吉文集》卷三題作『題杭州靈隱寺』。

〔二一七〕『溪』字《武林掌故叢編》本作『凄』。

〔二一八〕張祜《張承吉文集》卷三題作『題杭州天竺寺』。

〔二一九〕『前』字《張承吉文集》作『泉』。

〔二二〇〕『路』字《西湖遊覽誌》卷十一引作『落』。

〔二二一〕『月』字《西湖遊覽誌》作『玉』。

〔二二二〕『宮』字《西湖遊覽誌》作『空』。

〔二二三〕『並』字《西湖遊覽誌》作『泣』。

〔二二四〕『頌』字《西湖遊覽誌》作『誦』。

〔二二五〕『隨』字《弇州四部稿》卷三十二作『垂』。

〔二二六〕『衲』字《武林掌故叢編》本作『納』。

〔二二七〕『路』字《武林掌故叢編》本作『桂』。

〔二二八〕『繆』字《武林掌故叢編》本作『樛』，是。『樛枝』意謂彎曲的樹枝，『樛』、『繆』形近而訛。

〔二二九〕『瀼瀼』《武林掌故叢編》本作『滃滃』。

[二三〇]「徐謂」，《湘山野録》、《何氏語林》等筆記載此事俱作「徐知謂」，是，《十國春秋》卷二十有其傳。

[二三一]「滅」字《湘山野録》等均作「減」，是。「海水或減」意謂海水有時退却，「滅」字不通，蓋因「滅」、「減」形近而訛。

[二三二]「壁」字《咸淳臨安誌》卷二作「嶺」。

[二三三]「優」字《咸淳臨安誌》卷二作「幽」。

[二三四]「宫」字《咸淳臨安誌》卷二作「壺」。

[二三五]「間」字《武林掌故叢編》本作「周」。

[二三六]「則」字《武林掌故叢編》本作「雜」。

[二三七]「川」字《武林掌故叢編》本作「亭」，是。

[二三八]「邈」字《武林掌故叢編》本作「模」。

[二三九]《古今禪藻集》卷十二收此詩，後二句爲「今夜月明風露冷，誤他千里鶴飛來」。

[二四〇]「遭」字《武林掌故叢編》本作「遺」。

[二四一]「神言」二字《武林掌故叢編》本作「言神」。

[二四二]「良」字《武林掌故叢編》本作「艮」。

[二四三]「福」字《武林掌故叢編》本作「禮」。

[二四四]此處底本脱，《武林掌故叢編》本作「琪」。

[二四五]「礪」字《武林掌故叢編》本作「勵」。

[二四六]「竟」字《武林掌故叢編》本作「克」。

[二四七]「諍」字《武林掌故叢編》本作「争」。

[二四八]此篇底本無，據《武林掌故叢編》本補。

附四庫全書提要

《靈隱寺誌》八卷兩淮馬裕家藏本

國朝孫治撰，徐增重編。治字宇台，仁和人；增字子能，吴縣人。其書因明萬曆中昌黎白珩之志，稍增損之，體例與他志畧同。惟以宦遊、寄寓之人槩收之人物一門，則事涉創造，於義未安。

法净寺志

〔清〕孫峻 撰
劉成國 點校

點校説明

法浄寺位於今浙江省杭州市中天竺山，又稱中天竺寺，與靈隱寺、上天竺寺等均爲杭州著名的佛教寺院。寺始建於隋開皇十七年（五九七），由印度僧人寶掌禪師所創。宋太平興國元年（九七六），吴越王建爲崇壽院，政和四年（一一一四），改額曰『天寧萬壽永祚禪寺』。明洪武初，賜號『中天竺寺』。清康熙南巡幸寺，賜金重修，並賜御書『靈竺慈緣』扁額。

《法浄寺志》係清孫峻所撰，僅爲備稿，不分卷，無刻本傳世。其中内容多數輯自《杭州府志》、《錢塘縣志》及管廷芬《天竺山志》等，草創未定。此次整理，以《中國佛寺志叢刊》所收《法浄寺志》稿本爲底本，同時參校以各類禪史、各家文集等。凡衍者、脱者、訛者及異文，均出校記，不改底本原文。

法浄寺志

孫峻

《康熙錢塘縣志》：白猿峯，在呼猿洞上，理公畜白猿于此。元張昱詩：『洞闊烟霞古，嵓迴藤蔓叢。誰能將劍術，征[一]問白猿公？』

《康熙錢塘縣志》：蓮花峯，《水經》謂孤石壁立，大三十圍，高百丈，從下遥望，下濶上鋭；從頂視下，其石四面敷開，若千葉蓮花，傍有蓮花泉、蓮花台。紹興中，章衡銘。宋梅詢詩：『巨石如芙蕖，天然匪雕飾。盘薄[二]峯頂边，嬋娟秋江側。涉川試誰採[三]，作礪當自惜。坐與榮落同，正心未嘗易。』

《康熙錢塘縣志》：稽留峯，在下天竺西。《郡志》云：『許由、葛洪隱此。』或云『稽留，許由之訛也。』洪武《郡志》謂是許邁，字遠遊。考許邁與王右軍書曰：『山陰、臨安，多金堂玉室，瓊芝瑶草。』或亦隱此。毛先舒曰：『巢、許之説，多屬子家寓言，故太史公疑之。』今陳善《志》謂許由隱稽留峯，并云昌化有許由灘。此僅可爲雅談，非確論也。《水經注》：『靈隱山有高崕洞穴，昔有道士長往不歸，因以「稽留」爲山號。』則所云道士，必非許由矣。宋郭祥正詩：『孤峯出天外，客到亦稽留。不覺月華晚，澗猿啼更愁。』

《康熙錢塘縣志》：千歲巖，在郡城西十七里，中天竺寺之主山。寺爲隋僧寶掌建，自稱度世一千七百十二年，故名。傍有天香閣、桂子堂、此中亭、如意泉、東岡塔、錢和墓。和，錢塘人，建閣聚書，東坡題曰『錢氏書藏』。唐白居易詩：『褉芳澗草合，繁緑巖梅[四]新。山深景候晚，四月有餘春。竹寺過微雨，石徑無纖塵。白衣一居士，方袍四道人。地是佛國土，人非俗交親。城中山下别，相從[五]亦殷勤。』道潛詩：『霜壓簾櫳雪[六]泫條，銀河初轉斗垂杓。清言共失三更夢，錯恨芙蓉漏易消。』元王冕詩：『天香閣上風如水，千歲巖前雲似苔。明月不期穿樹出，老夫曾此聽猿來。相逢[七]五載無書寄，却憶三生有夢回。鄉曲故人憑問信，孤山梅樹幾番開。』

《康熙錢塘縣志》：楓木塢，在中天竺，舊有丹楓。

《康熙錢塘縣志》：白雲巖，在郡城西十九里，有上天竺寺，所謂靈感觀音院是也。寺爲晋僧道翊道場，時有瑞光發于澗，得奇木，刻畫普門像。後有僧持古佛舍利置頂上，白晝放光，禱雨輒驗詳。寺觀内有白雲、兩峯、中印等堂，雲漢、應真、延桂、秋芳、伴雲等閣，植杖、謝屐等亭，玉液、凝翠、觀音等泉。雲液池，池上有辨才手植山茶，俱廢，惟白雲堂名尚存，即趙清獻題石巖花處。其地産茶，號白雲茶，背即龍井。宋趙抃詩：『對植齊開古梵宫，欲求精筆畫難工。直將春占三旬盛，誰謂花無十日紅。未羨山桃資客笑，且陪庭栢作家風。徧尋他處多無比[八]，寶殿前頭只兩重[九]。』沈遼詩：『平生未省人間樂，老去惟求世外閒。他日終當斷家事，籃輿蓬舸訪名山。』朱熹詩：『竺國古招提，飛甍碧瓦齊。林深忘日午，山逈覺天低。琪樹殊方色，珍禽别樣[一〇]啼。沙門有文暢，啜茗漫留題。』樓鑰詩：『早奉天香禱白衣，遲明宿霧故凄迷。忽驚紅日穿林薄，無數碧山明澗溪。上竺寺連中竺寺，蘇公隄映白公隄。湖波[一一]一碧幾千頃，臏捲荷香送馬啼。』

《康熙錢塘縣志》：中印峯，在上天竺南。道翊結茅西峯，時入定，見大士語之曰：『汝前劫游西乾中印度國，吾授記汝。』指其對峙之山曰：『中印，庶不忘夙因。』故名中印，實居羣峯之下。

《康熙錢塘縣志》：中天竺寺，在稽留峯北。隋開皇十七年，千歲寶掌禪師從西土來，創立道場。

宋太平興國元年，吴越王建爲崇壽院。政和四年，改額曰『天寧萬壽永祚禪寺』。南渡初，有摩利支菩薩感應，因賜禁中所奉像，安於本寺。淳熙丙午，建華嚴閣，元改額『天曆永祚禪寺』，元末兵燬。明洪武初重建，正德間復燬，嘉靖二十五年，僧慧鏞重葺。佛殿後壁山水，王叔明所書，歲久剥落，有遜齋子者補之，爲人所譏，見《西園雜記》。

唐白居易詩：『雜芳澗草合，繁緑巖樹新。山深景候晚，四月有餘春。竹寺過微雨，石徑無纖塵。白衣一居士，方袍四道人。地是佛國土，人非俗交親。城中山下别，相從[一二]亦殷勤。』見山川刊去。

宋參寥子詩：『夕陽山氣藹葱葱，路轉松陰復幾重。行過石橋人未見，數聲先聽寺樓鐘。』『稽留峯北好林泉，珍重幽棲得所便。栢子烟中能宴坐，想無餘習可攀緣。』『霜壓簾櫳雪泫條，銀河初轉斗垂杓。清宫[一三]共失三更夢，錯恨芙蓉漏易消。』見山□□□□存。

元楊維楨[一四]詩：『五色雲函貝葉箋，寶幢花雨下諸天。纔參闕下夔龍會，又對[一五]山中鹿豕眠[一六]。萬象如[一七]來知幾刼，一枝東指已千年。行當着屐藤蘿外，共看峯頭玉井蓮。』

《勅修浙江通志》：中天竺寺，《神州古史攷》：『在稽留峯北。隋開皇十七年，僧千歲寶掌禪師從西土來建。』《咸淳臨安志》：『宋太平興國元年，錢氏復建爲崇壽院。政和四年，改賜『天寧萬壽永祚禪寺』。南渡初，有摩利支菩薩感應，因以禁中所奉佛像賜焉。』《武林梵志》：『元天曆間，改『天曆永祚禪寺』。明洪武初，賜號「中天竺寺」。山門「中天竺」三字，爲賈似道署額，正德間燬。嘉靖二十五年，僧惠鏞募建殿刹，并建白衣觀音堂。國朝康熙三十八年，聖祖仁皇帝南巡幸寺，賜帑金三百兩重修。康熙四十二年，賜御書「靈竺慈緣」扁額。』

《康熙錢塘縣志》：《中天竺華嚴閣記》，王信撰。《中竺白衣殿記》，嚴沆撰。

《康熙錢塘縣志》：中竺坐中印峯下，爲中天竺，唐時已有此名，見唐詩。

《康熙錢塘縣志》：元大訢，號笑隱，領五山寺，傳法晦機，黄溍、虞集品其文鏗鋐磊落。文宗順帝命坐咨訪，授三品文階，錫賚甚厚，盡以用建閣，愧事毋不，及睦州居蒲室而已。

《康熙錢塘縣志》：明宗泐，姓周氏，始生能坐，輒跏趺。八歲，從中天竺笑隱訓學佛，二十受具。虞文靖集、黄文獻溍、張潞公翥，皆推重之，爲方外交。洪武中，太祖以佛書有遺逸，命往西域求之，得《文殊》等經還，所著有《會室外集》十卷。

《西湖志》：稽留峯，《名勝志》：「相傳堯時許由隱居此山，遂名『許由峯』，訛爲『稽留』。」《水經注》云：「昔有道士入此不返，因以稽留爲山號。」未嘗顓指許由也。隋開皇中，寶掌禪師立道場於此。

《西湖志》：蓮花峯，《水經注》：「靈隱山有孤石壁立，大三十圍，其上開散，狀似蓮花。」貝瓊《蓮花峯》詩：「亂雲交霮䨴，孤石聳岧嶤。地藏金僊隱，巖看玉女朝。香爐分秀色，太華並高標。恐有峨眉雪，千秋尚未消。」[一八]

《西湖志》：千歲巖，《錢塘縣志》：「中天竺寺之主山，寺爲隋僧寶掌建，自稱度世一千七十有二年，故名。」

《西湖志》：永清塢，《萬曆錢塘縣志》：「乳竇峯之支爲永清塢。」

《西湖志》：白雲巖，《西湖遊覽志》：「永清塢心菴有白雲巖。」

《西湖志》：中印峯，《靈隱寺志》：「在上竺左。昔寶掌開中竺山，掌乃西域五印度之中印人，故名。」

《西湖志》：思真堂，陸羽《二寺記》：「許邁，字遠游，建思真堂，在靈隱山。」郭祥正《許先生書堂》詩：「丹井光長在，空堂貌亦存。鄰僧深夜磬，時復與招魂。」

《西湖志》：中天竺禪寺，在稽留峯北。《咸淳臨安志》：『中竺天寧萬壽永祚禪寺，開皇十七年，千歲寶掌禪師從西來入定，建立道場。』按《釋氏稽古畧》，師太宗貞觀十五年，返杭之飛來峰，棲止之，今中天竺寺也，有『行盡支那四百州，此中偏稱道人遊』之句。太平興國元年，錢氏建寺，舊爲崇壽院。政和四年，改賜今額。南渡初，有摩利支菩薩感應，因命增廣殿宇，以禁中所奉佛像賜焉，有華嚴閣。寶祐二年，賜錢重修，御書扁。《西湖遊覽志》：『元天曆間，僧大忻得幸於文宗，改天曆永祚禪寺。』《成化杭州府志》：『有天香閣、桂子堂、此中亭，元末燬，重建。』《武林梵志》：『明洪武初，賜號「中天竺禪寺」。』正德間燬。嘉靖二十五年，僧慧鏞等募建剎，并白衣觀音堂。國朝康熙三十八年，聖祖仁皇帝南巡，駕幸寺中，賜帑金三百兩。四十二年，聖駕再幸，御書『靈竺慈緣』四字額。

沈周《中天竺有懷住山祐天吉》詩：『珠林懸碧澗，却有小橋通。水格重重石，松鳴樹樹風。路當三里半，寺在兩山中。今日天香閣，先期憶祐公。』

《西湖志》：華嚴閣，王信《華嚴閣記》：

錢塘南北山，爲浮屠氏居者，大小幾四百所，而授禪家學者三。靈隱、淨慈，地雄勢重，易起人向慕心，故凡事隨欲輒辦。惟中天竺蕭然孤立乎上下二刹之間，雖在昔爲名山，而前後因陋就簡，往往不克自振。粵僧法華來主大席，奮然昌宗風於幾墜之地。淳熙十四年，被旨禱雨大士，道過其門，則傑閣巋然，羣目驚異，僧帥其徒請觀之。攝衣同登，金碧璀璨，中設千葉盧舍那像，立文殊、普賢二菩薩於其旁，五十三善知識布左右，而翼以鐘、經二臺。四山環焉，如拱如衛，高欲侵雲，俯疑臨淵，石梁橫陳，清流激湍，氣象環富，非向所見。余問曰：『師何力辦此？』法華曰：『未也。吾將與[一九]佛殿，而東之方丈、法堂、廊廡，皆撤其故，度材計工，不辦不已，經始於癸卯之夏，而落成於丙午之秋。』法華身若不勝衣，言語無緣飾，而一念所起，勇猛精進，足以感發人之善心。不然，何爲之遽而成之易也？

法華起而言曰：『寺闢荒於千歲寶掌。禪師生於周威烈王之十二年，至唐顯慶二年而化，蓋住世千七十有二年，維紀可考也。法華洒掃於兹，歲在己亥冬十一月望之夕，夢一僧來桂子堂，額聳貌古，金環貫耳，自言爲千歲和尚，昔嘗居此，今汝能建立，吾道興矣，言訖不見。晨興，集大衆焚香，作禮像前，而致禱焉。此其願力也，法華何能爲？』余雖未敢遽信其説，然觀千歲歸寂之偈，嘗有『他生復再來』之語，法華之夢，不爲無據。譬如爲山，進以一簣，虧以一簣，法華其勉之。

《西湖志》：多福院，在楓木塢，久圮。《咸淳臨安志》：『天福五年，吴越王建，舊名「光福」。治平二年，改今額，嘉泰元年，賜今額。』

《西湖志》：大明寺，在楓木塢，久圮。《咸淳臨安志》：『元賜額「興福庵」，淳熙二年，法華和尚建。淳祐六年，移請今額。』

《西湖志》：東岡塔，在楓木塢。《西湖遊覽志》：『隋法師真觀建。』郭祥正《東岡塔》詩：『窣堵藏真骨，東岡氣象殊。煙雲掃不盡，苔蘚一痕無。』

《西湖志》：永清寺，在永清塢。《咸淳臨安志》：『薛大資昂香火院，人觀間建。』《西湖遊覽志》：『中天竺之對，爲永清塢。正德間，陳氏建庵塢中，名「永清塢」。』

《西湖志》：心庵，在永清塢。《西湖遊覽志》：『正德間，寶珠禪師建。』

《西湖志》：寶掌，《西湖高僧事略》：『中印土人。魏晋間東遊，自云六百七十三歲，周威烈王十二年丁卯生，左手握拳，有珠在掌中，因以爲名。始抵峨嵋、五臺，南返衡、廬，入建鄴，與達磨遇於梁朝，遂叩法焉。洎來二浙，愛天竺之勝，結茅而居者四十五年。後往四明天台及諸名山，遊歷將遍。唐貞觀十五年，還竺峰，久之，移居浦江寶巖。顯慶二年正旦，手捏一像，九日而成，與其貌無異，即告徒曰：「吾誓住世千歲，自來支那，忽四百歲，今已過七十有二年矣。」説偈而化，世稱千歲和尚，遺記：「滅後有僧來取吾骨，勿拒。」越五十四年，剌浮長老至彼作禮塔，户倏開，得其骨，皆連鎖金色，因持來，别建塔藏之，爲中竺開山始祖。」

《西湖志》：大訢，《堯山堂外記》：『訢住杭州中天竺，有學行，研窮教典，旁貫百家。文宗召赴闕，特賜三品文階。』《七脩類藁》：『訢舊著黑衣，文宗賜以黄衣，其徒後皆衣黄。』歐陽原功《題僧墨菊》詩：『苾蒭原是黑衣郎，當代深仁始賜黄。今日黄衣翻潑墨，本來面目見馨香。』

《西湖志》：行端，《續傳燈録》：『號元叟，臨海何氏。初參藏叟於徑山，尋以靈隱山水清勝，挂錫焉。大德中，主中天竺。皇慶壬子，遷靈隱。三被金襴袈裟之賜，慕其道者鱗萃，至無所容。』《靈隱寺志》：『端文字不由師授，自然能通，自稱「寒拾里人」，以至正辛巳化去，窆於寂照院。』

《西湖志》：中竺寺橋，《靈隱寺志》：『南澗東合永清塢，出中竺寺橋。』

《西湖志》：《中天竺華嚴閣記》，舊在寺内，王信撰，見《錢塘縣志》。

《西湖志》：《中天竺寺志》一卷，不著撰人，抄本，藏本寺。

《西湖志》：《同周湛二上人遊西湖之北山天竺晚歸》宋釋紹嵩：

行盡孤山碧四圍，春光和暖恰相宜。微風披拂香來去，正是羣芳爛熳時。
山如濃翠擁高鬟，石壁巉然不可攀。落日鳳城佳氣合，幻成一島畫圖間。
和靖先生墳已荒，三春花草殿餘芳。欄干倚偏[三〇]斜陽晚，户牖軒窗總是香。
閒來湖上立移時，獨媿憑欄負碧漪。西寺木魚東寺鼓，而今總入老夫詩。
幽刹尋春傍翠微，幡竿殘日迴依依。西湖兩岸千株柳，何似先教畫取歸。
好是春風湖上亭，軒窗小憩俗塵清。湖山有意留儂欵，楊柳飛花亂晚晴。

《西湖志》：楓木塢，《咸淳臨安志》：『楓木塢舊多楓木，故名。』郭祥正《楓樹林》詩：「一塢藏深林，楓葉飄蜀錦。寄語别家人，路遥霜霰凛。」

《西湖志》：《留青日札》：『唐白居易在杭州取天竺片石，在吴門取洞庭雙石，以支琴貯酒，與漢陸績載鬱林石同意。此古人仕路清風也。』

《雍正浙江通志》：白猿峯，《成化杭州府志》：『西僧慧理蓄白猿於此峰。』

《稽志》：稽留峯，《杭州府志》：『在下天竺寺西。』《太平寰宇記》：『許由、葛洪皆隱此山忘返，因號「稽留」。』《名勝志》：『稽留峯者，相傳堯時許由隱居兹山，遂名「許由峯」，訛爲「稽留」。』《水經注》云：『昔有道人入此不返，因以稽留爲山號，未嘗顓指許由也。』

《稽志》：蓮花峯，《成化杭州府志》：『在下天竺寺西峯頂。』《水經注》：『靈隱山有孤石，可四十圍，頂上開散，狀似蓮花。』

《稽志》：楓木塢，《咸淳臨安志》：『在中下天竺之間，舊多楓木，故名。』

《稽志》：玉液泉，《萬曆杭州府志》：『在永清塢心菴後，白雲巖下。』

《稽志》：思真堂，陸羽《二寺記》：『許邁，字遠遊，建在靈隱山。』《錢塘縣志》：『今靈隱山有許由舊蹟，是因遠遊而誤也，其見於陸羽記者可證。』

《稽志》：寳掌，《西湖高僧事略》：『中印土人。魏晋間東遊，自云六百七十三歲，周威烈王十二年丁卯生，左手握拳，有珠在掌中，因以爲名。始抵峨嵋、五臺，南返衡、廬，入建鄴，與達摩遇於梁朝，遂叩法焉。洎來二浙，愛天竺之勝，結茅而居者四十五年。復往四明天台及諸名山，遊歷將遍。唐貞觀十五年，還竺峰，久之，移居浦江寳巖。顯慶二年正旦，手捏一像，九日而成，與其貌無異，即告徒曰：「吾誓住世千歲，自來支那，忽四百歲，今已過七十有二年矣。」説偈而化，世稱千歲和尚。遺記：「滅後有僧來取吾骨，勿拒。」越五十四年，刺浮長老至彼作禮塔，户倏開，得其骨，皆連鎖金色，因持來，別建塔藏之，爲中竺開山始祖。』

《稽志》：大訢，《堯山堂外記》：『住杭州中天竺，有學行，研窮教典，旁貫百家。文宗召赴闕，特賜三品文階。』舊著黑衣，文宗賜以黄衣，其徒後皆衣黄。

《稽志》：中天竺寺，《神州古史攷》：『在稽留峯北。隋開皇十七年，僧千歲寶掌禪師西土來建。』《咸淳臨安志》：『宋太平興國元年，錢氏復建爲崇壽院。政和四年，改賜「天寧萬壽永祚禪寺」。南渡初，有摩利支菩薩感應，因以禁中所奉佛像賜焉。』《武林梵志》：『元天曆間，改「天曆永祚禪寺」。明洪武初，賜號「中天竺寺」，山門「中天竺」三字，爲賈似道署額。正德間燬。嘉靖二十五年，僧惠鏞募建殿刹，并建白衣觀音堂。國朝康熙三十八年，聖祖仁皇帝南巡幸寺，賜帑金三百兩重修。康熙四十二年，賜御書「靈竺慈緣」扁額。』

管《志》：仁宗睿皇帝御製《法浄寺》，乾隆甲辰三月。

路轉蒼筤徑，人穿蘿薜煙。已探三竺境，更進二禪天。流水原無滯，青山本自然。不須恣游覽，小住亦前緣。

管《志》：康熙三十八年己卯，南巡，三月二十四日，幸中天竺寺，賜内帑三百兩修寺。

管《志》：康熙四十二年癸未二月，南巡，二月十七日，幸中天竺寺，御題『靈竺慈緣』額。

管《志》：乾隆十六年辛未三月，高宗純皇帝南巡，賜中天竺香燭銀五十兩。

管《志》：乾隆二十二年丁丑三月，高宗純皇帝南巡，賜中天竺香燭銀二十兩。

管《志》：乾隆二十七年壬午三月，南巡，賜中天竺香燭銀如前。

管《志》：乾隆三十年己酉閏三月，南巡，十五日，御題『中天竺法浄寺』額，賜香燭銀如前。

管《志》：乾隆四十五年庚子三月，南巡，賜法浄寺香燭銀如前。

管《志》：乾隆四十九年三月，南巡，賜法浄寺香燭銀如前。

管《志》：法浄寺，在稽留峯北，《咸淳臨安志》作中竺天寧萬壽永祚禪寺。隋文帝開皇十七年，千歲寶掌禪師從西土來入定，建立道場。宋太平興國元年，吴越忠懿建寺爲崇壽院。徽宗政和四年，改賜。高宗紹興初，有摩利支菩薩感應，因命增廣殿宇，以禁中所奉佛像賜焉，有華嚴閣。理宗寶祐二年，賜錢重修，并御賜扁爲『天寧萬壽永祚禪寺』。元文宗天曆間，僧大訢得幸於文宗，改『天曆永祚禪寺』。元末燬，重建。明太祖洪武初，賜號『中天竺禪寺』。孝宗宏治四年，兵火。正德九年，重興，復燬。二十五年，僧慧鏞等募建，并建白衣觀音堂。神宗萬曆十七年，又重建。國朝乾隆三十年，始賜名『法浄寺』。

管《志》：山門，東向，在寺東，跨路爲門，高三丈六尺，廣三丈，袤二丈六尺。

管《志》：天王殿，南向，凡三楹兩翼，高三丈六尺，廣六丈六尺，袤六丈。

管《志》：正殿，南向，在天王殿後，凡三楹兩翼，高七丈，廣六丈八尺，袤八丈四尺。前軒凡三楹，高二丈四尺，廣五丈六尺，袤二丈四尺。

管《志》：後殿，南向，在正殿後，古千佛閣基，明改創爲白衣殿，國初漸圮。乾隆十八年，重建，凡三楹兩翼，高二丈四尺，廣七丈二尺，袤三丈四尺。

管《志》：地藏殿，南向，在後殿之左，凡三楹，高三丈，廣三丈八尺，袤五丈四尺。

管《志》：桂子堂，元僧空叟建，元末燬，見《成化志》。

管《志》：天香閣，空叟建，仝上。

管《志》：摩利支天殿，宋紹興初建，爲寺伽藍。

管《志》：諸天閣，宋嘉定間，寺僧佛燈建。

管《志》：御書閣，嘉定間，藏御書『天寧萬壽永祚禪寺』額華嚴寶閣，并賜住持僧印『松巖』二字，及御書贊，并藏焉。

管《志》：神御之殿，宋理宗時，詔迎寧宗皇帝及恭聖皇太后神御，歸寺崇奉，令内轄寺選材填建殿，仍御書『神御之殿』爲額。

管《志》：聽月樓，又名侍月樓，明西源湧建。

管《志》：觀雲樓，西源湧建。

管《志》：豐漱辛，宋初建，久廢。明嘉靖甲寅，寺僧清琳建，在永清塢路口。

管《志》：元妙舍利塔，宋痴絶元妙禪師由寺移住金陵保寧寺，寂後分舍利葬此。

管《志》：三塔，宋僧石屏建，元僧用章脩，舊址無攷。

管《志》：天香房，在寺東麓，龍巖房之左，宋有天香閣，因名，僧智浄字碧天所傳。

管《志》：龍巖房，在寺東山麓，天香房之右，僧德純字一庵所傳，純之徒如怡字樂菴重修，殿宇爲緇素所重。

管《志》：興福房，在寺東，臨澗，延壽房之右。其先自彌陀興福菴分支於此，因以名，僧性肇字嶼梅所傳。

管《志》：延壽房，在寺東，興福院之右，前臨澗水，東倚山麓，舊有延壽堂，蓋養老之區，後爲子院，因以名焉，僧覺海字省江所傳。

管《志》：西元房，在寺西山麓，蓋古桂子堂舊址也，僧慧鏞字東序所傳。鏞於明嘉靖間，曾募修大殿。

管《志》：普陀房，在寺東澗南，門臨大道，僧本空字蓮臺所傳，今廢。

管《志》： 白衣觀音堂，在寺左，屬興福房，《武林梵志》云： 『明嘉靖二十五年，僧慧鏞等募建寺，并建。』

管《志》： 三元大帝殿，在寺東，即普陀房分支。

管《志》： 中印峯，在法喜之東，《靈隱志》云： 『昔寶掌開中竺山，掌乃西域五印度之中印人，故以爲名。』峯半爲天香巖，又名百歲巖。 是峯西接白雲，東達稽留，據《武林山志》則云： 『白雲西曰中印，自中印前走，迤邐於武林之中者曰無礙。 又前曰善住，而特起者曰稽留。 今無礙、善住二峯，人無知者，但統呼之曰「中印峯」矣。 峯西麓有中印菴。』

管《志》： 白雲巖，《游覽志》云： 『永清塢心菴有白雲巖。』

管《志》： 蓮華峯，在飛來峯西，《水經注》云： 『靈隱山有孤石壁立，大三十圍，其石開散，狀如蓮花。』今法鏡寺後與飛來峯連屬而高起者，是也，頂上有蓮花泉。

管《志》： 楓木塢，又名唐家塢，《咸淳志》云： 『在中下竺之間，舊多楓木，故名。』舊志云： 『在中竺馬腰嶺北，路通吴寺，團法雲衛。』白斑賦詠吴王之楓木，謂南宋吴瑩王墳，建於塢中也。

管《志》： 永清塢，在法浄寺之對，有心菴，又有白雲巖、玉液泉。

管《志》： 棋盤石，在永清塢，石廣丈許，其平如砥。 老僧掃葉林中，往往得石棋子。

管《志》： 稽留峯，法浄寺之主山也，《太平寰宇記》云： 『許由、葛翁皆隱此忘返，故名。』《咸淳志》云： 『《史記》言箕山有許由冢。』箕山自在河南嵩少間，《樂史》乃云稽留峯爲許由所隱，與《史記》殊不合，故下氏《圖經》又謂許邁嘗隱此，亦恐未然。 然邁但立精舍於餘杭垂雷山，後移入臨安西山，於錢塘無相關也。 然餘杭、臨安皆密邇錢塘，邁既棲迹於彼，安知不更留别業于此？ 且思真堂既見陸羽《寺記》，唐人所言，未必無本。 而邁字遠遊，遊與由同音，亦可悉流俗傳誤之因。 許由事荒遠難信，卞氏説未可并斥也。宋人又訛『稽留』爲『雞籠』，見釋契嵩《武林山記》，至今土俗猶呼爲『雞籠山』云。此翟氏灝之説也，辨此峯可謂詳而確矣。

管《志》：千歲巖，在稽留峯，舊志以爲寶掌法師至此，自稱度世一千七十二年，故名。

管《志》：水月池，舊志云在中印峯前，宋寶祐五年十二月，理宗敕住持佛光照法師鑿之。

管《志》：白猿峯，乃中竺、下竺後案之山，在飛來峯西。晉慧理法師蓄白猿於此，與飛來、蓮花、稽留、月桂，號爲五峯，白珽《西湖賦》『五峯指列乎虎林』是也。

管《志》：武林山，乃靈隱、天竺諸峯之總名，《漢書・地理志》注云：『錢塘有武林山，武林水所出。』《宋史・河渠志》云：『西湖周迴三十里，源出武林泉。』是矣，而《咸淳志》引《祥符圖經》云『高九十二丈，周迴一十二里』，又曰『靈隱曰靈苑，曰仙居』，則專屬諸靈隱山及飛來峯矣。然二山實非泉源自出之所，與《漢志》未合，乃以越中之會稽山例之，以靈隱、天竺諸峯之總名爲得。

管《志》：洗耳潭，在煖泉側，稽留既以許由誤傳，潭復傳會以巢父之迹，今湮。

管《志》：七星池，《靈隱志》云：『在中竺殿前。』

管《志》：棋盤嶺，原名仙人棋臺，又作棋盤山，在獅子峯之南。平岡聯絡，曠覽江湖，以此爲最。頂有方石，《游覽志》云：『舊傳丹砂爲局子，分黑白，今漶漫不可驗矣。』

管《志》：臥龍岡，在中竺龍巖山房之上，道通楓木塢。

管《志》：宋御書閣，在下竺，《咸淳志》云：『閣藏累朝宸翰，仁宗皇帝六，曰「龍鳳」，曰「國泰民安」，曰「昇祠」，曰「佛」，曰「安」，曰「佛法」。高宗皇帝四，曰「天竺時思薦福之寺」，曰「天竺靈山寺」，曰「枕流亭」，曰「適安亭」。憲聖太后二，曰「金剛經」，曰「般若密多心經」。寧宗二，曰「淨土九品觀」，曰「神御之殿」。理宗皇帝八，曰「無量壽佛寶閣」，曰「天竺靈山教寺」，曰「金光明三昧堂」，曰「瑞光之塔」，曰「靈隱大法師」，曰「靈隱正覺大法師」，曰「靈隱正覺廣濟大法師」，曰「靈隱正覺廣濟普照大法師」』。

管《志》：　寶掌橋，在中竺觀音堂左，相傳寶掌所建。亂石壘空，不假斧柯，歷千數百餘年久，無欹墮。道光三年，爲山水激損，寺僧仍爲修復，以存古蹟。

管《志》：　思真堂，《二寺記》云：『晋許邁，字遠游，建思真堂於靈隱山。』《游覽志》云：『邁自餘杭垂霤山，移入靈隱，茹芝吟詩，有終焉之志。』因稽留爲靈隱五峯之一，故前人謂堂在靈隱山。案，稽留山爲中竺山主。

管《志》：　永清寺，《咸淳志》云：『薛大資昂香火院，大觀間建。』《游覽志》云：『中天竺之對，爲永清塢，正德陳氏建庵塢中，名永清菴。』

管《志》：　心庵，在永清塢，元用貞良法師建。正德間，寶珠禪師重建，許氏云：『僞名新庵。』

管《志》：　盥漱亭，在中竺，宋契嵩有詩。

管《志》：　讀易堂，在中竺，采記。

《管氏天竺山志》：　《與愚上人宿中天竺》宋釋道潛：

夕陽山氣藹葱葱，路轉松陰復幾重。行過石橋人未見，數聲先聽寺樓鐘。

稽留峯北好林泉，珍重幽棲得所便。柏子烟中能宴坐，想無餘習可攀緣。

霜壓簾櫳露泫條，銀河影轉斗隨[三]杓。清言共失三更夢，錯恨芙蓉漏易消。

管《志》：　《稽留峯》宋郭祥正：

孤峯出天外，客到亦稽留。不覺月華晚，澗猿啼更幽。

管《志》：　《白雲峯》宋郭祥正：

湖上峯争碧，此峯藏[二二]白雲。雲光連月色[二三]，鷗鷺亦迷羣。

管《志》：《楓樹林》宋郭祥正：

一塢藏深林，楓葉翻蜀錦。寄語别家人，路遥霜露[二四]凜。

管《志》：《蓮花峯》宋郭祥正：

亭亭碧蓮華，何年化爲石。越女漫[二五]驚猜，巖猿自相識。

管《志》：《蓮花峯》宋梅詢：

巨石如芙渠，天然匪雕飾。盤礴峯頂邊，嬋娟秋江側。涉川試誰採[二六]，作礪當自惜。坐與榮落同，貞[二七]心未嘗易。

管《志》：《稽留峯》宋釋遵式：

武林神仙宅，代有隱者遊。谷静雲性閒，源長水涵幽。吾居餘十年，自足忘百憂。豈嚼不死草，夙陪無生儔。道慚情未滅，身與世爲讐。安得會昔人，竹枝歌中流[二八]。

管《志》：《楓木塢》宋楊蟠：

太平雲外客，行採老山中。莫歎秋霜早，君看世上風[二九]。

管《志》：《白雲峯》宋楊蟠：

萬頃田間雨，多從頂上生。野人猶不足，善擬鑿爲坪[三〇]。

管《志》：《游蓮峯》宋曹勛：

絶壑垂蘿蓮出泥，靈根瀉碧漱春曦。支筇得住烟雲上，倦[三一]看飛流濺沫時。

管《志》：《游中竺寺》元楊維楨[三二]：

五色雲函貝葉箋，寶幢花雨下諸天。纔參闕下夔龍會，又對[三三]山中鹿豕眠[三四]。萬象如[三五]來知幾劫，一枝東指已千年。行當著屐游塵[三六]外，共看峯頭玉井蓮。

管《志》：《寄中竺泐季潭》元張雨[三七]：

師從鍾山來，遺我故人書。一入白雲去，相思秋雨餘。徒慚塵土迹，未擬[三八]竹林居。遥想中峯月，清空滿室虚[三九]。

管《志》：《中天竺寺贈某長老》元張雨：

繙經臺上昔曾期，别久秋來益我思。半席地分眠鹿草，三更月在掛猿枝。我巢靈石書爲軸，君老香林桂作籬。當日漫誇鞋似鐵，從游直上鷲峯危[四〇]。

管《志》：《和中竺竹泉禪師》元錢惟善：

曾過石橋尋遠公，塵緣未得一相逢。澗聲如雨月明夜，兩箇猿啼千丈松。

管《志》：《蓮花峯》元陳旅[四一]：

怪石蟠厚地，神功謝琢飾。水深玉井凍，風多日車側。空聞涉江詠，尚見嘉樹惜。匪石有遺誡，我心不可易。

管《志》：《中天竺》元鄧文原：

兩山鐘磬出煙蘿，中有高僧住澗阿。般若固應通止觀，聲聞豈必在禪那。鷲峯飛翠來身毒，桂子飄香落貝多。會得法門元不二，文殊無語對維摩。

管《志》：《寄竺菴之中天竺》明釋德祥：

花外琴牀坐不休，滿懷風露思遲留。凄凉蟋蟀聲中月，斷繼梧桐葉上秋。幽夢乍隨春草入，尺書還寄暮鴻愁。思君桂子聲霜落，正在天香第幾樓。

管《志》：《中天竺有懷住山祐天吉》明沈周：

珠林懸碧澗，却有小橋通。水格重重石，松鳴樹樹風。路當三里半，寺在兩山中。今日天香閣，先期憶祐公。

管《志》：《送僧歸中竺》明王元章冕：

天香閣上風和雨[四二]，千歲巖前雪[四三]似苔。明月不期穿樹出，老夫曾此聽猿來。相逢[四四]五載無書寄，却憶三生有夢回。鄉曲故人憑問信，孤山梅樹幾番開。

管《志》：《蓮花峯》明貝瓊：

亂雲交靄霽，孤石聳岧嶤。地藏[四五]金仙隱，巖看玉女朝。香爐分秀色，太華並高標。恐有峩眉雪，千秋尚未消。[四六]

管《志》：《宿中竺山房》明過澤先[四七]：

山房當薄暮，石壁度微曛。溜竹斜通澗，懸崖半疊雲。鐘聲空外落，花氣靜中分。醉後憑高枕，寒泉徹夜聞。

管《志》：《蓮花峯》明袁宏道：

白玉簇其頂，青蓮借其色。惟有澄空心，一片描不得。平生梅道人，丹青如不識。

管《志》：《蓮花峯（登飛來蓮花峯巔）》明黄道周：

登峯何所極，古剎碧松邊。濤氣歸巉石，泉心與静弦。墜花留過客，放鳥認前年。不識青坪路，今寨百丈蓮。

管《志》：《中天題壁》明劉肇朋：

踏遍諸峯高復低，得間信宿古招提。七星潭上觀魚躍，千歲巖前聽鳥啼。紫殿陰陰龍象窟，白雲靄靄衲僧畦。年來世路多苔蘚，獨向殘碑續舊題。

管《志》：《九日千歲巖懷古》明釋聖日昭遲：
來從葱嶺骨非凡，金錫高僧老此巖。踏遍三峩眠積雪，遠探兩浙卸輕帆。平岡遺跡猶堪築，秋草瞻風未忍删。竹杖孤攜逢九日，黄花不遣映緇衫。

管《志》：《秋日登稽留峯》明釋聖日昭遲：
晴沙碧篠引清溪，香閣經樓木杪齊。楓樹嶺低樵徑外，蓮花峯近佛幢西。已將冷眼看秋色，更得閒身策杖藜。紅樹青山白茅屋，夕陽深塢渺聞雞。

管《志》：《中竺山居》明釋能悟心生：
寶掌橋邊路，煙雲伴我家。添香惟柏子，繞屋有梅花。擁衲迎朝旭，聽泉踏晚霞。不知寒暑易，刻石記年華。

管《志》：《中天竺》明彭孫貽茗齋：
石幢流水動風旛，人躡飛梁入普門。空際妙華長自轉，行深般若亦忘言。無僧更覺諸天静，希有還皈兩足尊。欲掃身心禮塵刹，黄花翠竹互翩翩。

管《志》：《稽留峯》國朝桑調元：
秋高天氣清，山深人意静。荒蹊失樵蹤，木葉飛滿嶺。淡淡激商飈，無窮去雁影。白日雙澗乾，青松一屏冷。許由方外聖，辭堯此游騁。荒山清名留，終古貯光景。電掃古道場，巖屋餘真境。圓月潔層空，明河滌微眚。

管《志》：《棋盤嶺》國朝吴農祥：
朱草珊瑚滿地垂，仙人玉局學禪棋。無端紫府争閒刼，滄海桑田又一時。

管《志》：《蓮花峯頂夜與諸虎男同卧作》國朝毛先舒：

我住緑房君紫瓣，仙人入夜邀清宴。一氣含葩翠無間，香心笑露層層綻。俯視峯腰斜過雁，銀河西流落鳴澗。此中受福佛垂盼，白馬青鴛定非幻。浪游五岳與君慣，偃仰羣世或嫌慢。高掌神霄兩鳳棲，决搶塵中笑斥鷃。

管《志》：《棋盤山仙人棋》國朝張溈：

十丈垂虹鳳尾旂，尋常瑶户侍巖扉。可能决賭如花女，笑指青騾並載歸。

管《志》：《新庵》國朝陳丹書：

屈曲巖阿一徑秋，千松萬竹繞山頭。入門鳥語空人跡，閉户花飛淡客愁。卧聽流泉消萬慮，閒披怪石得三休。芒鞋無用尋深壑，知足軒窗自可留。

管《志》：《晚入石人塢還永興寺》國朝厲鶚：

撥蘿尋微徑，山意黯將暮。幽討忘體疲，窈窕入深塢。激瀨不通人，踏石凡屢渡。返景忽難留，蒼蒼目争赴。萬竹皆爲風，千花并成霧。去鳥有遺音，歸樵詎同趣。夕梵懷信宿，春溪延緩步。入門不生月，仍倚檐前樹。

管《志》：《宿中天竺用香山韻》國朝吴焯尺鳧：

橋迴一徑接籬門，三竺山從此地分。瀑水常飛溪上雨，天風不斷樹頭雲。倦隨幽鳥歸林宿，静愛清鐘入夜聞。散步迴廊看巖月，羅衣凉透白紛紛。

管《志》：《稽留峯訪雪樵隱居》國朝張適我持：

稽留何處峯，舊隱許由蹤。聞道東陵老，深居春草封。白雲遲静壑，清吹滿喬松。亦有巖棲意，相攀惜暫逢。

管《志》：《蓮花峯》國朝陳時履中：

謹將青蓮花，擲向天竺國。仿佛太華西，一峯天然立。寒翠撲秋山，亦作蓮花色。

管《志》：《中天竺寺懷千歲和尚》國朝陳時履中：

笠雪鞵花汗漫游，遠從魏晋溯東周。已更世臘一千歲，曾歷支那四百州。鎖骨誰從巖畔禮，寶珠好向掌中收。稽留峯下琳宫在，剩有危橋枕碧流。

管《志》：《新菴》國朝金焜：

仄徑穿雲上，横峯向日遮。陰厓寒有雪，春樹老多花。竹響遇飛鼠，樓高納晚霞。經龕思惜榻，臥聽演三車。

管《志》：《石門磵尋臥龍石並訪慈雲法師種松處二首》國朝陳文湛厚齋：

偶遇石門磵，言訪臥龍石。龍去石門空，澗水自深碧。種松作龍鱗，松根瘦龍骨。夜静空山空，一松一明月。

管《志》：《和復見心簡季潭泐公》[四八]明高啓：

高堂鐘鼓毒龍驚，曾布袈裟海上城。廬岳禪師傳法印，道園學士許詩名。幾趨北闕瞻天近，獨坐南屏對月明。書到喜聞雙徑老，雨花新散滿瑶京。

管《志》：《爲中竺堂頭書〈易説〉跋》宋米芾：

元符元年春，二年夏，三年秋，游中天竺，訪堂頭禪師。紹聖四年，同佛印訪禪師，師已垂年，苦留心於《易》。芾遂贈其《易義》，并大書『讀易堂』三字，併口，遺之，襄陽米芾元章書。案，張丑《真跡日録》云：『「讀易堂」係篆書大字。』

管《志》：《中竺千歲和尚傳贊》宋釋元復：

師名寶掌，中印土人。魏晋間東游，自云六百七十三歲，周威烈王十二年丁卯生，左手握拳，有珠在掌中，因以爲名。始抵峩眉、五臺，南返衡、廬，入建鄴，與達磨遇於梁朝，遂叩法焉。洎來二浙，愛天竺之勝，結茅而居，年四十五，復往四明天台及諸名山，游歷將徧。唐貞觀十五年，還竺峯，久之，移居浦江寶巖。顯慶二年正旦，手捏一像，九日而成，與其貌無異，即告徒曰：『吾誓住世千歲，自來支那，忽四百歲，今已過七十有二年矣。』説偈而化，世稱『千歲和尚』。遺記：『滅後有僧來取吾骨，勿拒。』越五十四年，刺浮長老至彼作禮塔，户倏開，得其骨，皆連鎖金色，因持來，别建塔藏之，爲中竺開山始祖。贊曰：

人壽幾何，朝露逝川。生周涉唐，本誓則然。東遲達磨，心印始傳。孰云佛法，獨在西天？

管《志》：《華嚴閣記》宋王信：

錢唐南北山，爲浮屠氏居者，大小幾四百所，而授禪家學者三。靈隱、净慈，地雄勢重，易起人鄉慕心，故凡事隨欲輒辦。惟中天竺蕭然孤立乎上下二大[四九]刹之間，雖在昔爲名山，而前後因陋就簡，往往不克自振。粤僧法華來主大席，奮然提空拳於人所不敢爲之中，而自謂能[五〇]昌宗風於幾墜之地。聞者笑之，余亦訝其不量力也[五一]。淳熙十四年，被旨禱雨大士，道過其門，則傑閣巋然，羣目警異。僧帥其徒要於路[五二]，請觀之。攝衣同登，金碧璀璨，中設千葉盧舍那像，立文殊、普賢二菩薩於其旁，五十三善知識布列左右，而翼以鐘、經二臺。四山環焉，如拱如衛，高欲攝[五三]雲，俯疑臨淵，石梁横陳，清流激湍，氣象環富，非曩[五四]所見。余問之[五五]曰：『師何力辦此？誠不易[五六]。』法華曰：『未也。吾將與[五七]佛殿，而東之方丈、法堂、廊廡，皆撤其故，度材計工，不辦不已，言若大而夸，而已事明驗，人所樂施，余不敢以爲誕。』法華請記歲月日[五八]，經始於癸卯之夏，而落成於丙午之秋，深辭之，不可。釋氏子能鑿空建事而竟於成，歸於其立志果、用力專，然亦憑佛願力，乃克有濟[五九]。法華身若不勝衣，言語無緣飾，而短小精悍，膽大如斗，能動人如此，豈非其[六〇]一念所起，勇猛精進，足以感[六一]人之善心？不然，人以爲難，何爲之遽而成之易也？　法華起而言曰：『寺闉[六二]荒於千歲寶掌，禪師生於周威烈王之十二年，至唐顯慶二年而化，蓋住世千七十有二年，維紀可考也。　法華灑掃於兹，歲在己亥冬十一月望之夕，夢一僧來桂子堂，額聳貌古，金環貫耳，自言爲千歲和尚，昔嘗居此，今汝能建立，吾道興矣，言訖不見。晨興，集大衆焚香，作禮像前，而致禱焉。　此其願力也，法華何能爲？』余雖未敢遽信其説，然觀千歲歸寂之偈，嘗有『他生復來』之語，法華之夢，不爲無據。　譬如爲山，進以一簣，法華其勉之。

管《志》：《武林山辨》明邵重生：

武林，杭之名山，因以名郡，而古今皆朦朧，未有直指的名爲某山者。　舊志以以武林門右土阜、俗稱祖山者當之，謂其山元名武[六三]林，以避唐諱，改稱虎林。《成化志》引楊正質《虎林山記》，謂[六四]錢王時祖山在郭外，有異虎，自此名虎林[六五]，非避諱也，又引宋樓攻瑰[六六]詩『武林山出武林水，靈隱後山無乃是』。　且宋《淳熙志》言《漢書》明載武林山爲武林水所出，安有反[六七]避唐諱之説？　决非城内無水小山，明矣。　夏公斷以靈隱寺後山北高峯爲武林山，明矣，與韓[六八]公《通志》同，惜偏而未全。《一統志》列武林山當矣，下曰『一名靈隱，一名靈苑，一名仙居』，乃合靈隱[六九]山、飛來峯二山爲武林山，似[七〇]矣，特認而未的。　至沙門契嵩《武林山記》[七一]與四[七二]水潛夫《武林舊事》，直以飛來峯爲武林山[七三]，似矣，又局而不[七四]廣。　近田公《西湖遊覽志》、陳公《萬曆志》，皆不列武林山，而於靈隱山下註[七五]『一名武林山』，豈惟齟齬不明，而名言更不正。　今予爲辨者三，以俟質之君子。

凡郡邑之著稱者，必以郡中佳山水或祖山，蟻垤不足以當，固矣。　特靈隱之名，發於東晉，其先秦、兩漢，厥名伊何？　愚意凡謂之山者，舉全體[七六]言也。　高聳者山之峯[七七]，如脊者山之嶺[七八]，岡[七九]陵邱阜，皆有分别，而山[八〇]足以概之[八一]。　武林之名，乃杭南北[八二]天竺、靈隱諸峯[八三]祖名也。　自慧理既來，而[八四]後有飛來之名[八五]，有天竺之名[八六]，有靈鷲之名[八七]，有靈隱之名[八八]。有天竺，而後有三竺之名傳五印度[八九]，而後有中印之名[九〇]。至蓮花、佛國、白雲、白猿、獅子、香爐，皆繼慧理發之，而爲武林之支名。至南高、北高、五雲、雙檜[九一]、乳竇、月桂諸名，又後人濫觴也。其曰形勝、烏石、靈苑、仙居、龍門、楊梅、西源、善住、興正、瑞雲、慶化、集慶、秦亭，又士人[九二]私謚也。自有諸名[九三]，武林反以無專指[九四]而晦，如子姓既[九五]多而又著，則祖父之名遠而晦、久而忘[九六]，此常道也。如羅浮有七十二峯，皆謂之羅浮山；黄山亦[九七]有七十二峯，皆謂之黄山；武彝有三十六峯，皆謂之武彝山，是可辨者一也。

羅處約《靈隱碑》曰：『浙水之右，有山曰武林。』盧襄《西征記》曰[九八]：『杭地北環天[九九]隱。』至國朝楊太守《開西湖疏》曰：『杭州南跨吴山，北兜武林。』觀前人之文，曰右、曰環、曰兜[一〇〇]，則非一二山之指，其可辨者二也。且求[一〇一]武林山者，必當求武林水。杭南北二山之水，孰有大於三竺、靈隱之溪乎？南則從捫壁嶺，水出嶺，合雙檜[一〇二]、永清、月桂諸塢；北則[一〇三]從石人西源，合白沙、岌光諸塢，正與舊志合，曰：『武林山有二水，南出者曰南澗，北出[一〇四]者曰北澗。』若惟以靈隱寺山爲武林山，則惟有北澗而無南澗；若惟以飛來峯爲武林山，則飛來[一〇五]無水，不出澗；若以靈隱、飛來二峯山[一〇六]爲武林山，則南澗從天竺諸峯來，發源不全。況舊志言[一〇七]：『西湖匯武林山水，秦時名武林水，至漢方有金牛、明聖之號。』南北二山，凡有水流入西[一〇八]湖者，皆武林山也[一〇九]，其可辨者三也。質高人之偉見，稽形勢[一一〇]之現存，吾於武林也奚疑？

附魏源《錢塘縣志》云：

靈隱山在縣西十二里，高九十二丈，周十二里，一名靈苑，一名仙居。《元和郡縣志》云：『本名西山，江東之秀嶽也。』迴岡翔舞，磴道盤紆，其山峯之北起者，曰高峯；東曰屏風嶺，又東曰駝巘嶺。高峯之西曰烏峯，又西曰石筍，又西曰楊梅、石門，又西曰西源，右曰石人。其南起者曰白猿，白猿之前左曰香爐，益前曰興正，右曰月桂。其東曰胭脂嶺，其西曰獅子峯，又西曰五峯，又西曰白雲，又西曰中印。其前曰無礙，又前曰善住。其傍突起者曰稽留，稽留之西曰蓮花巖，曰玉女。蓮花之東曰飛來，上有石梁，下有洞，曰龍泓、香林、射旭、理公。其水南流者曰南澗，其源出白雲峯，歷橋入北，經合澗北流者曰北澗。其源出西源峯，歷橋七，東經合澗，又東二里，過行春橋，出靈隱，入西湖，謂之錢源。泉之南出者七，曰月桂、伏犀、丹井、永清、偃松、聰明、倚錫。泉之北出者九，曰冷泉、韜光、白沙、石筍、白公、茶井、無着、永安、彌陀、勝雲，惟冷泉在澗壖云。而《輿地志》、《祥符圖經》、《十三州記》、李翱《南來録》、劉道真《錢塘記》、陸羽《靈隱記》、夏竦《靈隱寺記》、胡宿《武林寺記》，皆指此山爲武林山，惟邵重生《武林山辨》謂是諸山總名，非專指靈隱一山。

管《志》：《遊天竺山記》明楊守陳：

杭多名刹，天竺爲稱首，久欲游佛[二二]，弗果。成化戊子秋後，過杭，杭僧綱顧本源遣徒廣無外請游。時余友御史魏孔淵瀚出宰邑，余弟守阯赴會試，守隅、守隅暨余子茂元應鄉試，皆次於杭，刻期同游。是月廿有七日，乘肩輿行，湖光山輝，交映無際，金刹畫鴿，隱見於松篘芰蓮之表，鐘梵與笙歌之音間作，令人耳目無少暇。拜岳王廟，度行春橋，所謂十里荷花者，程盡矣。又西入山，路頗廣且夷，然益入益深奥寥闃，第見古松離立拂雲外，聞澗水與松風交相鏘鳴而已。越集慶寺，北望高峯彌近，由陟岐至靈隱寺。寺静潔幽勝，然昔稱五亭，無一存者。睹其南峯，勢若飛舞，巖壁奇峭，乃昔西僧謂自靈鷲飛來者，即天竺山也。其下有澗梁，以片石飲其流，冰齒，是謂冷泉澗。旁入呼猿洞，深且寬，傳者有猿可呼就手取果，亡久矣。轉而東，一門榜曰『佛國』。與山僧同至下天竺，見泉無跳珠者，訪流杯、繙經諸亭臺，但蕪址耳。中天竺荒寂類之，於是盡所謂九里松者。始到上天竺，詣觀音殿，啓櫝閱象，寶光奕奕射人。僧爲口數手指，以示客。小朵軒面石壁峻峭，松蘿垂陰。天香室對乳竇、白雲諸峯，若屏障前拱，空翠欲滴，寺之勝止此。然諸刹依城者，雜於綺麗、喧囂，雖濱湖者亦不免，惟此則幽邃静潔之極，宜其稱首也。室中布觴豆，談笑久之。僧請留詠山中，乃取『曲徑通幽處，禪房花木深』十字爲韻，且觴且詠，樂甚。回憶前數十年，欲游不得遂，豈山靈故滯之，以遲余兄弟父子與傑友高僧同樂也耶？

管《志》：《重建中天竺寺觀音殿記》明陸光祖：

武林故多名刹，三天竺爲最，三竺之中，則中天竺尤著。非徒以其介乎二竺之間，谽山掩映，萬木參天，得尤勝也；亦以精藍浄域，開自異人，綿歷千載，興廢舉墜，代不乏人。若人默有相之者，斯足記貞珉而詡山靈也已。按，寺創建於東晋咸和年間梵僧寶掌禪師，舊志稱師世壽千餘歲，蹤跡甚異，今不具述。宋太平興國元年，賜額『崇壽天聖寺』，寧宗時，始改今名。累朝增飾，殿閣堂宇，冠絶諸寺，白太傅『月中桂子』之詠，至今誦而豔之。嘉靖中，邪魔間作，鞠爲灰燼，隨有東序鏞公，募資重建大雄寶殿，餘猶未逮也。嗣鏞而起者，曰樂菴如怡，性嗜約素，自襁褓時絶茹葷，長而勤敏精勵，受事無不立辦。會内相孫公深心檀護，普宏法事，特爲倡緣捐俸，由是施者雲集。如怡念歷代之靈跡難泯，先人之鳩工宜竟，旦暮焦勞寒暑，不避次第，營建觀音、天王二殿，以及伽藍堂、莊嚴佛菩薩像，輝煌巨麗，悉還舊觀。經始於萬曆十八年，落成於今日，又以其餘鑄巨鐘，造大藏經典，因延名宿閲藏三年。嗚呼！若怡公者，可謂我佛堂構之肖子，山門羽翼之勳臣矣。自今以往，寺之緇流焚修精進，念作始之艱，其不負怡公如怡公之不負寶掌、東序者，則茲刹也，雖與溪聲山色共久長可矣。余故記怡公中興之業，而併及其靈應若此，是爲記。

管《志》：隋寶掌禪師，中印度人，生時左掌握珠，故名。魏晋間東遊，自云已六百七十三歲，示寂於唐顯慶二年，住世已千七十二年矣。爲中竺開山鼻祖，事詳《西湖高僧事畧》。

管《志》：宋海空法師，名法英，爲畢菴希公之嗣。寧宗朝，嘗住持中天竺寺十六年，有浄行，晚舉佛燈印以自代，寂後舍利無數。

管《志》：宋佛燈法師，號松巖，嘗繼僧海住持中天竺，嘉定、端平間，先後凡十二年，承詔興建殿宇有功。理宗朝嘗御題其像，有『志宏兼顧廣，貌古與神清』之句，後遷住天童。

管《志》：宋仢[二三]堂中仁法師，汴梁人，少依東京奉先院出家。宣和初，賜牒於慶基殿，祝髮受具。其後往來三藏譯經所，諦窮經論，特於宗門未之信。時圓悟居天寧，因往參謁，大得契旨，即留天寧。南渡開法大覺，遷中天竺，次徙靈峯。淳熙中，詔入内廷，孝宗舉不與萬法爲侶因緣，俾指提，師曰：『秤鎚搦出油，間言長語休。腰纏十萬貫，騎鶴上揚州。』帝韙之。嘉泰二年，説偈而逝。

管《志》：宋癡絶元[二三]妙法師，婺州王氏子，少有戒行。紹興初，主中天竺。上堂時，或有問云：『如何是截斷衆流？』師曰：『佛祖開口無分。』曰：『如何是函蓋乾坤？』師曰：『匝地普天。』曰：『如何是隨波逐浪？』師曰：『有時入荒草，有時上孤峯。』其於心宗，實有所得云。參《浄慈寺志》。

管《志》：元大訢法師，字笑隱，南昌陳氏子。傳法於晦機，學行甚高，研窮教觀，旁貫百家。文宗召赴闕，特賜三品文階，又賜以『廣智全悟』大師之號。嘗承詔主金陵集慶寺，又嘗主杭之中天竺寺，凡得賜予，悉以建佛剎。後退居一庵，曰『蒲庵』，所著有《四會語録》、《禪林清規》若干卷，其詩文曰《蒲室集》。

管《志》：元廷俊禪師，字用章，號懶庵，鄱陽人。笑隱住持龍翔，引居首座，既而飛錫吴越間，雲包雪笠，左右叢集。至正末，主浄慈寺及中天竺寺，多所脩建。師記覽博洽，著有《泊川集》，黄溍、杜本、李孝光、張翥、周伯琦皆爲序之。明洪武改元之歲，示寂於锺山，歸葬南屏，危素爲之塔銘。

管《志》：元一闕法師，名正逵，番陽方氏子。爲浄慈晦機法嗣，後依天目中峯、徑山原叟，並命掌記中竺，笑隱俾分座説法。後出世金陵崇因，帝師授以『佛日普照』之號，遷鳳山報國，旋主中天竺。其示衆偈云：『心不是佛，智不是道。一念涉思惟，全身入荒草。』

管《志》：明宗泐法師，字季潭，始生即跏趺而坐，人異之。八歲，從大訢學經藏，過目成誦，自是深入秘密，兼通古文詞。嘗居南屏松月居，既而住持中天竺寺。洪武初，舉高行沙門，居首，命住天界寺，尋奉敕往西域，得《文殊》等經而還朝，授左善世。師之住天界也，一日車駕臨幸，賞其識詩書、知禮義，欲授以官，固辭，御製《免官説》賜之。時宋學士景濂好佛，帝目爲『宋和尚』；師好儒，呼爲『泐秀才』。嘗奉詔製讃佛樂章，帝嘉歎，賜和其平旦所作詩。晚年得旨，歸鳳陽之槎峯。

管《志》：明大章法師，名如圭，宣德間住持中天竺，以念佛三昧爲提唱，學者宗之。正統初，遷主浄慈。

管《志》：一庵如法師塔，在中印峯麓，大學士楊士奇撰塔誌，文佚。

管《志》：楓木塢，《咸淳志》云：『楓木塢，舊多楓木，故名。』

管《志》：《成化杭州府志》載：『中竺寺，千歲和尚詩云：「偶居天竺經年久，惟有山林[一四]稱野情。皓月徘徊菴内燭，春山圍繞枕邊屏。」又云：「户外白猿時獻果，階前桂子落紛紛。他年吾道重興日，枯木生花别自[一五]春。」或言隋時未有此體，恐好事者僞託耳。』

管《志》：洪有竹，名潤，字子長，弱冠卜築青蓮山居，在蓮華峯之陰，年四十卒。詩才清俊，今尚傳其《山居》一律，云：嘒嘒寒蟬急，翻翻過鳥飛。晚凉風動竹，久坐露沾衣。招隱期忘世，投禪願息機。山童沽酒去，未遣掩柴扉。

管《志》：邵古菴曰：『用期者，宋靈隱寺賜紫僧也。熙寧十年，得判飛來峯爲本照山，不數年，私將楓木塢茶園與下竺和會爲業，至啓下竺靈隱僧妙湛靈一訐奏之端，訟至數年不解，實用期爲罪魁也。』

管《志》：《秋老軒隨筆》云：『明宏治五年六月二十四日，大風雨，西山水發，山崩地裂，西湖泛濫，壞天竺、靈隱諸刹及民廬數百家，死者數百人，是歲大饑。崇禎八年六月二十四日，大風雨，西山水暴發，壞僧俗廬舍無算，而天竺、靈隱、雲栖、虎跑爲甚，慈雲、瑞光塔亦衝圮，是秋民儉且疫。二災皆同月日，亦可異焉。』

管《志》：邵古菴云：『張郎中恩術者，言買蓮花峯頂爲墳，未幾而絶。胡端敏公買慈雲塔地葬父，後以寧藩事謫戍，及公復位，乃遷葬江干。』

管《志》：陳方伯善曰：『自集慶而入，夾道古松，乃唐守袁公所植。翠蓋亭亭，葱郁彌望，游者侈觀，行者藉陰，亦美政之一端在焉。比者豪右或恣有剪伐，黠僧因仍爲鬻料，今所存屬各寺界者，上竺祇六十一本，中竺祇十六本，下竺祇十一本，集慶、靈隱祇一百一十九本，疏稠靡均，蓊藹匪故。自今不嚴其防戢，則昔賢遺愛，蕩然無存矣。』

管《志》：呼猿洞内，舊有路可通中竺，見《靈隱寺志》。今中竺後既填山塍一條，曰卧龍岡，洞之後門並不可得。或以土石奔泐，故迹至湮，未可知也。

管《志》：舊志云：『萬曆十七年，頒觀音大士瑞蓮聖像，命司禮太監賫賜湖上叢林，三竺皆及，蓋奉慈寧宫皇太后懿旨也。上有御贊云：「惟我聖母，慈仁格天。感茲嘉兆，闕産瑞蓮。加大士像，圖寫流傳。延國福民，霄壤同堅。」上用慈聖宣文明肅皇太后之寳，御寳在軸旁，後復勒石，詔賜天下。』

管《志》：宋時，中天竺禪刹之盛，幾與上下兩竺相埒。一時游覽者，創爲十二題，曰七星潭月、永清竹浪、獅崖晚色、天香月桂、千巖古意、竺嶺新桐、合澗沉鐘、盥漱松濤、稽留旭日、雙樹高風、卧龍吞翠、玉液重泉，一時名流，各詠以詩，互相酬唱。追溯陳迹，不勝今昔之感。

管《志》：高濂《遵生八箋》云：『中竺後山，鼎分三石，居然可坐，傳爲澤公[二六]遺跡。山僻景幽，雲深境寂，松陰樹色，蔽日張空，人罕游賞。炎天月夜，煮茗汲[二七]泉，與禪僧詩友，分席相對，覓句賡歌，談禪説偈。滿空孤魄[二八]，露浥清輝，四野輕風，樹分凉影，豈惟[二九]人在冰壺，直欲談空玉宇，寥寥巖壑，即[三〇]是仙都最勝處矣。或遇[三一]山頭鶴唳，溪上雲生，便駕我仙去，俗抱塵心，蕭然冰釋，恐朝來別[三二]此，即是再生五濁慾界。』

管《志》：《中竺志》有宋釋契嵩十二詠，《鐔津集》不載，今存於此。《千巖古意》云：『千歲巖頭碧樹森，昔年賨掌獨知音。蒲團坐破僧何處？寂寂青山任古今。』《七星潭月》云：『水沼形聯北斗名，來源脉引天河清。夜凉雲去秋空浄，冰魄停停萬里平。』《水清竹浪》云：『琅玕清陰碧於水，有時掠地狂風起。窗前捲起伏如揚，莫警林下化龍鯉。』《天香月桂》云：『繙經不見昔年臺，覽勝多從此際載。惟有廣寒能鑑物，香分桂子月中來。』《獅崖晚色》云：『怪石奇空儼若獅，青葱點綴獸毛奇。斜陽光照多添色，獨負威獰力不支。』《合澗沈鐘》云：『兩處泉來此處逢，合流環抱瀉諸峯。淙淙不盡山中韻，難辨禪關朝暮鐘。』《雙樹高風》云：『奇樹交柯霄漢中，雄濤頻聽响天風。千年古幹籠雲霧，掩却旛竿聳碧空。』《卧龍吞翠》云：『石龍欲走懶猶眠，志不騰雲學地仙。飽盡烟雲吸盡緑，細泉穿磴任涓涓。』《盥漱松濤》云：『亭榭傍溪手可掬，幾樹喬松濤萬斛。潮聲澗聲疑空來，却是虬枝撼山谷。』《竺嶺新桐》云：『尋閒招伴上高岑，獨見新桐布緑陰。莫使吴人輕入斧，森森好得蔡邕心。』《稽留旭日》云：『稽留春曉彩雲横，日色初浮翠更明。曳杖捫蘿指空碧，朝山情與暮山情。』《玉液重泉》云：『深谷重泉來皛皛，沁入東池復西沼。月光倒水影連天，兩潭寒浸冰輪小。』

《西湖遊覽志》： 思真堂。晋許邁建。

田《志》： 稽留峯，相傳堯時許由隱居兹山，遂名『許由峯』，而訛爲『稽留』，盧同父詩云『問山何以名靈隱，山曰當年隱許由』者是也。或曰晋時許遠游，非許由也。然酈道元《水經》言：『昔有道士入此不返，因以稽留爲山號。』則稽留之名，自漢魏時已然，又非許遠游遺蹟矣。許遠游名邁，自餘杭垂霤山移入靈隱，茹芝吟詩，有終焉之志，嘗與王羲之書曰：『山陰、臨安，多金堂玉室，瓊芝瑶草，漢末得道之士在焉。』後不知所往，人謂羽化云。

田《志》： 蓮花峯，在山頂孤石，可四十圍，開瓣若千葉蓮花，梅詢詩云：『巨石如芙蕖，天然匪雕飾。盤薄[一二三]峯頂邊，嬋娟秋江側。涉川試誰採[一二四]，作礪當自惜。坐與榮落同，正心未嘗易。』

田《志》： 中天竺寺，在稽留峯北，隋開皇十七年，僧寶掌建。寶掌以唐高宗顯慶二年，住浦江化去，自稱度世一千七十二年，故兹山中尚有千歲巖。吴越王改崇壽院，政和四年，改曰『天寧萬壽永祚禪寺』。南渡初，有摩利支菩薩像。淳熙間，建華嚴閣。元天曆間，有僧大忻得幸於文宗，改『天曆永祚禪寺』。其山門『中天竺』三字，乃國朝魏國公署額。白樂天詩：『雜芳澗草合，繁緑巖樹新。山深景候晚，四月有餘春。竹寺過微雨，石徑無纖塵。白衣一居士，方袍四道人。地是佛國土，人非俗交親。城中山下别，相從[一二五]亦殷勤。』

參寥子詩：『夕陽山氣藹葱葱，路轉松陰復幾重。行過石橋人未見，數聲先聽寺樓鐘。』『稽留峯北好林泉，珍重幽棲得所便。栢子烟中能宴坐，想無餘習可攀緣。』『霜壓簾櫳雪[一二六]泫條，銀河初轉斗垂杓。清言共失三更夢，錯恨芙蓉漏易消。』

王元章《送僧歸天[一二七]竺》詩：『天香閣上風如水，千歲巖前雲似苔。明月不期穿樹出，老夫曾此聽猿來。相逢[一二八]五載無書寄，却憶三生有夢回。鄉曲故人憑問信，孤山梅樹幾番開。』

田《志》：　中天竺之對，爲永清塢心庵。

田《志》：　永清塢之背，即爲龍井。　正德中，陳氏建庵塢中，名永清庵。

田《志》：　心庵，正德間寶珠禪師建，有白雲巖、玉液泉。

田《志》：　許由，潁川陽城人，當唐虞時，隱武林山，稽留峰即其遺蹟也。《太平寰宇記》：『許由、葛洪皆隱此忘返，故號稽留。』

田《志餘》：　杭州内外及湖山之間，唐已前爲三百六十寺，及錢氏立國，宋朝南渡，增爲四百八十，海内都會，未有加於此者也。　爲僧之派有三，曰禪、曰教、曰律。　今之講寺，即宋之教寺也。　嘉定間，品第江南諸寺，以[一二九]錢塘中天竺寺、湖州道場寺、温州江心寺、金華雙林寺、寧波雪竇寺、台州國清寺、福州雪峰寺、建康靈谷寺、蘇州萬壽寺、虎丘寺爲禪院十剎。

田《志餘》：　來復見心者，豐城人，從笑隱於中竺。　洪武初，以高僧徵，仕至左覺義。　有詩名，所著有《蒲庵集》，嘗[一三〇]《陪黄晋卿學士遊天竺》詩：　『湧金門外小瀛洲，暇日同陪使節遊。　五竺山高雲樹曉，三江風急雪濤秋。　説經曾記僧名辯，題句還聞寺姓劉。　秖合汎湖依釣艇，六橋烟水看閒鷗。』『桂子巘前秋氣新，老禪留客道情真。　謾論圓澤三生舊，自信曹溪一派親。　明月盡隨金地影，白雲閒伴玉堂身。　丹青若寫東林社，添我松巢作近鄰。』

田《志餘》：　復見心，洪武間徵入京師，其師欣笑隱止之，曰：　『上苑亦無頻婆果，且留殘命喫酸梨。』復不聽，後竟坐法論死，臨刑而悔，且道師語。　上命併逮欣，將殺之，欣曰：　『此故偈，臣偶舉之，非有他也。』上問出何經，欣曰：　『出《大藏》某録某函某卷第幾頁。』命檢視之，果然，乃釋之。　見心在當時，與諸縉紳友善，張仲舉贈之詩云：　『蓮花峰下大香樹，吹老西風幾度秋。　僧寶師真洪覺範，詩窮我亦孟參謀。　文章宇宙千年事，身世江湖萬里舟。　甚欲相期石橋路，更須同訪羽人丘。』又云：

『自入赤墀青瑣間，舊遊禪侶亦闌珊。青山只憶招提境，白首初辭供奉班。馬爲空群猶矯矯[一三一]，烏能求友自關關。終期一舸相尋去，知在桃[一三二]溪第幾灣。』又云：『見既[一三三]錢唐別築城，凄凉風景若爲情。湖堤柳盡曾遊路，石壁苔荒舊刻名。老我無能如燭武，何人可飲勝公榮？沃洲勝會還容續，即擬山中隱計成。』高季迪《和見心兼簡泐禪師詩》云：『高堂鐘鼓毒龍驚，曾布袈裟海上城。廬岳禪師傳法印，道園學士許詩名。幾趁[一三四]北闕瞻天近，獨坐南屏對月明。書到喜聞雙徑老，雨華新散滿瑶京。』

田《志》：大欣唉隱者，南昌人，住中竺，有學行，研窮教典，旁貫百家，所著有《蒲室集》。元文宗召赴闕，特賜三品文階，張伯雨贈之詩云：『繙經臺畔惜分攜，華蓋峰前幾夢思。一席地分眠鹿草，三更月在掛猿枝。我書安能半袁豹，君才端倍十曹丕。上番相逢虞秘監，不嫌頻竄仰山碑。』一日，省相請唉隱看潮，其日寺火，時恩斷江住虎丘寺，同日灾。有僧爲詩戲之曰：『欣哉唉隱住中峰，本是鴻儒學説空。羅刹江頭潮未白，稽留峰下火先紅。青霄有路干丞相，紺殿無顔見大雄。若使斷江知此意，兩人握手泣西風。』

田《志》附：許邁，字叔玄，丹陽句容人也。少恬静，不慕仕進，未弱冠，嘗造郭璞。璞爲之筮，遇《泰》之上六爻發，謂曰：『君元吉自天，宜學升遐之道。』時南海太守鮑靚隱蹟潜遁，人莫知之，邁乃往候之，探其至要。父母尚存，未忍違親，謂餘杭懸霤山近延陵之茅山，是洞庭西門，潜通五嶽，於是立精舍於懸霤，而往來茅嶺之洞室。放絶世務，以尋仙館，朔望時節，還家覲省而已。父母既終，遣婦還家，携其同志，徧遊名山，採藥服氣。永和二年，移入臨安西山，登巖茹芝，眇爾自得，有終焉之志。乃改名玄，字遠遊，與婦書告別，又著詩十二首，論神仙之事。自後莫測所終，好道者皆謂羽化，或云稽留峯即遠遊嘉遁之所也。

田《志餘》：西湖賞雪，初霽最宜。高興者登天竺絶頂，及南北兩峰，俯瞰城闉，遠眺海島，則大地山河，銀溶汞結。而予以藐然稊米，淩厲剛風，恍欲羽化。

馬如龍《杭州府志》：稽留峯，在下天竺寺西，或云許由、葛洪皆隱此，因號『稽留』焉。

毛先舒《許由灘辯》：

陳善云：『昌化有許由灘，又名洗耳灘、白牛橋，又有箕山。而《洪武杭州府舊志》辯之，謂皆晋時許遠游所棲止之地，遂得此名，而訛爲許由耳。雖然，巢父之隱，天下名山大川，無不可之，以杭之山川明秀，亦焉知其不來遊邪？然舊志辯亦有理，今兩存之。』先舒案：巢許之説，多屬子家寓言耳，未必果有其人，故太史公疑之，是也。是書當以《洪武志》之辯爲正，即善《志》所謂『稽留峯，許由隱此』，亦止可傳爲雅談，豈確然哉？《水經注》云：『靈隱山在四川之中，有高崖洞穴，昔有道士長往不歸，或因以稽留爲山號。』今稽留峯，古即屬靈隱山，所云道士必非許由矣，則善《志》山因許由得名之説，蓋不足爲徵耳。

馬氏《府志》：蓮花峯，在下天竺寺西，峯頂有孤石，可四十圍，頂上四開，狀如千葉蓮花。

馬氏《府志》：楓木塢，在中下天竺之間，舊多楓木，故名。

馬氏《府志》：玉液泉，在永清塢心菴後，白雲巖下，甘凉可愛。

馬氏《府志》：白猿峯，理公畜白猿于此。

馬氏《府志》：六朝寶掌，中印度人，生時左手握珠，七歲祝髮乃展，故名。魏晋間，東遊此土，謂衆曰：『吾有願住世千歲，今年六百二十有六矣。』尋抵建鄴，叩達摩，開悟。東入浙，憩龍唐回互峯之東，至今稱此峯曰寶掌。復由千頃穿雁宕，栖石竇，有『行盡支那四百州，此中偏稱道人遊』之句。後塔倏開，得金鎖骨，藏秦望山。

馬氏《府志》：中天竺寺，稽留峯北。隋寶掌以唐高宗顯慶二年，住浦江化去，自稱度世一千七百十二年，故是有千歲巖。吴越王改崇壽院，明洪武中，賜號『中天竺寺』。

顧岱《浣溪紗》詞：『溪轉峯迴第幾重，探幽理策興偏濃。稽留蒼翠鎖琳宫。薄薄草煙荒徑月，冥冥花霧暮樓鐘。不知身在碧霄中。』

姚靖《西湖志》：稽留峯，相傳堯時許由隱居茲山，遂名『許由峯』，訛爲『稽留』，盧同父詩云『問山何以名靈隱，山曰當年隱許由』者是也。或曰晋時許遠游，非許由也。然酈道元《水經》言：『昔有道士入此不返，因以稽留爲山號。』則稽留之名，自漢魏時已然，又非許遠遊遺蹟也。許遠遊，名邁，自餘杭垂雷山移入靈隱，茹芝吟詩，有終焉之志，嘗與王羲之書曰：『山陰、臨安，多金堂玉室，瓊芝瑶草，漢末得道之士在焉。』後不知所往，人謂羽化云。

姚《志》：蓮花峰，在山頂，石可四十圍，開瓣若千葉芙蕖，故名。其傍有泉，名蓮花泉。張翥詩：『山僧留客意殷勤，把酒山亭對夕曛。披逕亂藤盤古樹，摩崖蒼蘚澀寒雲。月中桂子時時落，洞口猿聲夜夜聞。老去野心便散逸，竹牕禪榻重來分。』

姚《志》：葛塢、葛井，皆稚川遺蹟也，相傳吴赤烏二年，葛稚川得道於此。唐時，有方士葛孝仙亦隱茲山，故郭祥正詩云『二葛既[一三五]成仙，猶存煉丹處』是也。梅詢詩：『仙翁道未泯[一三六]，棲神在岩石。酌彼山下泉，窮年煉丹[一三七]液。洞陰春始緑，苔甃秋涵碧。緬邈[一三八]不可攀，凭欄望鳧舄。』圓法師詩：『仙去遺踪在，泠泠翠嶽邊。泠光涵碧甃，暗脉瀉寒泉。月映冰壺淺，秋澄古鑑圓。羽人居止近，間汲灌芝田。』

姚《志》：中天竺禪寺，在稽留峯北，隋開皇十七年，僧寶掌建。寶掌以唐高宗顯慶二年，住浦江化去，自稱度世一千七十二年，故茲山中尚有千歲巖。吴越王改崇壽院，政和四年，改曰『天寧萬壽永祚禪寺』。南度初，有摩利支菩薩像。淳熙間，建華嚴閣。元天曆間，有僧大忻得幸于文宗，改『天曆永祚禪寺』。元末燬，明初重建。山門『中天竺』三字，乃明魏國公署額。復燬，嘉靖二十五年，僧慧鏞重建。

姚《志》：寺畔舊有天香閣、桂子堂、此中亭、如意泉、興福院、多福院、大明寺、永清寺、東岡塔、蘇和墓，並廢。興福院，淳熙初，慧光禪師建。多福院，吴越時建。大明寺，法華和尚建。東岡塔，隋法師真觀建。蘇和墓，和，錢唐人，建閣收書，蘇子瞻題曰：『錢唐書藏』。卒葬於此。

姚《志》：永清塢有永清菴，正德中陳氏建，其背即爲龍井。

姚《志》：心菴，正德間寶珠禪師建，有白雲巖、玉液泉。

姚《志》：見心亭，嘉靖十三年，都指揮僉事李節建，萬曆四年重修，其西有梅峯庵，今廢。

夏基《西湖覽勝詩志》：中天竺寺，在稽留峯之北，隋開皇年，僧寶掌建。其山迴環如帶，千峯萬壑，寺旁有千歲巖、天香閣。

張伯雨詩：『翻經臺上[一三九]昔曾期，别久秋來益我思。半席地分眠鹿草，三更月在掛猿枝。我巢靈石書爲軸，君老香林桂作籬。當日漫夸鞋似鐵，從遊直上鷲峯危[一四〇]。』

夏《志》：寺外舊有七寶普賢閣、日觀菴、西嶺草堂、七葉堂、九品觀堂、三昧堂、夜講堂、無量壽閣、慈雲懺主榻、旃檀觀音像、重榮檜、石面靈桃、無根藤、木臺盤、回車軒、枕流亭、登嘯亭、適安亭、清暉亭、水波石、鬬雞喦、朱世卿别墅，今並廢，不可攷矣。

又南舊有永清寺、興福院、東岡塔、蘇和墓、肅儀亭、見心亭、彌陀殿、真武殿、張仙祠、香山殿、心菴、永清塢等處，或存或毁，蹟古景平，不足覽也。高季迪詩：『高堂鐘鼓毒龍驚，曾荷[一四一]袈裟海上城。廬嶽禪師遺[一四二]法印，道園學士許尋盟[一四三]。幾趨北闕瞻天近，獨坐南屏對月明。書到喜聞三[一四四]

徑老，雨華新散到[一四五]瑶京。』(見心常蒙内召。)

《湖山便覽》： 中天竺寺，坐稽留峯，對永清塢。隋開皇十七年，僧寶掌從西域來，入定于此，刱立道場。宋太平興國元年，吴越王改建爲崇壽院。政和四年，賜額『天寧萬壽永祚禪寺』。南渡初，有摩利支菩薩感應，因命增廣殿宇，以禁中所奉佛像賜焉。元天曆間，僧大忻得幸于文宗，改額『天曆永祚禪寺』。明洪武初，賜號『中天竺禪寺』。正德間燬，嘉靖間重建。國朝康熙四十二年，聖祖賜殿額曰『靈竺慈緣』。《高僧事畧》稱寶掌于魏晋間東游，自云已六百七十三歲，經歷六朝，逮唐顯慶二年化去，凡度世千七十二年。此未可信。寺藏寶掌詩，有『行盡支那四百州，此中偏稱道人游』等句，係屬唐體，即此証之，知其東游之始，不在魏晋間矣。

釋道潛《與愚上人宿天竺二首》：『夕陽山氣藹葱葱，路轉松陰復幾重。行過石橋人未見，數聲先聽寺樓鐘。』『稽留峯北好林泉，珍重幽棲得所便。栢子烟中能冥[一四六]坐，想無餘習可攀緣。』鄧文原《中天竺》：『兩山鐘磬出烟蘿，中有高僧住澗阿。般若固應通止觀，聲聞豈必住禪那。鷲峯飛翠來身毒，桂子飄香落貝多。會得法門元不二，文殊無語對維摩。』錢惟善《寄中竺竹泉禪師》：『曾過石橋尋遠公，塵緣未得一相逢。澗深如雨月明夜，兩箇猿啼千丈松。』沈周《中天竺有懷住山祐天吉》：『珠林懸碧澗，卻有小橋通。水落重重石，松鳴樹樹風。路當三里半，寺在兩山中。今日天香閣，先期憶祐公。』張遂辰《坐中天竺月下聞栢子落同心海上人作》：『楚楚栢樹子，古香吹夜清。高寒似無質，磊落更成聲。數點星沉露，空山曉未明。何人擬風格，天竺一先生。』

《便覽》： 華嚴閣，在中竺寺，宋淳熙十四年，越僧法華建。中設千葉盧舍那像，左右布五十三善知識，而翼以鐘、經二臺，詳見王信《碑記》。

《便覽》： 天香閣，中竺寺内，舊有天香閣、桂子堂、此中亭諸游憩之所，見《成化杭州府志》。黄溍《天香閣》：『上方樓閣鬱岧嶢，百尺危欄架泬寥。曾是高人行道處，天香雲外至今飄。』

《便覽》：白衣觀音堂，在中竺寺左，明嘉靖二十五年，僧慧鏞等重募建寺并建，見《武林梵志》。

《便覽》：如意泉，在中竺寺，見《武林舊事》。青石甃貯爲池，面鏤如意文，曲折四達，可流觴焉。其泉自上竺講堂，下流繞殿，一名大悲泉。

《便覽》：寶掌橋，在中竺觀音堂左，相傳寶掌所建。亂石壘空，不連寸土，迅流衝激，久無欹墮，人咸異之。

《便覽》：永清塢，在中竺寺之對，有心菴、白雲岩、玉液泉。又有棋盤石，廣丈許，其平如砥，老僧掃葉林中，往往得石棋子。塢南即靈石山。

《便覽》：稽留峯，中竺寺主山也，《太平寰宇記》云：『許由、葛洪皆隱此忘返，故名。』《臨安志》云：『《史記》言箕山有許由冢。』箕山自在河南嵩少間，《欒史》乃云稽留峯爲許由所隱，與《史記》殊不合，故卞令《圖經》又謂許邁嘗隱此，亦恐未然。然邁但立精舍于餘杭垂霤山，後移入臨安西山，于錢塘無相關也。愚謂臨安、餘杭皆密邇錢塘，邁既棲迹于彼，安知不更留別業于此？思真堂見陸羽《寺記》，唐人所言，未必無本。而邁字遠遊，『遊』、『由』同音，亦可悉流俗傳誤之因。許由事荒遠難信，卞令説未可并斥也。宋人又訛『稽留』爲『雞籠』，見契嵩《武林山志》，至今土俗猶呼『雞籠山』。旁爲千歲岩，因僧寶掌自詡多壽得名。下有唐許遠二子許玖、許現墓。

釋遵式《稽留峯》：『武林神仙宅，代有隱者遊。谷静雲性閒，源長水涵幽。吾居餘十年，自足忘百憂。豈嚼不死草，夙陪無生儔。道漸情未減[一四七]，身與世爲讐。安得會昔人，竹枝歌中秋。』桑調元《稽留峯》：『秋高天氣清，山深人意静。荒蹊失樵蹤，木葉飛滿嶺。澮澮激商飈，無窮去雁影。白石雙澗乾，青松一屏冷。許由方外聖，辭堯此遊騁。荒山清名留，終古貯光景。雹掃古道埸，岩屋餘真境。圓月潔層空，明河滌微眚。』

《便覽》：思真堂，《二寺記》云：『晋許邁，字遠遊，建思真堂于靈隱山。』《游覽志》云：『邁自餘杭垂霤山，移入靈隱，茹芝吟詩，有終焉之志。』稽留爲靈隱五峯之一，故前人謂堂在靈隱山。郭祥正《許先生書堂》：『丹井光長在，空堂貌亦存。鄰僧深夜磬，時復與招魂。』

《便覽》：葛塢，《元豐九域志》：『葛翁煉丹之所，今日葛塢。』《輿地記》云：『在靈隱山，吴方士葛孝先所居也。』《二寺記》云：『晋葛洪亦嘗隱居此。』郭祥正《葛塢》：『二葛繼成仙，猶存煉丹處。有時化鶴來，徘徊不知去。』又《葛公石徑》：『誰來攝高步，幽徑已荒凉。落葉無人掃，哀猿空斷腸。』

《便覽》：楓木塢，在中竺寺東，馬腰嶺北，俗呼『唐家塢』。路通吴寺，園法雲衖，舊多楓木，故名。南宋爲吴瑩王墳，白珽賦咏吴王之楓林，謂此。楊蟠《楓木塢》：『太平雲外客，行採老山中。莫嘆秋霜早，君看世上風[一四八]。』郭祥正《楓樹林》：『一塢藏深林，楓葉飄[一四九]蜀錦。寄語別家人，路遥霜霰凛。』

《便覽》：真觀塔，一名東岡塔，在楓木塢。觀，字聖遠，下竺開山僧也，隋大業中，手標葬地造塔，尋圮。宋遵式募王欽若重修，甓甃甚工，有石鑿僧像坐其中。釋遵式《隋觀法師塔》：『五六百年内，金軀亦化塵。方知新冢土[一五〇]，盡是古人身。白髮争名急，青山送骨頻。除師靈塔外，一一好沾巾。』

《便覽》：中印峯，在中竺寺右，《靈隱寺志》云：『昔寶掌開中竺山，掌乃西域五印度之中印人，故以爲名。』峯半爲天香岩，又名百歲岩。是峯西接天雲，東達稽留。據《武林山志》則云：『白雲西曰中印，自中印前走，迤邐于武林之中者，曰無礙。又前曰善住，並善住而特起者，曰稽留。』今無碍、善住一峯，人無知者，但統呼曰中印峯矣。峯西有中印菴，明萬曆壬子，僧方誌創建。

《便覽》：水月池，在中印菴右，宋寶祐間，僧佛光所鑿，池上舊有水月樓。釋景隆《水月池》：『夜窗幽矚意徘回，月印方池絶點埃。玉鑑遠從天上掛，金淵近向檻前開。游鱗每見翻萍出，顧兔長因擣藥來。卻憶庾公吟詩(思)好，南樓客散地生苔。』

汪砢玉《西子湖拾翠餘談》：中竺天寧永祚禪寺，隋開皇十七年，千歲寶掌禪師從西土來，立道場。南渡初，有摩利支菩薩感應，因賜錢增廣殿宇，以禁中所賜佛像，安於本寺，有天香閣、桂子堂諸游憩之所。千歲和尚詩：『户外白猿時獻果，堦前桂子落紛紛。』

陳文述《西泠懷古集》：靈隱稽留峯，相傳是許由隱處。稽留峯在天竺，中竺寺主山也。《太平寰宇記》：『許由、葛洪皆隱此忘返，故名。』宋寶慶二年，袁韶請建旌德先賢祠於蘇隄南山第一橋，祀許箕公以下三十一人，並爲贊曰：『一身蘧廬，萬物土苴。黄屋垂裳，何有於我。洗耳之泉，晝夜不舍。稽留之山，可眇天下。』『一峯何處指稽留，尚有青山識許由。箕潁舊偕巢父隱，崆峒如見廣成游。已看雷澤重瞳出，祇合康衢鼓腹謳。是處山泉堪飲犢，西湖烟水況清流。』

陳文述《西泠懷古集·思真堂懷許遠遊》：許邁，字遠遊，副之子，立精舍於餘杭之懸霤山。永和二年，移入臨安西山，登巖茹芝，有終焉之志。陸羽《二寺記》：『許邁建思真堂，在靈隱山。』《西湖遊覽志》云：『稽留峯，即遠遊嘉遯之所。』潛通五嶽采真回，懸霤深山精舍開。南海解尋高隱去，東華曾署地仙來。三生石上中秋月，千歲巖前太古苔。舊是先生嘉遯處，茹芝園綺其徘徊。

陳文述《西泠懷古集·稽留峯訪許玟[一五二]許現墓》：許遠子也。玟，以遠死節，拜婺州司馬。現，貞元中復官之，皆葬此，鹽官人。武林有許氏家祠，叢桂極盛。

稽留峯下澗潺湲，鬱鬱佳城翠一灣。人爲忠臣憐孝子，天留遺塚傍名山。亂楓深塢秋雲暗，叢桂祠堂細雨閒。家難傷心此終古，卞家盱眕共追攀。

陳文述《西泠懷古集·稽留峯懷金壽門》：

壽門名農，工書善畫，皆非唐以後人所及。亦工詩，有《冬心先生集》，自稱稽留山民。稽留峯在下天竺，許由隱處也。

雲山水墨渲吴綾，半生浪跡蒼巖藤。書疑病梨瘦在骨，詩若老蛟寒可罾。小紅暖進竹葉酒，澹墨冷寫梅花燈。晚年畫佛便皈佛，心出家菴粥飯僧。

元周密《湖山勝槩》《武林舊事》：中天竺天寧萬壽永祚禪寺，隋開皇千歲寶掌和尚開山建寺，吴越時，名崇壽院。政和中，改賜今名，有摩利支天像、華嚴閣、如意泉。

彌陀興福教院。皇子兗、邠二王殯所。

顯親多福院。舊名光福。大明寺。元係興國菴。

《明一統志》：中天竺寺，在府城西一十七里，宋太平興國初建。

校勘記

〔一〕『征』字四庫本張昱《可閑老人集》作『往』，是。

〔二〕『薄』字《全宋詩》作『礴』。

〔三〕『採』字《全宋詩》作『探』。

〔四〕『梅』字《全唐詩》、《白香山詩集》等俱作『樹』。

〔五〕『從』字《全唐詩》、《白香山詩集》等俱作『送』。

〔六〕『雪』字《全宋詩》作『露』，是，後同。『雪』字與詩中所寫秋夜之景不合，且露水可言『泫』（下滴），如謝靈運《從斤竹澗越嶺溪行》：『岩下雲方合，花上露猶泫。』謂雪『泫』，則不類矣。

〔七〕『逢』字王冕《竹齋集》作『違』，是。

〔八〕『多無比』《全宋詩》作『都無此』。

〔九〕『重』字《全宋詩》作『叢』。

〔一〇〕『樣』字《全宋詩》作『院』。

〔一一〕『波』字《全宋詩》作『光』。

〔一二〕『從』字《全唐詩》、《白香山詩集》等俱作『送』。

〔一三〕據上文所引，及《全宋詩》，『宫』字應爲『言』字。

〔一四〕明楊基《眉庵集》卷八收有此詩，題作『送俊用章上人還中竺』，此處作楊維楨，誤。

〔一五〕『對』字《眉庵集》作『赴』。

〔一六〕『眠』字《眉庵集》作『筳』。

〔一七〕『象如』《眉庵集》作『法西』。

〔一八〕『消』字四庫本貝瓊《清江詩集》作『銷』。

〔一九〕『與』字疑爲『興』字之訛。

〔二〇〕『偏』字《全宋詩》作『徧（遍）』，是。『欄杆倚偏』，不通。『徧』、『偏』形近而訛。

〔二一〕『隨』字《全宋詩》作『垂』。

〔二二〕『藏』字《全宋詩》作『多』。

〔二三〕此句《全宋詩》作『雪霜難辨色』。

〔二四〕『露』字《全宋詩》作『霰』。

〔二五〕『漫』字《全宋詩》作『莫』。

〔二六〕『採』字《全宋詩》作『探』。

〔二七〕『貞』字《全宋詩》作『正』。

〔二八〕『流』字《全宋詩》作『秋』。

〔二九〕『風』字《全宋詩》作『楓』。

〔三〇〕『坪』字《全宋詩》作『平』。

〔三一〕『倦』字《全宋詩》作『剩』。

〔三二〕明楊基《眉庵集》卷八收有此詩，題作『送俊用章上人還中竺』，此處作楊維楨，恐誤。

〔三三〕『對』字《眉庵集》作『赴』。

〔三四〕『眠』字《眉庵集》作『筵』。

〔三五〕『象如』《眉庵集》作『法西』。

〔三六〕『游塵』《眉庵集》作『藤蘿』。

〔三七〕『雨』應爲『羽』，下同。張羽是明代詩人，有《静庵集》，此詩即收《静庵集》中。

〔三八〕『擬』字《静庵集》作『欵』。

〔三九〕此句《静庵集》作『清梵滿空虚』。

〔四〇〕《西湖遊覽志》載張雨賜大欣詩，與此稍異，今引如下：翻經臺畔惜分携，華蓋峯前幾夢思。一席地分眠鹿草，三更月在挂猿枝。我書安能半袁豹，君才端倍十曹丕。上番相逢虞秘監，不嫌頻竄仰山碑。劉基《句曲外史集補遺》上亦收有此詩。

〔四一〕李孝光《五峯集》卷五收此詩，《元詩選》亦作李孝光詩。

〔四二〕『和雨』四庫本王冕《竹齋集》作『如水』。

〔四三〕『雪』字《竹齋集》作『雲』。

〔四四〕『逢』字《竹齋集》作『違』。

〔四五〕『藏』字四庫本貝瓊《清江詩集》作『識』。

〔四六〕『消』字《清江詩集》作『銷』。

〔四七〕《檇李詩繫》卷二十八收此詩，作者爲過澤充，字涵輝，號滄谷，過庭訓之孫，善談謔，詞辨風生。『先』、『充』兩字形近而訛。

〔四八〕高啓《大全集》卷十五收此詩，題作『次韵靈隱復見心長老見寄兼簡泐禪師』。

〔四九〕『大』字本書前面所引《西湖志》之《華嚴閣記》無。

［五〇］「提空拳于人所不敢爲之中，而自謂能」本書前面所引《西湖志》之《華嚴閣記》無。
［五一］「聞者笑之，余亦訝其不量力也」本書前面所引《西湖志》之《華嚴閣記》無。
［五二］「要于路」三字本書前面所引《西湖志》之《華嚴閣記》無。
［五三］「攝」字本書前面所引《西湖志》之《華嚴閣記》作「侵」。
［五四］「曩」字本書前面所引《西湖志》之《華嚴閣記》作「向」。
［五五］「之」字本書前面所引《西湖志》之《華嚴閣記》無。
［五六］「誠不易」句本書前面所引《西湖志》之《華嚴閣記》無。
［五七］「與」字疑爲「興」字。
［五八］「言若大而夸，而已事明驗，人所樂施，余不敢以爲誕。」「法華請記歲月日」等句，本書前引《西湖志》之《華嚴閣記》無。
［五九］「深辭之」至「有濟」等句本書前面所引《西湖志》之《華嚴閣記》無。
［六〇］「短小精焊，膽大如斗，能動人如此，豈非其」等句本書前面所引《西湖志》之《華嚴閣記》無。
［六一］「感」字下本書前面所引《西湖志》之《華嚴閣記》有「發」字。
［六二］「闉」字本書前面所引《西湖志》之《華嚴閣記》作「闢」字，是。
［六三］《增修雲林寺志》引邵重生此文，「武」字作「虎」，下句「虎」字則作「武」，是。唐代避李虎之諱，「虎」字多改爲「獸」或「武」。
［六四］「謂」字《增修雲林寺志》作「爲」。
［六五］「自此名虎林」句《增修雲林寺志》作「其山自名虎」。
［六六］「瑰」字《增修雲林寺志》作「媿」，是，「攻媿」是樓鑰之號，「媿」、「瑰」形近而訛。
［六七］「反」字《增修雲林寺志》作「又」字。
［六八］「韓」字《增修雲林寺志》作「薛」。
［六九］「合靈隱」三字《增修雲林寺志》作「以武林」。
［七〇］「似」字《增修雲林寺志》作「是」。
［七一］「記」字《增修雲林寺志》作「志」。
［七二］「四」字《增修雲林寺志》作「泗」，是。

［七三］「山」字《增修雲林寺志》無。
［七四］「不」字《增修雲林寺志》作「未」。
［七五］「于靈隱山下註」句《增修雲林寺志》作「以靈隱山」。
［七六］「舉全體」三字《增修雲林寺志》作「以其全體而」。
［七七］「山之峯」三字《增修雲林寺志》作「曰山峯」。
［七八］「山之嶺」三字《增修雲林寺志》作「曰山嶺」。
［七九］「岡」字前《增修雲林寺志》有「至」字。
［八〇］「山」字《增修雲林寺志》作「一山字」。
［八一］「之」字後《增修雲林寺志》有「故」字。
［八二］「杭南北」三字《增修雲林寺志》無。
［八三］「峯」字下《增修雲林寺志》有「之」字。
［八四］「而」字《增修雲林寺志》作「之」。
［八五］「名」字下《增修雲林寺志》有「焉」字。
［八六］「名」字下《增修雲林寺志》有「焉」字。
［八七］「名」字下《增修雲林寺志》有「焉」字。
［八八］「有靈隱之名」句《增修雲林寺志》無。
［八九］「傳五印度」四字《增修雲林寺志》無。
［九〇］「而後有中印之名」句《增修雲林寺志》無。
［九一］「檜」字《增修雲林寺志》作「桂」。
［九二］「人」字後《增修雲林寺志》有「之」字。
［九三］「名」字後《增修雲林寺志》有「而」字。
［九四］「指」字《增修雲林寺志》作「主」。
［九五］「既」字《增修雲林寺志》作「衆」。

［九六］『忘』字《增修雲林寺志》作『亡』。
［九七］『亦』字《增修雲林寺志》無。
［九八］『曰』字《增修雲林寺志》無。
［九九］『天』字《增修雲林寺志》作『靈』。
［一〇〇］『兜』字下《增修雲林寺志》有『三字』。
［一〇一］『求』字《增修雲林寺志》無。
［一〇二］『檜』字《增修雲林寺志》作『桂』。
［一〇三］『則』字《增修雲林寺志》無。
［一〇四］『出』字《增修雲林寺志》作『來』。
［一〇五］『來』字下《增修雲林寺志》有『峯』字。
［一〇六］『山』字《增修雲林寺志》無。
［一〇七］『言』字《增修雲林寺志》作『云』。
［一〇八］『西』字《增修雲林寺志》無。
［一〇九］『也』字《增修雲林寺志》無。
［一一〇］『勢』字《增修雲林寺志》作『勝』。
［一一一］『佛』字涉下『弗』字而衍。
［一一二］『㓜』字《五燈會元》作『坳』，是，『㓜』、『坳』形近而訛。
［一一三］『元』字應爲『玄』，避康熙諱改。《少室山房筆叢正集》卷二十八正引作『玄妙禪師』。
［一一四］《武林梵志》卷五引此詩，『林』字作『靈』。
［一一五］『自』字《武林梵志》作『是』。
［一一六］『公』字下四庫本《遵生八箋》有『三生』兩字。
［一一七］『汲』字《遵生八箋》作『煮』。
［一一八］『魄』字《遵生八箋》作『月』。

［一一九］『惟』字《遵生八箋》作『儼』。
［一二〇］『即』字《遵生八箋》作『境』。
［一二一］『或遇』兩字《遵生八箋》作『忽聽』。
［一二二］『别』字《遵生八箋》作『去』。
［一二三］『薄』字《全宋詩》作『[illegible]』。
［一二四］『採』字《全宋詩》作『探』。
［一二五］『從』字《全唐詩》、《白香山詩集》等俱作『送』。
［一二六］『雪』字《全宋詩》作『露』，是，見前注。
［一二七］王冕（字元章）《竹齋集》卷上收此詩，『天』字作『中』。
［一二八］『逢』字《竹齋集》作『違』。
［一二九］『以』字下《西湖遊覽志》有『餘杭徑山寺、錢塘靈隱寺、浄慈寺、寧波天童寺、育王寺爲禪院五山。』
［一三〇］『嘗』字下下疑脱一『有』字，否則文義不通。
［一三一］『矯矯』張翥（仲舉）《蜕庵集》作『蹺蹺』。
［一三二］『桃』字《蜕庵集》作『姚』。
［一三三］『既』字《西湖遊覽志》、《蜕庵集》作『説』，是。
［一三四］『趍』字四庫本高啓《大全集》作『趨』，同。
［一三五］『既』字《全宋詩》作『繼』。
［一三六］『泯』字《全宋詩》作『成』。
［一三七］『丹』字《全宋詩》作『金』。
［一三八］『邈』字《全宋詩》作『慕』。
［一三九］上文引管《志》中此詩，『上』字爲『畔』。
［一四〇］《西湖遊覽志》載張雨賜大欣詩，與此稍異，今引如下：『翻經台畔惜分携，華蓋峯前幾夢思。一席地分眠鹿草，三更月在挂猿枝。我書安能半袁豹，君才端倍十曹丕。上番相逢虞秘監，不嫌頻竄仰山碑。』劉基《句曲外史集補遺》上亦收有此詩。

［一四一］『荷』字四庫本高啓《大全集》作『布』。

［一四二］『遺』字《大全集》作『傳』。

［一四三］『尋盟』《大全集》作『詩名』。

［一四四］『三』字《大全集》作『雙』。

［一四五］『到』字《大全集》作『滿』。

［一四六］『冥』字《全宋詩》作『晏』，上文引此詩亦作『晏』。

［一四七］『減』字《全宋詩》作『損』。

［一四八］『風』字《全宋詩》作『楓』。

［一四九］『飄』字《全宋詩》作『翻』。

［一五〇］『土』字《全宋詩》作『上』。

［一五一］『玟』字上文所引《湖山便覽》作『玖』。

參考書目

房玄齡等：《晉書》，中華書局一九七四年版。
脱脱等：《宋史》，中華書局一九七七年版。
司馬光：《資治通鑒》，中華書局一九五六年版。
李燾：《續資治通鑒長編》，中華書局一九七九年版。
田汝成：《西湖遊覽誌餘》上海古籍出版社一九八〇年版。
慧皎著，湯用彤校注：《高僧傳》，中華書局一九九二年版。
贊甯著，范祥雍點校：《宋高僧傳》，中華書局一九八七年版。
普濟著，蘇淵雷點校：《五燈會元》，中華書局一九八四年版。
惠洪：《禪林僧寶傳》，景印文淵閣四庫全書本。
吴之鯨：《武林梵志》，景印文淵閣四庫全書本。
潛説友：《咸淳臨安志》，《宋元方志叢刊》本，中華書局一九九〇年版。
聂心湯：《萬曆錢唐縣志》，《武林掌故叢編》本，京華書局一九六七年版。
李衛、傅玉露：《西湖志》，雍正十三年刊本，成文出版社一九八三年版。
嵇曾筠：《浙江通志》，景印文淵閣四庫全書本。

謝靈運著，顧紹柏校注：《謝靈運集校注》，中州古籍出版社一九八七年版。

駱賓王著，陳熙晉箋注：《駱臨海集箋注》，上海古籍出版社一九八五年版。

權德輿著，郭廣偉校點：《權德輿詩文集》，上海古籍出版社二〇〇八年版。

白居易著，顧學頡點校：《白居易集》，中華書局一九七九年版。

賈島著，齊文榜校注：《賈島集校注》，人民文學出版社二〇〇一年版。

皎然：《晝上人集》，四部叢刊本。

貫休：《禪月集》，四部叢刊本。

張祜：《張承吉文集》，宋刻本，上海古籍出版社一九七九年影印。

方幹：《玄英集》，景印文淵閣四庫全書本。

陸龜蒙：《唐甫里先生文集》，四部叢刊本。

林逋：《林和靖詩集》，四部叢刊本。

潘閬：《逍遥集》，《知不足齋叢書》本。

智圓：《閑居編》，上海涵芬樓影印日本大正《續藏經》本。

契嵩：《鐔津文集》，四部叢刊本。

王安石：《臨川先生文集》，四部叢刊本。

蘇軾著，孔凡禮點校：《蘇軾詩集》，中華書局一九八二年版。

慧洪：《石門文字禪》，景印文淵閣四庫全書本。

周紫芝：《太倉稊米集》，景印文淵閣四庫全書本。

陸游著，馬亞中、塗曉馬校注：《渭南文集校注》，浙江古籍出版社二〇一五年版。

楊萬里著，辛更儒箋校：《楊萬里集箋校》，中華書局二〇〇七年版。
趙師秀等著，陳增傑點校：《永嘉四靈詩集》，浙江古籍出版社一九八五年版。
陳孚：《陳剛中詩集》，景印文淵閣四庫全書本。
虞集：《道園遺稿》，景印文淵閣四庫全書本。
張翥：《蛻菴集》，景印文淵閣四庫全書本。
黄溍：《金華黄先生文集》，元鈔本。
李昱：《草閣詩集》，景印文淵閣四庫全書本。
白珽：《湛淵集》，景印文淵閣四庫全書本。
宋濂：《宋學士文集》，四部叢刊本。
王洪：《毅齋集》，景印文淵閣四庫全書本。
田藝蘅：《香宇集》，續修四庫全書本。
貝瓊：《清江文集》，四部叢刊本。
虞淳熙：《虞德園先生集》，四庫禁毁書叢刊本。
顧璘：《顧華玉集》，景印文淵閣四庫全書本。
李攀龍：《滄溟集》，景印文淵閣四庫全書本。
王世貞：《弇州四部稿》，景印文淵閣四庫全書本。
黄汝亨：《寓林集》，明天啓四年刻本。
李流芳：《檀園集》，景印文淵閣四庫全書本。
孫一元：《太白山人漫稿》，景印文淵閣四庫全書本。

高攀龍：《高子遺書》，景印文淵閣四庫全書本。

吴偉業：《梅村家藏稿》，四部叢刊本。

朱彝尊：《明詩綜》，中華書局二〇〇七年版。

彭定求等編：《全唐詩》，中華書局一九六〇年版。

厲鶚：《宋詩紀事》，景印文淵閣四庫全書本。